인간의 끝없는 과제는 실체를 바로 아는 것이다. 우주의 실체는 무엇인가? 삶의 방향과 힘을 얻기 위해 우리가 의지할 수 있는 것은 무엇인가? 현재 우리가 가장 놓치기 쉬운 것은 예수 그리스도의 실체와 그분이 주관하시는 하나님 나라의 실체다. 복잡하고 세찬 역사의 표류 속에서 예수는 역사적 실체와 매순간의 시의성을 박탈당했다. 그분의 친구가 되기를 바라는 대다수 사람들의 경우도 마찬가지다. 이 책은 거기에 대한 강력한 역공이다. 이 책에서 보듯이 세상의 선과 최선은 다분히 예수께서 그분의 임재와 그분의 백성을 통해 그동안 행하셨고 지금도 행하고 계신 일 덕분이다. 현대 사회에서 그분과 함께, 그분을 위해 서려는 사람은 누구나 이 책을 주의 깊게 공부해야 한다. 이 책이 가르치는 예수를 자신의 모든 언행의 틀로 삼아야 한다. 그렇게 하면 그리스도와 그 나라의 실체가 우리의 삶과 공동체 속에 가득 밀려들 것이다. 싸움이 있겠지만 매사가 점점 더 본연의 제자리를 찾을 것이다. 하나님의 실체는 하나님 안에서 살아가는 사람들의 삶을 통해 자연스레 입증된다. 일단 시험해 보면 안다.

달라스 윌라드_「하나님의 모략」 저자

기독교가 해결의 원천이라기보다 문제의 일부라는 주장은 희대의 거짓말 중 하나다. 존 오트버그가 그 거짓을 폭로한다. 오늘날 대다수 사람들이 모르고 있지만, 교육과 의료 혜택 등 우리가 지금 당연시하는 것들이 고대에는 부유한 특권층에 국한되었으나 점차 그리스도인들의 노력을 통해 만인에게 확대되었다. 기독교가 여자들에게 악영향을 끼쳤다고 생각하는 사람들이 많지만, 역사상 여성에 대한 태도가 가장 크게 변화된 것은 초기 기독교 덕분이다. 이를 비롯한 훨씬 많은 것들을 오트버그는 예수께로 추적해 올라간다. 목사인 그는 교회가 심히 잘못될 때가 많음을 잘 안다. 하지만 예수가 온 세상에 미친 영향은 인류의 모든 성취를 능가하고도 남는다. 그분을 따르는 사람들이 길을 잘못 들거나 혼란에 빠질 때조차도 그러했다. 이 책에서 큰 힘을 얻어 우리는 과거에 예수를 따른 사람들의 행적을 즐거워함과 동시에 미래의 사명에 대한 비전을 새롭게 가다듬을 수 있다. 무엇보다 이 책을 통해 우리는 다시 한 번 예수께 놀라며 경외를 품게 된다. 그분은 이 땅에서 사시고 죽으시고 부활하여 이 변화를 가능하게 하셨다.

톰 라이트_ 세인트앤드루스대학교 교수, 「톰 라이트가 묻고 예수가 답하다」 저자

존 오트버그는 내가 무척 좋아하는 저자 중 하나다. 이 책을 통해 나는 새로운 차원에서 그를 놀라운 작가로 존경하게 되었다. 더 중요하게 이 책을 통해 나는 새로운 차원에서 예수를 놀라운 구주로 예배하게 되었다.

리처드 마우_ 풀러신학교 총장, 『무례한 기독교』 저자

우리는 사업의 권위자, 건강 전문가, 역전 노장에게 지혜를 구한다. 하지만 우리가 살고 있는 세상을 역사상 누구보다도 근본적으로 바꾸어 놓은 한 사람이 있다. 존 오트버그의 매혹적인 책에서 그분을 발견하고 그분을 통해 변화되라.

리처드 스턴스_ 월드비전 미주 총재, 『구멍 난 복음』 저자

12단계 회복 프로그램의 제3단계는 '우리 의지와 삶을 하나님께 맡기는' 것이다. 그렇다면 우리는 하나님이 어떤 분인지, 또 그분을 신뢰할 만큼 충분히 알고 있을까? 예수 없이는 그 모든 것에 대해 추측밖에 할 수 없다. 하나님의 아들 예수께서 오셔서 우리에게 하나님의 성품을 보이셨다. 존 오트버그 목사는 예수의 지상 생활에 대해 참신한 통찰을 보여 준다. 이 책을 통해 우리는 천상에 계신 하나님의 속성을 더 잘 이해할 수 있다.

리치 칼가드_ 『포브스』 발행인

존 오트버그는 읽기 쉬우면서도 깊은 깨우침을 주는 이 책에서 예수의 역설을 사려 깊게 탐색한다. 예수는 시골 사람이지만 모든 제국보다 수명이 길고, 목수이지만 여러 대학을 태동시켰으며, 사후에 사상 최고의 성공을 이룬 인물이다. 오트버그는 우리에게 "예수는 누구인가?"라고 묻도록 도전한다.

마이클 린제이_ 고든대학 학장

이 책의 출간은 기쁜 소식이다. 존 오트버그가 책을 쓸 때마다 우리 독자들은 유익을 누린다. 이번에는 그가 창의적인 필력과 명쾌한 사고로 가장 위대한 주제인 예수 그리스도를 다루었다. 당신의 책꽂이에 이 책을 꽂을 자리를 내라. 당신의 마음에 이 주제를 품을 자리를 내라.

맥스 루케이도_ 목사, 『하나님 저도 고치실 수 있나요?』 저자

지금까지 읽어 본 예수에 대한 책 중 가장 설득력 있고 깊이 생각하게 하는 책이다. 이 책을 다 읽고 나면 당신이 신자이든 회의론자이든 상관없이 예수 한 사람이 온갖 매혹적인 방식으로 세상을 영원히 바꾸어 놓았다는 사실을 인정하게 될 것이다. 평생의 애독서들을 모아 둔 서가에 이 책을 꽂아 두었다.
제프 폭스워시_ 배우 겸 코미디언

제임스 A. 프랜시스는 80년도 더 전에 '한 고독한 생애'라는 글에 '역사상 존재했던 군대와 국회와 군왕을 모두 합해도 인류의 삶에 예수만큼 영향을 미치지는 못했다'고 썼다. 존 오트버그는 이 책을 통해 그 사실을 의심의 여지없이 입증했다. 당신도 종교와 관계없이 좋은 영향을 미치고 싶다면 예수의 모본을 길잡이로 삼으라. 그분이 보이셨듯이 정말 중요한 삶을 사는 데는 명성과 돈과 연줄이 필요 없다. 고맙게도 존이 이것을 우리에게 일깨워 준다.
켄 블랜차드_ 「칭찬은 고래도 춤추게 한다」, 「섬기는 리더 예수」 저자

존 오트버그는 믿는 사람들 그리고 아직 믿음에 확신이 없는 사람들에게 왜 "예수는 누구인가?"에 대한 답을 구해야 하는지 그 이유를 설득력 있게 제시한다. 그가 일깨우듯이 우리가 답을 구해야 하는 이유는 인류 역사상 "예수는 누구인가?"보다 더 중요한 질문은 없기 때문이다.
콘돌리자 라이스_ 전 미국 국무부장관

많은 사람들이 모를 수 있지만 우리는 여러모로 예수께서 빚어내신 세상에 살고 있다. 2천 년이 지난 지금도 사람들이 '이 사람은 누구인가?'라고 묻는 데는 이유가 있다. 이 책에서 그 이유를 알아보라.
크리스틴 케인_ A21 캠페인 설립자

예수는 지금까지 역사와 문화 창출에 지배적 역할을 하셨다. 이 책은 탁월하고 감동적인 내용으로 독자들을 압도한다. 존 오트버그가 의심의 여지없이 밝히고 있듯이 인간 예수는 단지 인성만이 아니라 '그 안에 신성이 충만한' 존재다.
토니 캠폴로_ 이스턴대학교 교수

지금도 예수는 역사 속의 또 하나의 인물, 또 하나의 목소리가 아니라 그 이상이다. 그것을 곧잘 망각하는 세상에 이 책이 때맞추어 멋지게 상기시켜 준다. 그분은 역사의 가장 중요한 인물이고 목소리이며 그 이상이다. 존 오트버그가 밝혀 주는 그리스도의 인성을 따라가다 보면 그분의 신성을 더 잘 이해할 수 있다. 회의론자와 신자가 모두 읽어야 할 설득력 있는 책이다.
패트릭 렌시오니_ 「탁월한 조직이 빠지기 쉬운 5가지 함정」, 「탁월한 조직을 만드는 4가지 원칙」 저자

해마다 예수에 대한 책이 1,500권씩 출간되고 있으니 독자들은 어디서부터 시작할지 고민스러울 것이다. 존 오트버그의 『예수는 누구인가?』부터 읽을 것을 권한다. 역사상 가장 중요한 인물을 마음으로부터 명쾌하게 소개하기 때문이다.
필립 얀시_ 「내가 알지 못했던 예수」 저자

때로 우리는 '종교'의 어수선한 소음 속에서 예수가 누구인지 놓치고 만다. 존 오트버그는 하나님을 있는 그대로 보고 모든 소음 속에서 그분과 소통하는 데 탁월하다. 그의 도움으로 우리도 똑같이 할 수 있다. 이 책은 선물이다.
헨리 클라우드_ 심리학자, 「No라고 말할 줄 아는 그리스도인」 저자

예수는 누구인가?

Who Is This Man?

Originally published in the U.S.A. under the title: *Who Is This Man?*
Copyright © 2012 by John Ortberg
Translation copyright © 2014 John Ortberg
Translated by Jong-seok Yoon
All rights reserved.

This Korean Edition Copyright © 2014 by Duranno Press
38 Seobinggo-ro 65-gil, Yongsan-gu, Seoul, Republic of Korea

Published by permission of Zondervan, Grand Rapids, Michigan
Through the arrangement of rMaeng2, Seoul, Republic of Korea

존 오트버그의 예수는 누구인가?

지은이 | 존 오트버그
옮긴이 | 윤종석
초판 발행 | 2014. 3. 10
12쇄 발행 | 2024. 2. 21
등록번호 | 제3-203호
등록된 곳 | 서울특별시 용산구 서빙고로 65길 38
발행처 | 사단법인 두란노서원
영업부 | 2078-3333 FAX 080-749-3705
출판부 | 2078-3332

▌책 값은 뒤표지에 있습니다.
ISBN 978-89-531-2027-3 03230

▌독자의 의견을 기다립니다.
tpress@duranno.com http://www.duranno.com

두란노서원은 바울 사도가 3차 전도 여행 때 에베소에서 성령 받은 제자들을 따로 세워 하나님의 말씀으로 양육하
던 장소입니다. 사도행전 19장 8-20절의 정신에 따라 첫째 목회자를 돕는 사역과 평신도를 훈련시키는 사역, 둘째
세계선교(TIM)와 문서선교(단행본·잡지) 사역, 셋째 예수문화 및 경배와 찬양 사역, 그리고 가정·상담 사역 등을
감당하고 있습니다. 1980년 12월 22일에 창립된 두란노서원은 주님 오실 때까지 이 사역들을 계속할 것입니다.

존 오트버그의
예수는
누구인가 **?**

존 오트버그 지음

윤종석 옮김

두란노

contents

• 감사의 글

성경에 예수께서 열 명의 나환자를 고쳐 주신 이야기가 나온다. 그 열 명 가운데 돌아와 감사를 표한 사람은 딱 한 명뿐인데 하필 사마리아인이다. 모든 고난당하는 이들에게 긍휼을 베푸신다는 메시지, 버림받은 이들도 포함된다는 사실, 감사의 아름다움 등이 이 하나의 잊지 못할 이야기에 담겨 인류에게 전수되었다.

지금은 '사마리아인이 감사를 표하는 순간'이다. 여러 사람에게 빚을 졌으니 잠시 멈추어 감사를 표하려 한다. 우선 내가 섬기는 교회에 가장 큰 고마움을 느낀다. 교회는 내게 글 쓸 시간을 허락해 주었다. 이 책은 다분히 우리가 함께해 온 삶의 산물이다. 감사하게도 헤아릴 수 없이 많은 토의를 통해 내게 수많은 조언을 해 주었다.

글렌 러크와 도슨트 연구 그룹, 그중 특히 샤론 밀러는 요긴한 예화와 출

12

처를 찾아내는 데 협조를 아끼지 않았다. 밥과 다티 킹의 집에서 역사가 데이비드 케네디와 함께한 아침 식사도 잊을 수 없다. 덕분에 역사가들이 직업에 임하는 방식에 대해 좋은 교훈을 얻었다.

이 책이 다른 길로 빠지지 않고 제 방향으로 간 것은 내 친구 게리 문의 공로가 크다. 스캇 맥나이트와 마크 넬슨은 그때그때 지혜로운 조언을 들려주었다. 달라스 윌라드는 내가 아는 누구보다도 예수를 정확히 가리켜 보이는 분인데, 많은 대화를 통해 나를 도와주었다. 덕분에 인류 역사의 바다에 남겨진 예수의 '항적(航跡)'을 어디서 찾아야 할지 알 수 있었다.

척 버그스트롬과 릭 블랙몬은 늘 그렇듯이 진지하게 반응하며 의견을 들려주었고, 무엇보다 평생지기들이다.

내 일을 돕는 린다 바커는 정리와 창의력의 귀재다. 블루스 베이커는 좋은 친구일 뿐 아니라 동역자다. 그의 조력자로 섬길 수 있어 영광이다. 낸시 듀어트는 이 책의 메시지와 그것을 설득력 있게 전달할 방법에 대해 심사숙고해 주었다. 듀어트 그룹의 현장에 들어서기만 해도 누구나 더 창의적이 될 수밖에 없다.

존 슬로운은 편집자 이상의 동역자로, 생각과 말을 사랑하며 함께 꿈꾸는 사람이다. 짐 로크와 로라 웰러는 문장 하나하나를 세심하고 꼼꼼하게 다듬어 주었다.

실리와 커티스 예이츠는 중간에 합류했는데, 덕분에 이 여정이 훨씬 더 재미있고 활기차졌다.

천부적 작가인 내 딸 로라 터너는 무궁무진한 아이디어로 이 책에 기여했다.

N. T. 라이트는 정말 놀랍게도 자신의 학식과 비평과 격려를 아끼지 않았

다. 그래서 다음과 같은 해묵은 단서를 덧붙이지 않을 수 없다. 이 책에 오류가 있다면 그의 책임이 아니며, 그는 오히려 나를 많은 오류에서 구해 주었다.

샘과 베치 리브스는 자기 집에서 글을 쓰도록 너그러이 집을 내주었다. 그러나 샘 때문에 작업이 중단된 적이 많으니 이 책에 오류가 있다면 아마 상당 부분 그의 책임일 것이다.

아내 낸시는 결혼한 지 30년이 다 되도록 언제나 나와 함께 생각하고 나와 함께 글을 쓴다.

S.D.G(Soli Deo Gloria : 오직 하나님께만 영광을 돌린다).

존 오트버그

- ## 인간 예수, 그는 누구인가?

　예수에 대한 책은 이미 하도 많이 나와 있어 더 이상 할 말이 있는지 묻고 싶을 정도다. 장로교 목사들의 딸이자 손녀인 나는 태어날 때부터 그리스도를 따르는 사람이었다. 그런데도 멘로파크 장로교회 교인으로서 존 오트버그의 "이 남자는 누구였는가?"라는 설교 시리즈를 들으며, 내 사촌(역시 장로교 목사의 딸)에게 이렇게 말했다.

　"지금껏 한 번도 생각해 보지 못한 내용이야."

　감사하게도 예수의 이야기는 훌륭한 교사들의 언어를 통해 계속 밝혀지면서, 고달픈 우리 시대에 맞게 되살아나고 있다. 이 책은 예수께서 인류 역사와 인간의 삶에 미친 막대한 영향에 대한 존 오트버그의 생생한 증언이다. 그분은 인간 상호간의 의무에 대한 이해에도 깊은 영향을 미쳤다.

　무엇보다 이 책은 그리스도가 혁명적 인물이었음을 일깨워 준다. 사도 바울이 신앙을 약술한 말은 고대 세계에 하나의 청천벽력이었다.

　"너희가 다 믿음으로 말미암아 그리스도 예수 안에서 하나님의 아들이 되었으니 누구든지 그리스도와 합하기 위하여 세례를 받은 자는 그리스도로 옷 입었느니라 너희는 유대인이나 헬라인이나 종이나 자유인이나 남자나 여자나 다 그리스도 예수 안에서 하나이니라"(갈 3:26~28).

이 계시가 있기 전까지만 해도 출생 시의 신분이 죽을 때까지 인생을 규정했다. 그러나 그리스도께서 오시면서 하나님께는 모든 인생이 가치 있음이 분명해졌다. 그리스도는 스스로 낮아져 힘없는 아기로 이 세상에 오셔서 평범한 범죄자처럼 죽으셨다. "만인이 평등하게 창조되었다"는 우리의 결론은 바로 그 신앙에서 비롯된 것이다.

성경의 수많은 이야기에서 보듯이 그리스도는 말씀만 하신 게 아니라 친히 그렇게 사셨다. 그분은 버림받은 사람들과 함께 음식을 드셨고, 부정한 사람들을 만져 주셨고, 여자들을 불러 사역에 동참하게 하셨고, 부활하신 후 '2등급 시민들'에게 자신을 나타내셨고, 율법 조항을 종교적으로 지킬 뿐 형제를 사랑하는 마음은 거의 없던 위선자들을 책망하셨다. 결국 그분은 부활의 약속을 성취하고자 십자가의 죽음까지 마다하지 않으셨고, 그리하여 인류를 구원하셨다.

그분을 따르는 사람들은 세상의 모든 인생을 가치 있게 여길 수밖에 없다. 그리스도인 공동체는 환자와 장애인을 섬기고, 병원을 짓고, 보편 교육을 지향하고, 대학 교육을 보급하고, '땅을 기업으로 받을' 먼 곳의 빈민을 일으켜 세우게 마련이다.

존 오트버그가 보여 주듯이 먼 옛날 그 운명의 일요일 이후 우리의 실존은 완전히 달라졌다. 요한 세바스티안 바흐가 작곡할 때마다 악보 머리에 'J.J.'라고 썼던 것처럼 우리도 "예수여, 도와주소서(Jesus, Juva)"라고 고백하고 주님이 응답하실 것을 믿고 즐거워한다. 그러나 바흐가 악보 끝에 "오직 하나님께 영광을(Soli Deo Gloria)"이라고 서명함으로써 믿음을 고백한 것과 달리 우리는 그러지 못할 때가 너무 많다.

그래서 이 책의 참된 위력은 신앙의 역설(paradox)에 있다. 주 예수 그리스도를 받아들이는 삶은 쉬운 길이 아니라 힘든 소명이다. 주님의 형상대로 살려면 그 길을 가야만 한다. "원수를 사랑해야" 하고, "재산을 가난한 자들에게 나

18

뉘 주고 십자가를 져야" 한다. 뿐만 아니라 "목숨을 얻으려면 버려야" 한다.

이 책이 보여 주는 예수는 불편한 가르침을 내놓는 복잡한 인물이다. 그분은 깨달음이 더딘 사람들에게 때로 '역정'을 내셨고, 따르는 사람들을 종종 엄하게 대하셨지만, 곤경에 처한 사람들에게는 언제나 긍휼을 베푸셨다. 그분은 알면 알수록 더 알고 싶어지는 인물이다.

"예수는 누구인가?" 존 오트버그는 믿는 사람들, 그리고 아직 믿음에 확신이 없는 사람들에게 이 질문에 대한 답을 왜 구해야 하는지 그 이유를 설득력 있게 제시한다. 그가 일깨우듯이 우리가 답을 구해야 하는 이유는 인류 역사상 "이 사람 예수는 누구인가?"보다 더 중요한 질문은 없기 때문이다.

전(前) 미국 국무부장관
콘돌리자 라이스

who is this man?

B.C.와 A.D. 사이에
서 있는 한 사람

• 예수가 세상에 남긴 작은 흔적은 그가 죽은 다음 날 홀연히 사라진 듯 보였다. 그러나 그가 인류 역사에 미친 영향은 지금까지 타의 추종을 불허한다.

그가 땅에서 사라진 뒤에야 비로소 그의 비범한 영향력이 발휘되었고 새 시대가 열렸다. 이 책의 주제는 바로 그가 인류 역사에 끼친 영향에 관한 것이다. 과거와 현재에 미친 이 영향을 제대로 본다면, 기독교에 대한 각자의 종교적 입장을 떠나 생각이 깊은 사람이라면 누구나 이렇게 묻지 않을 수 없다.

"이 사람은 누구였는가?"

예수를 역사의 중요한 목록들에서 빠뜨릴 만한 이유는 많다. 아마 그중 가장 확실한 이유는 그가 살았던 방식 때문일 것이다. 예수는 신흥 정치가나 군지도자처럼 자신의 운동을 보란 듯이 요란하게 떠벌리지 않았다. 미래에 모든 역사서들이 자신의 신앙을 우월하다고 판단해 줄 논증을 제시하지도 않았다. 처음부터 제자들에게 "여기 내 신성(神性)의 증거들이 있다. 이것을 인정하면 나도 너희를 받아 주겠다"고 하지도 않았다.

흔히 사람이 죽으면 그가 세상에 미치는 영향도 곧 시들해진다. 이 글을 쓰는 지금, 세상은 디지털 혁신을 일으켰던 스티브 잡스(Steve Jobs)를 잃었다. 누군가 이런 글을 썼다. "10년 전만 해도 세상에 밥 호프(Bob Hope)와 조니 캐시(Johnny Cash)와 스티브 잡스가 있었으나 이제 일자리(Jobs)도 없고 현금(Cash)도 없고 희망(Hope)도 없다"고 말이다. 그러나 예수는 다른 많은 것들을 뒤집었듯이 인간의 이런 통상적 궤도 또한 뒤집었다. 예수의 영향은 생전보다 사후 100년이 지나 더 커졌고 500년 후에는 더 커졌다. 천 년 후에는 그의 유산이 다분히 유럽의 기초를 놓았고, 2천 년 후에는 세상 전역에 그를 따르는 사람들이 더욱 많아졌다.

누군가의 정신적 유산이 사후에까지 지속될 경우, 대개는 죽음의 시점에서 이미 분명해진다. 알렉산더 대제나 아우구스투스 황제나 소크라테스나 마호메트가 죽던 날 그들의 명성은 이미 굉장했다. 그러나 예수가 죽었을 때는 그가 일으킨 작은 운동이 분명히 실패로 끝난 듯 보였다. 역사의 가장 영향력 있는 사람들에게 죽는 날 '사후에 가장 성공할 것 같은 사람 상'을 주었다면 예수는 맨 꼴찌를 차지했을 것이다.

사람들은 그의 삶과 가르침에 자연스레 이끌렸고 결국 그를 따르게 되었다. 그는 사랑과 수용의 정신으로 비천한 곳에서부터 그의 역사를 시작하였다. 이후 각자에게 남은 것은 어떻게 반응하느냐뿐이었다. 그는 일부러 로마와 정면충돌하는 길을 선택했고, 그것은 날벌레처럼 으스러질 수밖에 없는 길이었으며 실제로 으스러지고 말았다.

그러나 그의 인생관은 지금도 인류를 매혹하며 수많은 도전을 낳고 있다. 그의 영향은 혜성의 꼬리처럼 역사를 휩쓸며 예술, 과학, 정치, 의학, 교육 등에 감화를 끼쳤다. 그는 인간에게 존엄성과 긍휼과 용서와 희망을 가르쳤다.

G. K. 체스터턴(Chesterton)의 말마따나 "하늘에 하나님이 계시니 세상은 다 괜찮다는 말 정도로 충분하지 않았다. 하나님이 세상을 바로잡으시려고 하늘을 떠나셨기 때문이다."

결코 떨쳐 버릴 수 없는 사람

예수는 역사상 가장 친숙한 인물이다. 그가 세상에 미친 영향은 어마어마하며 결코 우연이 아니다.

위인들은 때로 불멸의 존재로 남고자 도시에 자신의 이름을 붙이곤 했다. 그래서 고대 세계에는 알렉산더가 명명한 알렉산드리아, 황제가 명명한 가이사랴 같은 도시가 즐비했다. 반면에 예수는 생전에 거처조차 없었다.

하지만 지금 내가 살고 있는 샌프란시스코(San Francisco) 지역은 일찍이 프란시스코(Francis)라는 사람이 '이 사람' 예수를 따랐기 때문에 붙은 이름이다. 캘리포니아의 주도(州都)가 새크라멘토(Sacramento)인 것도 일찍이 예수가 제자들과 함께한 식사, 즉 최후의 만찬이 나중에 성례(Sacrament)로 불렸기 때문이다. '이 사람'을 떠올리지 않고는 지도를 볼 수조차 없다.

강력한 정권들은 흔히 세력을 굳히려고 자신의 존재를 역법(曆法)의 기준으로 삼았다. 로마 황제들은 사건의 시기를 각자의 연호로 표기했고, 과거의 역사도 로마의 개국을 기점으로 역산했다. 프랑스혁명 때에도 만인을 계몽하려고 이성(理性)을 연호로 내세운 달력이 나왔다. 구소련은 황제를 폐위시켜 이론상 인민에게 권력을 돌려준 날을 시간의 기점으로 삼았다. 1920년대에 구소련에서 신앙을 말살하기 위한 '전투적 무신론자 동맹'이 결성되었고, 1929년에 발행된 한 잡지 표지에는 두 노동자가 짐수레 속의 예수를 쏟아 버리는 그림이 실렸다. 그러나 동맹의 지도자였던 예멜리안 야로슬라브스키(Yemelian Yaroslavsky)는 끈질긴 신앙 앞에 좌절하여 결국 "기독교는 못과 같아서 세게 칠수록 더 깊이 박힌다"고 말했다.

예수가 세상에 자신의 역법을 강요했다는 생각은 누가 들어도 웃을 일이다. 오히려 누가는 그의 사역의 시작을 로마력에 따라 세심히 표기했다.

"디베료 황제가 통치한 지 열다섯 해 곧 본디오 빌라도가 유대의 총독으로, 헤롯이 갈릴리의 분봉 왕으로, 그 동생 빌립이 이두래와 드라고닛 지방의 분봉 왕으로, 루사니아가 아빌레네의 분봉 왕으로, 안나스와 가야바가 대제사장으로 있을 때에…"(눅 3:1~2).

예수는 전혀 무명의 상태에서 아주 잠깐 동안만 대중의 주목을 끌었다. 하지만 오늘날 달력을 보거나 수표에 날짜를 쓸 때마다 확인하는 것이 있는데, 적어도 연대 표기에 있어서만큼은 그의 지극히 짧았던 생애가 희한하게도 역사의 분수령이 되었다는 사실이다.

유명한 사람들은 종종 자신의 정신적 유산을 존속시키기 위해 다른 사람들에게 자기 이름을 붙여 준다. 성경에는 헤롯이나 헤로디아라는 이름을 가진 인물이 여럿 등장한다. 헤롯 대왕을 상기시키기 위한 의도였다. 반면에 예수가 죽은 다음 날, 그의 정체를 알았던 소수의 무리 중에 자기 아이에게 그의 이름을 붙여 준 사람은 아무도 없었다. 하지만 오늘날 시저(Caesar)나 네로(Nero) 같은 이름은 설령 있다 해도 카지노나 개에게나 붙여진다. 반면 성경 속 이름들은 지금도 계속 살아 있다.

정신 건강을 측정할 때 가장 빠르고 기본적인 방법이 인간에게 세 가지 방향감각이 있는지 알아보는 것이다. 즉 자신이 누구이고, 여기가 어디이며, 오늘이 무슨 요일인지 알고 있는지 보면 된다. 내 이름은 예수의 친구인 요한에게서 따왔고, 내가 사는 곳의 지명은 예수의 친구 프란시스코의 이름에서 땄으며, 내가 태어난 해는 예수 탄생 후 1,957년이 지나서였다. 어떻게 모든 면에서 한 사람의 생애에 이토록 철저히 의존할 수 있단 말인가?

예수가 어떻게 생겼는지는 아무도 모른다. 그의 초상화도 없고 조각상도 없다. 생김새를 묘사한 글조차 없다. 하지만 예수와 그의 제자들은 세계 예술의 가장 빈도 높은 주제가 되었다. A.D. 400년경 비잔틴 미술이 그려 낸 그의 초상은 역사상 가장 널리 인식되어 왔다.

영화에서 그의 배역을 맡은 사람들만도 프랭크 러셀(1898년), H. B. 워너, 제프리 헌터, 막스 폰 시도우, 도널드 서덜랜드, 존 허트, 윌렘 데포, 크리스찬 베일, 짐 카비젤 등 무수히 많다. 그에 관한 노래는 사도 바울이 빌립보서에 인용한 최초의 노래부터 시작해 2011년 크리스마스에 발매된 저스틴 비버의 앨범, 〈Under the Mistletoe〉(겨우살이 아래서)에 이르기까지 너무 많아서 다 셀 수도 없다.

심지어 정신 건강 분야에서도 과대망상증이 있는 환자들은 자신이 예수라고 생각한다. 밀턴 로키치(Milton Rokeach)의 『입실란티의 세 그리스도(The Three Christs of Ypsilanti)』가 바로 이 분야의 고전이다. 과대망상증에 걸린 불교도가 자신을 부처라고 생각하는 걸 본 적이 있는가?

절박한 사람이 기도할 때, 넘치는 감사의 마음으로 예배할 때, 성난 사람이 욕할 때도 예수의 이름으로 한다. 세례명을 주어 새 생명을 낳고, 결혼식에서 짝을 지어 주고, 병실에서 싸매 주고, 장례식에서 떠나보낼 때도 예수의 이름으로 한다.

암흑의 중세기로부터 포스트모더니즘의 시대에 이르기까지 예수는 도저히 떨칠 수 없는 인물이다.

하지만 그게 다가 아니다. 예일대학교의 사학자 자로슬라브 펠리칸 (Jaroslav Pelikan)은 이렇게 썼다.

"나사렛 예수에 대해 각자 어떻게 믿거나 생각하든 관계없이, 그는 거의 20세기 동안 서구 문화사의 지배적 인물이었다. 예수의 이름이 흔적이라도 남아 있는 쇳조각을 초강력 자석으로 역사에서 전부 다 끌어올릴 수 있다면, 과연 남는 것이 얼마나 될까?"

우리가 사는 세상은 설사 예수의 이름을 언급하지 않더라도 그의 영향이 어마어마한 곳이다. 우리는 그가 세상을 빚어낸 방식들을 당연시한다. 어떤 면에서 그의 영향을 측정할 때 가장 난감한 점은 그것이다. G. K. 체스터턴은 그의 생애가 미친 영향을 측정하려면 "최선은 기독교 안으로 들어가는 것이고, 차선은 기독교 밖으로 나가는 것"이라고 했다.

우선 예수 덕분에 아이들을 보는 눈이 달라졌다. 역사가 O. M. 바키 (Bakke)는 『인간이 된 아이들 : 초기 기독교에 태동한 아동기(When Children Became People : The Birth of Childhood in Early Christianity)』라는 연구서를 썼다. 거기에 보면 고대 세계에서는 대개 자녀가 생후 약 8일이 될 때까지 이름을 지어 주지 않았다. 그때까지는 영아를 살해하거나 유기할 여지를 남겨 둔 것이다. 특히 아이가 기형이거나 바라던 성(性)이 아닐 때 그랬다. 그런데 "어린 아이들이 내게 오는 것을 용납하라"(눅 18:16)고 하신 분을 따르는 사람들 때문에 그런 풍습이 바뀌었다.

예수는 결혼하지 않았다. 그러나 그가 여성을 대하는 방식은 그녀들의 향미에 꼭 맞는 공동체를 탄생시켰다. 그리하여 여자들이 기록적인 숫자로 공동체에 들어왔다. 사실 교회의 적들은 바로 그 이유로 교회를 비난했다. 성에 대한 예수의 가르침은 로마법에 강하게 배어 있던 성적 이중 잣대를 해체시켰다.

예수는 책을 쓴 적도 없다. 그러나 뜻(지성)을 다하여 하나님을 사랑하라는 그의 부름은 학문을 매우 중시하는 공동체를 낳았다. 고대 세계가 무너지고 소위 암흑기가 찾아왔을 때, 그나마 남아 있던 학문을 이 작은 공동체가 보존했다. 그가 시작한 운동은 머잖아 각종 도서관과 학문 조합을 낳았다. 결국 옥스퍼드, 케임브리지, 하버드, 예일 등 사실상 서구의 학문 및 교육체계 전체가 예수를 따르는 사람들을 통해 태동했다. 만인이 글을 깨쳐야 한다는 신념도 예수에 대한 인식에서 비롯되었다. 예수는 진리를 극찬한 교사였고, 제자들에게도 세상 모든 사람이 능히 배울 수 있게 하라고 명했다.

예수는 공직에 앉거나 군대를 이끈 적이 없다. 그는 자신의 나라가 "이 세상으로부터 난 것이 아니다"라고 하셨다. 그의 삶은 처음부터 끝까지 법과 대립되었다. 그런데도 그가 시작한 운동은 결국 황제 숭배를 종식시켰고, 마그나카르타 같은 문건에 인용되었고, 보통법(common law)과 제한된 정부(limited government)라는 전통을 탄생시켰으며, 제국의 종교들처럼 정부 권력을 강화한 게 아니라 오히려 축소시켰다. 이 운동 덕분에 역사 속에 다음과 같은 표현이 생겨났다.

"우리는 이를 자명한 진리로 천명하노니 만인은 평등하게 창조되었고 창조주로부터 양도할 수 없는 권리를 부여받았다."

예수가 살았던 로마제국은 화려했을지는 모르지만 잔인했다. 특히 기형아와 환자와 노예에게 그랬다. 그런데 예수라는 스승은 이렇게 말했다.

"너희가 여기 내 형제 중에 지극히 작은 자 하나에게 한 것이 곧 내게 한 것이니라"(마 25:40).

그리하여 서서히 다음과 같은 개념이 생겨났다. 인간 개개인의 고난은 중요하며, 누구나 서로 힘닿는 한 도와야 한다는 것이다. 온갖 병원과 구제 기관이 이 운동에서 탄생했고, 오늘날에도 종종 기관들의 명칭에서 그와 그의 가르침을 엿볼 수 있다. 또 고대 세계에서 조롱거리였던 겸손은 십자가를 통해 숭고해져 마침내 최고의 덕목이 되었다.

그런가 하면 복수의 대상으로만 봤던 원수를 이제는 마땅히 사랑할 대상으로 보게 되었다. "친구를 돕고 원수를 응징"해야 하는데도 말이다.

예수의 영향은 죽음과 관련해서도 피하기 어렵다. 고인을 묘지에 매장하는 풍습도 그를 따르는 사람들에게서 온 것이며, 묘지(cemetery)라는 말 자체가 헬라어 원어로 '잠자는 곳'이라는 뜻이다. 이는 부활의 소망이 담긴 표현이다. 묘비에는 대개 출생일과 사망일을 적고 그 사이에 줄을 긋는다. 한 인생의 길이를 그렇게 예수의 생애와의 시간적 간격으로 표기한다. 묘비를 세울 형편이 되지 않는 경우도 많은데, 그럴 때는 예수의 죽음을 상기시키는 십자가로 묘를 표시한다. 오늘날에도 만화가가 내세를 간단히 표현할 때면 그냥 구름 속의 진주 문 옆에 성 베드로만 그리면 다 통한다. 죽음이 예수의 실존에 어떤 역할을 했든, 그의 영향을 종식시키지 못한 것만은 분명하다.

암흑 시대로부터 현재에 이르기까지 결코 그를 떨쳐 버릴 수 없다. 그는 결코 포기하지 않는 사람이다.

하지만 그게 다가 아니다.

만나기만 하면 변화를 가져오는 사람

예수는 심히 신비로운 존재다. 단지 그가 오래전에 우리에게는 낯선 세상에서 살았기 때문은 아니다. 예수가 신비로운 이유는 우리가 모르는 부분 때문만이 아니라 우리가 그에 대해 아는 부분 때문이다.

톰 라이트(Wright)의 말을 들어 보자.

"다른 모든 사람들에 대해 알고 있는 내용과 워낙 다르다. 그래서 당시 사람들이 그랬듯이 우리도 이렇게 물을 수밖에 없다. '도대체 이 사람은 누구인가?' 그는 자기가 누구라고 생각하는 것인가? 그리고 실제로 누구인가?"

그가 성인이 되어 하나님을 논하기 시작하자 사람들은 그에게 놀랐고 그의 부모마저 놀랐다(눅 2:47~48 참조). 그의 가르침을 듣고 어떤 사람들은 즐거워하고 어떤 사람들은 격노하기도 했지만 언제나 동일한 반응은 놀라움이었다. 빌라도는 그를 이해하지 못했고, 헤롯은 그에게 질문을 퍼부었다. 심지어 제자들조차도 혼란에 빠지곤 했다. 라이트는 이렇게 말했다.

"당시에 그의 말씀을 들은 사람들은 '그 사람이 말하는 것처럼 말한 사람은 이 때까지 없었나이다'(요 7:46)라고 말하곤 했다. 그의 능숙한 연설 말투를 두고 한 말이 아니다. 예수는 당시 사람들을 수수께끼에 빠뜨렸고, 지금도 우리를 수수께끼에 빠뜨린다."

예수가 역사에 미친 영향은 수수께끼다. 그의 짧은 생애 전체도 똑같이 수수께끼다. 아무도 그를 어떻게 생각해야 할지 몰랐다.

하지만 이것은 터무니없고 무의미한 수수께끼가 아니다. 예수의 생애를 이해하는 일은 꿈에서 깨어나는 일과 같고 어려운 문제의 답을 듣는 일과도 같다. 일단 이해하고 나면 늘 알고 있던 답임을 깨닫는다. 또 그것은 낯선 길을 비추는 빛과 같아서 조심조심 그 길을 따라가면 마침내 집에 다다른다.

예수는 좀처럼 규정하기 어려운 존재다. 왕들은 예수의 이름을 내세우면 그의 권위까지도 전용할 수 있을 줄로 안다. 하지만 해방자 예수는 자꾸 빠져나간다. 남들이 그의 권위를 내세워 노예제도를 옹호할 때, 윌리엄 윌버포스나 조나단 블랜차드 같은 사람은 그가 해방으로 부르는 소리를 들었다. 그는 레오 톨스토이에게 감화를 끼치고, 마하트마 간디에게 감화를 끼치고, 또 마틴 루터 킹 주니어에게 감화를 끼쳤다. 예수는 데스몬드 투투에게 감화를 끼쳐 '진실화해위원회(Truth and Reconciliation Commission)'를 꿈꾸게 했으며 기도로 이루게 했다.

예수를 '위한' 단체는 일일이 다 열거할 수 없을 정도로 많다. 몇 가지만 꼽자면 예수를 위한 유대인, 예수를 위한 무슬림, 예수를 위한 전(前) 프리메이슨, 예수를 위한 오토바이 운전자, 예수를 위한 카우보이, 예수를 위한 레슬러, 예수를 위한 광대, 예수를 위한 꼭두각시, 심지어 예수를 위한 무신론자도 있다.

노동운동가 유진 뎁스(Eugene Debs)는 예수를 사회주의의 친구로 자처했다. "예수 그리스도는 노동자 계급에 속하며, 그는 내 친구요 동지다"는 것이다. 반면에 헨리 포드는 자본주의가 기독교의 이상이라고 말했다. 퀘이커교는 "그리스도는 베드로를 무장해제하실 때 우리 모두를 무장해제하셨다"고 주장하며 예수에게서 반전주의의 명령을 보았는가 하면, 콘스탄티누스는 십자가로 전쟁의 승리가 보장된다고 믿고 회심하여 "십자가의 성호로 너희는 정복하라"고 했다.

예수가 한데 불러 모은 사람들을 보라. 제시 잭슨과 제리 폴웰, 짐 월리스와 제임스 돕슨, 앤 라모트와 토머스 킨케이드, 빌리 그레이엄과 빌리 선데이와 빌 클린턴과 윌리엄 셰익스피어, 보노와 바흐와 조지 비벌리 시어, 갈릴레오와 아이작 뉴턴과 요하네스 케플러, 토마스 아퀴나스와 토마스 아 켐피스, T. S. 엘리엇과 C. S. 루이스와 J. R. R. 톨킨, 조지 워싱턴과 덴젤 워싱턴과 조지 워싱턴 카버, 소저너 트루스(일명 이사벨라 바움프리)와 로버트 E. 리, 콘스탄티누스와 샤를마뉴, 세라 페일린과 버락 오바마, 존 밀턴과 폴 번연과 프레드 로저스와 지미 카터와 피터 대제를 보라.

예수는 늘 사람들을 일깨워 평소 같으면 하지 않았을 일을 하게 만든다. 아시시의 프란시스코는 재물을 버렸고, 어거스틴은 정부(情婦)를 버렸고, 존 뉴턴은 노예무역을 버렸고, 다미엔 신부는 건강을 버렸다.

말콤 머거리지(Malcolm Muggeridge)라는 영국의 세속적 구두쇠는 자비의 선교사들이 운영하는 인도의 한 나병원에 갔다가 갑자기 걸음을 멈추었다. 테레사 수녀의 활동을 보면서 쇠망치로 얻어맞은 듯 퍼뜩 깨달은 것이 있었기 때문이다. 인본주의자들은 나병원을 운영하지 않는다는 사실이었다.

예수는 아무도 알 수 없는 사람이다.

하지만 그게 다가 아니다.

과연 이 모든 것이 우연일까?

최초로 예수에 대해 기록한 바울에 따르면, 예수는 바울이 부르지도 않았고 원하지도 않았는데 나타났다. 이처럼 그는 사람들이 청하거나 환영하지 않는 곳에 이상한 방식으로 불쑥 나타나곤 했다.

소설가 메리 카(Mary Karr)는 평생 불가지론자였다. 그녀의 어머니는 일곱 번 결혼했고, 메리의 장난감을 불태웠고, 메리를 칼로 찔러 죽이려 했다. 『거짓말쟁이 클럽(The Liar's Club)』의 유명한 저자인 카는 만성 알코올의존자였다. 예수를 만나리라고는 꿈에도 생각하지 못했던 그녀는 이렇게 술회했다.

"내가 무릎 꿇고 묵주기도를 올리거나 고해실에서 죄를 털어놓게 될 거라고…, 누가 1년 전에 말했더라면 나는 배꼽이 빠지게 웃었을 것이다. 차라리 나는 스트립 댄서나 국제 간첩이나 마약 밀매업자나 암살자가 되기가 더 쉬운 사람이었다."

예수는 스승이지만 단지 스승만은 아니었다. 그는 자신이 여느 스승들과는 다른 방식으로 뭔가를 공표했거나 발견했거나 도입했다고 주장했다. 펠리칸이 말했듯이 "유스티니아누스 황제가 콘스탄티노플에 소피아 성당을 짓고 요한 세바스찬 바흐가 나단조 미사곡을 작곡한 것은 단지 어느 위대한 스승이나 심지어 사상 최고의 스승을 위하여 한 일이 아니다. 소크라테스를 기리는 신전은 없다."

예수를 따르는 사람들은 그에게 역행하는 일을 많이 했다. 그런데도 그는 어떻게 살아남은 것일까? 종교재판, 마녀사냥, 십자군, 노예제도 옹호, 제국주의, 과학의 배척, 종교전쟁 등은 망령처럼 자꾸 되살아난다. 교만한 판단과 불관용과 편협함은 고금에 걸쳐 모든 대륙을 병들게 했다. 돈과 섹스에 빠진 교회 지도자들의 스캔들은 끝이 없어 보인다. 예수의 적들보다 예수를 따르는 사람들이 그에게 입히는 피해가 훨씬 크다.

그래서 그가 자꾸 이동하는 것인지도 모른다. 앤드류 월스(Andrew Walls)의 지적대로 대부분의 종교는 발상지가 곧 지금의 중심지다. 그러나 예수의 운동은 사정이 다르다. 이 운동은 예루살렘에서 시작했지만, 부정(不淨)한 이 방인들의 열렬한 수용에 힘입어 점차 고대 지중해를 건너 북아프리카와 알렉산드리아와 로마로 퍼져 나갔다. 그러다 더 심한 야만인들이 받아들여 결국 북유럽을 거쳐 북미로 확산되었다. 지난 세기에 이 운동은 다시금 극적인 변화를 겪었다. 이제 그리스도인의 과반수는 남반구와 동양에 살고 있다.

월스는 그 이유를 다음과 같이 설명했다.

"기독교의 핵심에는 자칫 깨지기 쉬운 취약성 같은 것이 있다. 십자가의 취약성이라 할 수 있다."

오랜 시간 지나치게 많은 돈과 권력을 갖고 있다 보면 십자가 신앙은 변질되게 마련이다. 그래서 중심지가 다른 데로 옮겨 가곤 하는 것이다.

일찍이 랠프 왈도 에머슨(Ralph Waldo Emerson)은 예수의 이름이 "세계 역사 속에 글로 기록되었다기보다 쟁기로 갈아졌다"고 말했다.

2천 년이 지났는데도 H. G. 웰스(Wells)는 이렇게 경탄한다.

"그리스도인이 아닌 나 같은 역사가가 보기에도 불가항력적인 그림이 있다. 그 그림의 중심을 이루는 것은 가장 중요한 인물인 예수의 생애와 성품이다. … 역사가들이 한 개인의 위대함을 측정하는 시험은 이것이다. '그가 뒤에 남겨 성장하게 한 것은 무엇인가?' '그는 사람들을 불러일으켜 새로운 생각을 하게 했는가?' '그것이 생명력이 있어 그가 떠난 후에도 지속되고 있는가?' 이 시험으로 보자면 예수는 단연 선두다."

왜 그럴까? 어쩌면 타이밍 때문인지도 모른다. 예수는 그냥 동정심이 많은 인물인데, 그가 출현했을 때 마침 로마에 좋은 인프라가 있었고, 헬라 철학이 신들을 무너뜨리고 있었는지도 모른다. 마침 이교가 죽어 가고 사회제도가 붕괴되고 있었는지도 모른다. 때마침 사회가 불안정하고 불안이 고조되어 사람들이 무엇이든 쉽게 믿었는지도 모른다. 한마디로 그는 순전히 재수가 좋았는지도 모른다. 어쩌면 예수는 단순히 친절하고 소박하고 순진한 영혼을 가진 사람이었는지도 모른다. 좋은 어머니 밑에서 자랐고, 따라 하기 좋은 대사를 말하는 재주가 있던 그가 하필 그때 그 자리에 있었는지도 모른다. 포레스트 검프처럼 말이다. 역사 속에서 그가 차지하는 위치는 어쩌면 신기한 우연인지도 모른다.

하지만 어쩌면 그렇지 않을지도 모른다.

예수의 생애를 이해하는 일은
꿈에서 깨어나는 일과 같고 어
려운 문제의 답을 듣는 일과
같다. 일단 이해하고 나면 늘
알고 있었던 답임을 알게 된
다. 또 그것은 낯선 길을 비추
는 빛과 같아서 조심조심 그
길을 따라가면 마침내 집에 다
다른다.

2

품위라고는 없는 인생을
살았던 고귀한 사람

● 　　예수는 이 세상에 품위 없이 등장했다.

그는 정식 부부가 아닌 부모 밑에 태어난 아이, 즉 사생아다. 언어마다 사생아에 해당하는 표현은 하나같이 흉하다. 그의 요람은 여물통이었고, 포대기는 누더기였으며 네 발 달린 짐승들과 함께 살았다. 어두컴컴한 곳에서 태어난 그는 유아 학살의 과녁이 되어 어려서부터 도망 다녀야 했다.

그의 죽음은 품위가 더 없었다. 유죄 선고를 받아 매를 맞고 피를 흘렸으며 버림받고 벌거벗은 채 수치를 당했다. 생전에 그는 아무런 지위도 갖지 못했다.

물론 그의 이야기에도 왕이 등장한다. 예수는 '헤롯 왕' 때에 태어났다. 그러나 당시 위대한 인물은 예수가 아니라 헤롯이었다. 귀족 출신으로 군 지도자가 된 헤롯은 로마 원로원의 큰 신임을 얻어 불과 서른셋의 나이에 '유대인의 왕'이라는 칭호를 부여받았다. 그는 정치적 수완이 뛰어나 40년간 왕위를 고수했다. 아우구스투스 황제의 숙적인 마르쿠스 안토니우스를 지지하면서도 황제를 설득하여 자기를 유임시키게 했을 정도다.

헤롯은 당대의 가장 위대한 건축가였다. "헤롯 시대에 그토록 광범위한 건축 사업으로 세상을 떠들썩하게 한 사람은 아무도 없었다." 그가 지은 성전의 육중한 돌들은 2천 년이 지난 지금까지도 그대로 남아 있다.

예수도 건축가였다. 목수였던 그는 아마도 세포리스라는 곳에서 헤롯의 아들을 위한 건축 일에 가담했을 것이다. 하지만 그가 지은 건물은 하나도 남아 있지 않다.

고대 세계에서 민심은 온통 헤롯에게 기울었을 것이다. 그는 신들과 더 가까웠고, 팍스 로마나의 수호자이자 아우구스투스 황제의 참모였다. 그를 다룬 가장 권위 있는 전기의 제목은 『헤롯 : 유대인의 왕, 로마인의 친구』다. 이 두 문구는 서로 맞물려 있다. 로마인의 친구가 아니었다면 그는 결코 유대인의 왕이 될 수 없었다. 그런데 예수는 '죄인의 친구'로 불렸다. 이것은 칭찬이 아니었다. 나중에 그는 로마인의 적으로 체포되었다.

헤롯이 다스리던 시대에는 무자비한 사람만이 살아남았다. 헤롯은 누구 앞에서도 굽히지 않았다. 여남은 명의 아내를 둔 그는 자신이 진정 사랑한 유일한 아내의 야망을 의심하여 그녀를 처형시켰다. 그뿐 아니라 자신의 장모, 두 처남, 총애하던 아내에게서 낳은 두 친아들까지도 처형시켰다. 늙은 이발사가 헤롯의 아들들을 변호하려 하자 헤롯은 그도 처형시켰다. 오죽하면 황제가 돼지고기를 먹지 않는 유대인의 풍습에 빗대어 "헤롯의 아들이 되기보다 헤롯의 돼지가 되는 편이 낫다"고 했겠는가. 헤롯은 친구에게 상을 주고 원수를 응징했다. 당시의 위대한 인물들은 으레 그렇게 했다.

예수는 아기 때 헤롯 앞에서 그랬듯이 성인이 되어서도 헤롯의 후계자 앞에서 거의 말없이 가만히 있었다.

헤롯은 끝까지 왕의 호칭에 매달렸다. 죽어 가는 중에도 그는 시위자들을 체포하여 주모자들을 산 채로 화형에 처하고 나머지는 처형시켰다. 죽기 닷새 전에 그는 자기 아들을 하나 더 처형시켰다. 너무 서둘러 권력을 잡으려 한다는 이유에서였다. 그가 죽던 날 그의 유언에 따라 수십 명의 유력한 백성들을 함께 처형하여 이스라엘에 울음 소리가 가득했다.

로마의 눈에 헤롯은 제국 역사상 가장 탁월한 이스라엘의 통치자였다. 그런데 헤롯 이후로 '유대인의 왕'이라는 호칭이 붙은 사람은 어느 금요일 오후에 몇 시간 동안 십자가에 달려 처형된 '그 사람' 외에는 아무도 없다.

흔히 우리는 헤롯을 크리스마스 연극에 등장하는 어이없는 악당쯤으로 생각한다. 하지만 당시 사람들은 그를 위대하게 보았다. 특히 발언권이 가장 센 사람들이 그랬을 것이다.

하지만 이후로는 위대함의 관점이 달라졌다. 그것도 이 이야기의 한 부분이다. 아직 아무도 몰랐지만 품위에 대한 고대의 관념이 곧 무너진다. 그리하여 인간의 품위는 헤롯을 보호하던 횃대에서 내려와 만인에게 고루 돌아가게 된다.

동방박사들이 와서 '유대인의 왕'으로 나신 이가 어디 있느냐고 묻는 순간, 헤롯의 삶과 예수의 삶은 서로 조우했다. 헤롯은 이스라엘의 종교를 따른다고 자처했지만 정작 겸손하고 공손하게 진리를 구한 것은 이교의 현자들이었다. 분명히 예수에게는 뭔가가 있다. 그래서 그가 세상에 오던 첫날부터 사람들은 각자의 입장을 공표하지 않을 수 없었다.

"헤롯 왕과 온 예루살렘이 듣고 소동한지라"(마 2:3).

여기서 '소동했다'는 말은 대단히 축소된 표현이다.

"이에 헤롯이 가만히 박사들을 불러 별이 나타난 때를 자세히 묻고 베들레헴으로 보내며 이르되 가서 아기에 대하여 자세히 알아보고 찾거든 내게 고하여 나도 가서 그에게 경배하게 하라"(마 2:7~8).

"이에 헤롯이 박사들에게 속은 줄 알고 심히 노하여 사람을 보내어 베들레헴과 그 모든 지경 안에 있는 사내아이를 박사들에게 자세히 알아본 그 때를 기준하여 두 살부터 그 아래로 다 죽이니 이에 선지자 예레미야를 통하여 말씀하신 바 라마에서 슬퍼하며 크게 통곡하는 소리가 들리니 라헬이 그 자식을 위하여 애곡하는 것이라 그가 자식이 없으므로 위로 받기를 거절하였도다 함이 이루어졌느니라"(마 2:16~18).

내가 자라난 교회에서는 해마다 크리스마스 연극을 했다. 우리는 목욕 가운을 걸치고 요셉과 마리아와 목자들과 동방박사들의 흉내를 냈다. 하지만 헤롯이 무죄한 아기들을 살육하는 부분은 왠지 한 번도 등장한 적이 없다. 연극에 포함되지 않았다. 그런 이야기를 주제로 노래를 지을 사람은 없을 것이다.

사실 예수가 나던 밤은 어둠에 묻힌 밤이 아니었다. 그 어린 아기는 '잘도 잔' 것이 아니다. 헤롯이 보낸 군인들이 베들레헴의 집집마다 들이닥쳤다. 평민들은 그들을 막을 힘이 없었다. 군인들은 무력으로 들이닥쳐 보이는 대로 검을 뽑아 아기를 찌르고 사라졌다. 먼 훗날 누군가 이런 노래를 지었다. "오~ 베들레헴 작은 골, 너 잠들었느냐." 그러나 헤롯이 예수를 찾으러 오던 날, 베들레헴은 잠들어 있지 않았다.

마태는 평민과 왕의 간극이 몰고 온 고통을 이렇게 덧붙였다. "라헬이 그 자식을 위하여 애곡하는 것이라." 랍비들에 따르면 옛날 유대 족장의 아내 라헬은 이스라엘에서 벗어나는 대로변의 베들레헴에 묻혔는데, 이는 고향을 떠나는 힘없는 유랑민들을 위해 애곡하기 위해서였다.

곧 사람들이 더 떠나게 된다. 예수의 부모가 이집트로 피난을 간다. 그동 안 예수는 무력했고 사정을 몰랐다. 여러 도시를 건축하고 군대를 호령한 헤롯은 헤롯 대왕으로 불렸다.

예수에게 '대왕'이라는 호칭을 붙인 사람은 없다. 마태가 예수에게 붙인 다른 호칭이 거듭 반복된다.

"가서 아기에 대하여 자세히 알아보고 … 아기 있는 곳 위에 … 아기와 그의 어머니 마리아가 함께 있는 것을 보고 … 아기와 그의 어머니를 데리고 애굽으로 피하여 … 아기와 그의 어머니를 데리고 이스라엘 땅으로 들어가니라"(마 2:8~21).

'아기'라는 호칭은 '왕'이나 '대왕'이라는 호칭과 아주 대조적이다. 특히 그 당시에는 더했다. 지위 중심의 고대 세계에서 아이는 위계상 맨 밑바닥에 속했다. 헬라어와 라틴어에서 아기에 해당하는 단어는 "말하지 않는다"는 뜻이었다. 아기는 이성의 품위가 결여된 존재라고 봤던 것이다.

플라톤의 글에 보면 아기와 노예와 여자는 "자질구레한 욕구와 고통과 쾌락으로 점철된 무리"였다. 아기는 겁이 많고 나약하고 무력한 존재였다. 역사가 플리니우스(Pliny the Elder)는 "모든 동물 중에 아이처럼 걸핏하면 눈물을 흘리는 존재는 없다"고 썼다. 아이는 의존적이고 연약하고 취약한 존재, 무방비 상태로 위험에 노출된 존재였다.

이는 고대 세계의 영웅과는 거리가 먼 특성들이다. 영웅이 일을 시행하는 사람이라면 아이는 일을 당하는 사람이었다. 헤라클레스에 대한 고사에 보면, 그는 아직 요람에 있을 때 독사 두 마리를 잡아 작고 통통한 맨손으로 죽였다고 한다. A.D. 2~3세기에 사람들은 예수도 어려서부터 신통력이 있었다는 이야기들을 지어냈다. 그가 진흙으로 살아 있는 새를 만들었다고도 했고, 신기하게 어떤 아이를 죽게 했다고도 했다. 하지만 이런 이야기는 헬라인들이 영웅의 어린 시절에 품위를 부여하려고 지어내던 것들이다. 사복음서에는 아이 예수에 대한 그런 이야기가 전혀 나오지 않는다.

헤롯 대왕은 일을 시행했고, 아기 예수는 일을 당했다.

인류의 찌꺼기들에게서 하나님의 형상을 보는 사람

하지만 이 이야기에는 반전이 나온다. 예수의 생애 다음 시기를 언급하면서 "헤롯이 죽은 후에"라는 말로 시작한다.

마태는 헤롯이 죽었다는 사실을 2장에만 세 번이나 언급한다. 독자들에게 분명히 알리고 싶었던 것이다. 온갖 부귀영화를 한 몸에 누리던 헤롯 대왕은 이제 싸늘한 시체가 되었다. 헤롯이 죽었다. 이는 만인에게 평등한 죽음을 슬며시 일깨우는 말이다. 그렇다면 나도 죽지 않겠는가?

내가 친구한테 받아 지금도 차고 있는 손목시계가 있는데, 두 개의 바늘에 각각 "기억하라", "너는 죽을 것이다"라고 새겨져 있다. 누가 "지금 몇 시지요?"라고 물을 때마다 나는 이 시계를 본다. 손목을 볼 때마다 "기억하라, 너는 죽을 것이다"라는 말이 보인다. 명색이 친구라는 사람이 준 시계다. 썩 좋은 친구는 못 되지만, 어쨌든 기억하는 데는 도움이 된다.

예수와 함께 새 시대가 도래했다. 왕과 아이에 대한 사고가 이제부터 바뀐다. 아기와 함께 하나의 사상이 구유 속에 누워 있었다고 할 수 있다. 그때까지 이 사상은 대체로 이스라엘이라는 작은 나라에 갇혀 있었다. 하지만 넓은 세상으로 기어 나오려고 제때를 기다리고 있었다. 넓은 세상은 그 사상을 끝내 물리치지 못한다.

고대 세계에는 민족마다 신이 있었다. 신들의 이름은 달랐지만 삶의 위계질서만은 공통이었다. 세상의 맨 위에 신들이 있고 그 밑에 왕이 있었다. 왕 밑에는 왕을 보좌하는 신하와 신관(神官)들이 있고, 그 밑에는 장인(匠人)과 상인과 기술자들이 있었다. 맨 밑의 대다수를 차지하는 평민과 노예는 인류의 찌꺼기들이었다.

왕은 신이거나 신적인 존재였다. 신이 신의 형상대로 창조한 존재가 바로 왕이었다. 신의 형상대로 지어진 사람은 왕뿐이었고, 그것이 왕과 나머지 인류를 가르는 선이었다. 평민과 노예는 최고신의 형상대로 지음 받지 못했다. 그들을 지은 것은 열등한 신들이었다. 이것이 품위의 간극이다. 위계가 밑으로 내려갈수록 간극은 더 벌어진다.

그런데 구유에 누워 있던 사상이 이 간극에 도전장을 날렸다. 이스라엘이 수세기 동안 지켜 온 그 사상이란 바로 이것이다. 하나님은 한 분이시고 선하시며, 모든 인간은 그분의 형상대로 지음 받았다.

하나님이 만유의 창조주이시니 이 땅에는 피조물이 가득하다. 하지만 다른 모든 피조물과 달리 인간만은 하나님의 형상을 닮았다. 우리에게는 논리적으로 사고하는 능력, 선택하는 능력, 소통하는 능력, 발명하는 능력이 있다. 트위터를 할 수 있는 생물은 인간뿐이다. 왕만이 아니라 '인류의 찌꺼기들'도 위대하신 한 하나님의 형상대로 지음 받았다니, 그 말을 들었을 때 그들의 심정이 어땠을지 상상해 보라. 남자와 여자, 노예와 평민이 모두 하나님의 형상대로 지어졌다.

하나님은 이들 인간에게 '다스리라'고 말씀하셨다. 이는 왕에게나 쓰이는 단어이지만, 이제 더 이상 소수에게 국한되지 않는다. 모든 인간은 왕의 품위를 지니고 있다. 예수는 사람들을 볼 때 하나님의 형상을 보았다. 모든 사람 안에서 그것을 보았고, 그래서 모든 사람을 품위 있게 대했다. 구유 안의 아기는 바로 이 사상의 상속자였다. 일찍이 이스라엘에게 주어졌던 그 사상이 이제 그의 삶을 통해 성육신된다. 전대미문의 방식으로 명료히 드러난다.

모든 인간을 왕의 자녀로 보게 만든 사람

만인이 하나님의 형상대로 지음 받았다는 믿음은 세상 속에 깊숙이 파고들었다. 우리가 그것을 잘 보지 못할 뿐이다. 다음은 미국 독립선언서의 시작 부분이다.

"우리는 이를 자명한 진리로 천명하노니 만인은 평등하게 창조되었고 창조주로부터 양도할 수 없는 권리를 부여 받았다. 생명의 권리, 자유의 권리, 행복 추구의 권리 등이 그에 해당한다."

이 말 속에 많은 사상이 담겨 있다. 우선 인간은 우연의 산물이 아니라 창조되었다는 것이다. 또한 창조주는 인간에게 특정한 속성과 가치를 부여한다. 그 가치 때문에 인간은 특정한 권리를 지니고 태어나며, 사회가 선한 곳이 되려면 그 권리를 존중받아야 한다. 끝으로 이것은 모든 인간에게 해당된다. 만인이 평등하게 창조되었다.

고대에는 만인 평등사상이 '자명하지' 않았다. 아리스토텔레스는 만인이 평등하게 창조되었다고 보지 않았다. 그는 불평등, 즉 주종 관계가 자연계의 질서라고 썼다.

"일부는 지배하고 일부는 지배받아야 한다. 이는 꼭 필요할 뿐 아니라 편리한 일이다. 출생 시부터 일부는 통치하고 일부는 복종하도록 되어 있다."

아리스토텔레스와 토머스 제퍼슨 사이에 출현하여 이것을 변화시킨 사람은 누구인가?

예일대학교의 철학자 니콜라스 월터스토프(Nicholas Wolterstorff)에 따르면, 세계사를 통틀어 인간은 본성상 부족(部族)을 이루고 보호하려는 경향이 있다. '외부인'에게는 나와 동일한 가치나 권리가 없다고 보는 것이다.

그런데 만인에게 권리가 있다는 도덕적 하부 문화를 출현시킨 사람은 누구인가? 월터스토프는 놀라운 답을 내놓는다. 모든 인간이 하나님의 형상대로 지음 받고 하나님께 사랑받고 있다는 성경의 가르침을 예수가 온 세상에 밝히 드러내 만인이 누리게 했다는 것이다.

재능과 체력과 지능과 미색은 차등이 있다. 그러나 마틴 루터 킹 주니어의 말대로 "하나님의 형상에는 차등이 없다." 예수가 보기에 모든 인간이 심히 가치 있는 이유는 모든 인간이 하나님께 사랑받고 있기 때문이다. 사람은 누구나 '부여받은 가치'가 있다.

우리 딸들 중 하나가 어렸을 때 유난히 사랑한 인형이 있었다. 본래 언니 것이었는데 그 인형을 너무나 사랑한 나머지 억지로 빼앗았다. 언니에게는 우리가 새 인형을 사 주어야 했다. 아이는 그 인형을 '아기 족집게'(Baby Tweezers)라고 불렀다. 어찌나 많이 사랑했던지 옷이 닳아 없어져 조그만 플라스틱 머리와 팔다리, 누르면 쑥 들어가는 말랑말랑한 몸통만 남을 지경이었다. 그러자 아이는 '벌거벗은 아기 족집게'라고 이름을 고쳤다. 인형은 예뻐서 사랑받은 게 아니다. 오히려 생긴 것으로 말하자면 볼품없이 흉했다. 그 인형은 이유 없이 '그냥' 사랑받았다.

우리는 아기 족집게를 끝내 버릴 수 없었다. 딸은 아기 족집게를 사랑했고 우리는 딸을 사랑했다. 아기 족집게는 '부여받은 가치'가 있었다.

우리는 누구나 그런 사랑을 알고 있다. 한 집에서 20년을 살며 애완동물도 기르고 자녀도 키워 보라. 그 집을 사랑하게 되어 있다. 다른 집들보다 질이 뛰어나서가 아니라 '그냥' 사랑하는 것이다.

소설가 조지 맥도널드(George MacDonald)는 공주와 왕자에 대한 글을 즐겨 썼다. 누군가 그에게 왜 항상 공주에 대해 쓰느냐고 묻자 그는 "모든 여자아이는 공주니까요"라고 말했다. 질문자가 혼란스러워하자 맥도널드가 그에게 공주가 무엇이냐고 물었다. 그가 "왕의 딸이지요"라고 답했다. 그러자 이렇게 대꾸했다. "맞습니다. 그래서 모든 여자아이는 공주입니다." 그렇다. 모든 인간은 왕의 자녀이다.

유기와 영아 살해의 관습을 멈추게 한 사람

고대 세계는 그렇게 가르치지 않았다. 평범한 아이들은 왕의 형상을 닮지 않았으며 동일한 신이 창조한 존재가 아니었다. 그래서 그들은 다른 세상에서 자랐다.

로마제국에서 여자아이는 성인이 되어도 교육을 받거나 공적인 삶을 살아갈 수 없었다. 어떤 아이들은 자라서 노예가 되었다. 그들은 노동력 때문에 필요하기는 했지만, 자유인들보다 열등한 존재로 취급당했다.

아예 장성하지 못하는 아기들도 많았다. 고대 세계에서는 원하지 않는 자녀들을 죽게 버려 두었다. 이런 관습을 '유기(exposure)'라고 했다. 가족들의 생사를 결정할 법적 권리가 가장에게 있었다. 이 결정은 대개 생후 약 8일 동안에 내려졌다. 플루타르크의 말대로 그때까지 아이는 "인간이라기보다 식물에 가까웠다."

아기를 유기하는 이유는 다양했다. 집이 가난해서 부유한 집이지만 재산이 분할되기를 원하지 않아서, 남아를 선호하는데 여아가 태어나서, 아이가 사생아여서 등 끝이 없다.

유대인은 신앙 때문에 유기를 반대했다. 예수는 사생아로 간주되었다. 사생아란 두 유대인 간에 금지된 관계에서 태어난 자식을 뜻한다. 그러므로 요셉이 로마인이었다면 예수는 살아남지 못했을 것이다. 유기되는 아이들은 대개 쓰레기더미나 똥구덩이에 버려졌다. 거의가 죽었지만 더러 구조되는 경우도 있었다. 구조된 아이는 대개 노예가 되었는데, 그런 일이 자주 있다 보니 고대에는 코프로스(kopros)라는 단어가 변해서 된 이름이 수백 가지가 되었다. 이 단어는 헬라어로 '똥'이라는 뜻이다.

장애가 있거나 약골로 보이는 아기들은 대개 물에 내던져졌다. 고대 로마법에 '기형이 심한' 남자아이는 신속히 처치하도록 되어 있었다. 고고학 발굴을 통해 '소름 끼치는 현장'이 발견되기도 했다. "하수구에 내던져져 살해된 듯 보이는 100명 가까운 아기들"의 유골이 발견된 것이다.

고대의 부모들도 지금처럼 자상하고 사랑이 많았을 수 있다. 하지만 아이의 가치는 국가에 소용되는 정도 만큼이었다. 그리고 국가의 화신은 헤롯이었다. 아이들은 얼마든지 버려질 수 있는 존재였다.

베들레헴에서 태어난 예수는 그런 시대를 살았다. 그는 아이들에 대해 여태껏 아무도 생각지 못한 말들을 했다. 마태의 기록을 보자.

하루는 제자들이 예수께 물었다.

"천국에서는 누가 크니이까"(마 18:1).

"예수께서 한 어린 아이를 불러 그들 가운데 세우시고(아이의 이름이 코프로스였을 수도 있다) 이르시되 진실로 너희에게 이르노니 너희가 돌이켜 어린 아이들과 같이 되지 아니하면 결단코 천국에 들어가지 못하리라 그러므로 누구든지 이 어린 아이와 같이 자기를 낮추는 사람이 천국에서 큰 자니라"(마 18:2~4).

예수는 아이가 헤롯처럼 되어야 하는 게 아니라 헤롯이 아이처럼 되어야 한다고 말했다. 당시의 위대함이란 죽을 때 위대해 보이는 사람들의 몫이었다. 어린아이를 회심의 예로 꼽는 사람은 고대 세계에 아무도 없었다. 랍비들도 그러지 않았다.

이어 예수가 한 말은 그야말로 어떤 인간도 머릿속에 품어 본 적이 없던 것이었다.

"또 누구든지 내 이름으로 이런 어린 아이 하나를 영접하면 곧 나를 영접함이니"(마 18:5).

코프로스가 새 이름을 얻었다.

고대 세계에는 클럽과 조합들이 많았다. 그러나 나약함, 무력함, 비천함 등 아이의 속성을 닮은 사람은 어떤 클럽에도 들어갈 자격이 없었다. 아이들을 위한 클럽은 없었다. 예수가 오기 전까지는 없었다.

한번은 예수가 이 가르침을 작은 움직임에 빗대 보여 주었다. "사람들이 예수께서 만져 주심을 바라고 어린 아이들을 데리고 오매"(막 10:13)라는 표현에서 보듯이, 아이들 스스로는 가까이 다가올 수조차 없었다. 그만큼 그들은 수동적이고 의존적인 존재였다. 제자들이 부모들을 책망하자 예수는 제자들을 책망했다.

"어린 아이들이 내게 오는 것을 용납하고 금하지 말라 하나님의 나라가 이런 자의 것이니라"(막 10:13).

여기 아이들을 위한 나라가 있다. 그 나라는 월트 디즈니가 오기 전부터 있었다. 어린아이들은 정말 그에게 왔다.

예수가 시작한 운동이 퍼져 나가면서 아이들을 위한 대안 공동체가 생겨났다. 그를 따르던 사람들의 초창기 교훈서에 보면, 당시 널리 성행하던 낙태와 유기와 영아 살해 같은 관습들이 금지되어 있다. 2세기에 나온, 열두 사도들의 가르침을 담은 『디다케(Didache)』가 좋은 예다.

부모에게 십계명의 가장 기본은 "살인하지 말라"라고 하는 오래된 농담이 있다. 어떤 면에서 그것은 오래된 게 아니다. 예수 당시의 세계에서는 이것이 혁명의 기초였다. 결국 유기는 금지되었다. 국가에 노동력이 더 필요해서가 아니라(아우구스투스 황제라면 유기를 제한하는 구실로 그것을 내세웠을 것이다) 2세기에 쓰인 『헤르마스의 목자서(Shepherd of Hermas)』에 있듯이 "모든 아기는 하나님 앞에 영광스럽기" 때문이다. 밀라노의 성 암브로시우스는 교회가 아기들뿐 아니라 가난한 사람들도 돌보아야 한다고 했다. 가난해서 아기를 돌볼 수 없는 사람들이 많았기 때문이다.

호머는 제우스나 아폴로나 판(Pan) 신이 모든 인간을 평등하게 존중했다고 말하지 않았다. G. K. 체스터턴의 말처럼 고대인들에게는 아이의 품위를 높인다는 게 있을 수 없는 일이었다. 그것은 예수를 통해 세상에 들어왔다. 물론 그를 믿으면서도 아이들을 존중하지 않은 경우도 있지만, 그래도 예수의 사상은 건재하다.

"아이가 성인보다 높거나 거룩하다는 진지한 말을 이교 세계는 전혀 이해하지 못했을 것이다. 마치 올챙이가 개구리보다 높거나 거룩하다는 말처럼 들렸을 것이다. … 피터 팬이 속한 곳은 헬라 신 '판'의 세계가 아니라 '피터', 즉 베드로의 세계다."

고대 세계에는 평균수명이 30세 안팎이다 보니 고아들이 넘쳐났다. 고아들을 무조건 돌보기 위해 돈을 거두는 공동체가 처음으로 생겨났다. 세례 때 아이들은 '대부모'와 맺어졌고, 대부모는 친부모가 죽을 경우 아이들을 대신 보살필 것을 약속했다.

4세기 말에는 기독교로 개종한 황제가 전 제국에 걸쳐 유기하는 관습을 법으로 금지시켰다. 세월이 가면서 서서히 사람들은 원하지 않는 아기를 똥 구덩이에 던지지 않고 수도원이나 교회 앞에 데려다 두었다. 그렇게 시작된 것이 고아원이다. 그래서 고아원은 대개 수도원이나 성당에서 운영했다.

아담과 하와 때도 그랬듯이 소위 믿는 집안이라는 이유만으로 가정이 건 강하리라는 보장은 없다. 하지만 기독교의 영향으로 변화된 문화에서 살아가 는 사람들은 예수 때문에 인간을 다르게 본다. 그들이 예수를 어떻게 생각하 든 관계없이 말이다. 평범하고 비천한 사람들도 더할 나위 없이 존엄한 존재 다. 모든 아이는 살아야 한다. 모든 인간은 평등하게 창조되었다.

몇 년 전에 나는 어떤 행사에서 강연을 했는데, 행사의 주인공은 딕 호이 트(Dick Hoyt)라는 아빠였다. 딕의 아들 리처드는 태어날 때 탯줄이 목에 감 겨 뇌에 손상을 입어 평생 걷거나 말을 할 수 없게 되었다. 고대 로마에서라 면 그는 관습으로나 법으로나 당연히 버림받았을 것이다.

딕 부부는 리처드를 집에 데려다 잘 길렀다. 그가 열한 살이 되었을 때 그 들은 터프츠대학교 공학부에 그를 데리고 가, 그의 소통을 도울 만한 기계 장 치를 만들어 낼 수 있는지 알아보았다. 그의 뇌로는 인지가 불가능하다는 답 이 돌아왔다.

"농담을 들려줘 보세요."

딕이 말했다. 리처드는 그들의 농담을 듣고 웃었다. 공학부는 특수 컴퓨터 를 제작했다. 리처드는 움직일 수 있는 유일한 신체 부위인 머리 옆쪽으로 컴 퓨터의 단추를 힘들여 눌러 문장을 입력할 수 있게 되었다.

어느 날 리처드는 자선 단축 마라톤이 있다는 소식을 들었다. 몸이 마비된 어떤 젊은이를 돕기 위한 행사였다. 그는 "아빠, 나도 달리고 싶어요"라는 문장을 입력했다. 당시 딕은 40세로 자칭 뚱보였고 1,500미터 이상을 달려 본 적이 없었다. 그래도 그는 용케 아들의 휠체어를 밀며 전 구간을 달렸다. 마라톤이 끝난 후에 리처드가 쓴 문장을 읽고 딕의 삶은 완전히 바뀌었다.

"달리는 동안 내 장애가 느껴지지 않았어요."

그때부터 딕은 아들과 함께 달렸다. 그는 아들을 밀고 당기고 혹은 안고서 철인3종경기에 200번도 넘게 참가했다. 내가 참석한 행사에서 이 강인한 아버지의 모습을 담은 비디오 자료를 소개했고, 좌중에 눈시울을 적시지 않는 사람이 없었다. 딕은 리처드의 휠체어를 밀고 42.195킬로미터의 마라톤 구간을 85번도 더 완주했다. 그의 최고 기록은 2시간 30분이 조금 넘는다. 그 정도면 세계기록과의 차이가 채 30분도 안 된다. 스포츠 칼럼니스트 릭 라일리의 말마따나 "세계기록을 세운 사람은 아들의 휠체어를 밀지 않았다."

앞서 나는 그날의 주인공이 딕이라고 했는데, 딱 들어맞는 말은 아니다. 딕은 움직일 줄도 모르고 말도 할 줄 모른 채 휠체어에 앉아 있는 몸무게 50 킬로그램의 아들이 자신의 영웅이라고 말했다. 자신에게 감화와 용기는 물론 달리는 이유를 주는 사람이 아들이라는 것이다.

헬라인들은 탁월하고 완벽한 기량과 투지를 품은 신체를 칭송했다. 올림픽도 그들이 남긴 것이다. 올림픽을 통해 인간들은 올림포스의 신들처럼 되려고 전력투구했다. 인간의 의지와 체력의 궁극적 시험대인 마라톤도 그들이 남긴 것이다. 그러나 그들은 장애인 아들을 안고 마라톤을 달리는 남자의 이야기는 남기지 못했다.

최근에 '장애의 신학'에 대한 기사를 읽었다. 하나님이 어떻게 제약과 고통과 장애 속에 임재하시는지 탐구한 내용이다. 고대 로마에서는 '장애의 신학'이라는 표현 자체가 무의미했을 것이다.

헤롯은 보지 못하는 것을 보는 사람

베들레헴의 그 아기는 자라서 로마의 친구가 아니라 죄인의 친구가 되었다. 그는 평범하고 보잘것없는 사람들과 평생을 함께 보냈다. 나환자와 장애인, 맹인과 거지, 창녀와 어부, 여자와 아이에게 깊은 관심을 보였다. 그가 가까이 왔다고 공표한 나라는 헤롯의 나라와는 달랐다. 그 나라는 심령이 가난한 자, 온유한 자, 박해받는 자에게 복이 임하는 나라다. 그런 사람들이 하나님 앞에서 온전히 가치를 얻고 존중받는 나라다. 사람들은 그게 다 무슨 의미인지 이해하지 못했다. 지금 우리도 이해하지 못한다.

하지만 혁명이 시작되었다. 사회의 밑바닥에서 천천히 시작된 조용한 운동이 결국 세상의 헤롯들의 허세를 꺾어 놓았다. 그것은 대체로 지하운동이었다. 위험한 아기가 태어나 왕을 피해 숨었던 베들레헴 인근의 그 마구간처럼 말이다.

그 출생 이후로 아기와 왕은 물론 나머지 모든 사람도 이제 우리에게 달라 보인다. 데이비드 벤틀리 하트(David Bentley Hart)의 절절한 목록에 나오는 "자폐증이나 다운증후군 등의 장애아, 인생을 허비한 낙오자, 비참한 남자, 망가진 여자, 노숙자, 극빈자, 병자, 정신병자, 신체장애인, 유랑민, 난민, 도망자, 심지어 범죄자와 버림받은 사람"까지도 다 달라 보인다. 고대의 조상들은 이들을 버려야 할 짐으로 보았다. 그러나 예수는 그들을 하나님의 영광을 품은 존재, 우리의 양심을 찌르고 이기심을 잠재울 수 있는 존재로 보았다. 헤롯은 그렇게 볼 수 없었지만 그는 그렇게 봤다.

이상한 반전이다. 자주색 옷을 입고 번쩍이는 관을 쓰고 번드르르한 호칭을 단 사람들이 이제 우스꽝스러워 보인다. 그런데 마구간에서 태어나 구유에 뉘였던 아기는 시간이 갈수록 더 커져만 간다.

"우리는 십자가에 달린 노예 속에서 하나님의 영광을 본다. … (따라서) 우리는 세상의 버림받은 이들을 천국의 자녀로 본다."

다시 말하거니와 예수는 이 세상에 품위 없이 들어오셨다.

예수가 나던 밤은 어둠에 묻힌
밤이 아니었다. 헤롯이 보낸
군인들이 베들레헴의 집집마
다 들이닥쳤다. 군인들은 보이
는 대로 검을 뽑아 아기를 찌
르고 사라졌다. 먼 훗날 누군
가 이런 노래를 지었다. "오, 베
들레헴 작은 골, 너 잠들었느
냐." 그러나 헤롯이 예수를 찾
으러 오던 날, 베들레헴은 잠
들어 있지 않았다.

3

사랑 때문에 분노한
이율배반적인 긍휼의 사람

● 　예수는 함께 있기에 아주 불편한 사람일 수 있다.

지금부터 우리는 어느 저녁 식사를 살펴보려 한다. 거기서 예수는 일부러 연거푸 네 번이나 논쟁을 일으켰다.

이 말을 하는 이유는 예수의 가장 유명한 특성으로 긍휼을 들 수 있기 때문이다. 어느 나환자가 병을 고쳐 달라고 하자 예수는 그를 "불쌍히 여겼다." 어느 과부가 부르짖자 그는 "불쌍히 여기사 울지 말라"고 했다. 간음한 사람과 세리와 탕자와 사마리아인이 하나같이 그의 긍휼을 불러일으켰다. 그의 긍휼이 세상을 변화시키고 있었다.

흔히들 예수를 감정이 매우 여려 고통을 차마 보지 못하는 사람으로 생각한다. 일레인 애런(Elaine Aron)은 『타인보다 더 민감한 사람(Highly Sensitive Person)』이라는 책을 썼다. 그런 사람은 쉽게 깜짝 놀라고, 타인의 기분이나 고통에 영향을 잘 받으며, 타인의 견해를 매우 존중한다. 타인보다 더 민감한 사람이 되는 게 잘못은 아니다. 나도 그런 사람 중 하나다. 그게 뭐가 어떻다는 말인가?

하지만 예수 이야기의 다른 부분을 보면 그는 타인보다 더 민감한 사람처럼 보이지 않는다. 사복음서의 한 이야기에서 그는 성전에서 가난한 자들을 착취하는 사람들을 향해 채찍을 들어 그들을 내쫓았다. 그리고 그들의 돈을 흩고 상을 뒤엎으며 말했다. "감히 여기가 어디라고!"

타인보다 더 민감한 사람들은 대부분 가구를 집어던지지 않는다. 예수는 다른 무리에게 이렇게 말한 적도 있다.

"뱀들아 독사의 새끼들아 너희가 어떻게 지옥의 판결을 피하겠느냐"

(마 23:33).

이것은 타인보다 더 민감한 사람의 전형적인 말투가 아니다. 예수는 긍휼이 풍성한 것만큼이나 호전적이었다.

어떻게 이 사람이 그 사람일 수 있는가?

사교적 예의보다 인간적 가치에 더 관심 있던 사람

하루는 예수가 그 두 가지 특성을 한꺼번에 보인 적이 있었다. 사상 최고로 어색한 저녁식사 중 하나였다. 예수는 한 바리새인 지도자의 집에 초대받아 음식을 먹고 있었다. 사람들은 그를 유심히 엿보았다. 마침 그곳에 수종병든 사람이 있었다. 몸의 어느 부위에 물이 차는 고통스럽고 흉하고 경우에 따라 위험한 병이다.

그날은 안식일이었다. 유대 사회에서는 목숨이 위태로운 경우가 아니고는 안식일에 아무런 치료도 할 수 없었다. 예수가 예의를 아는 손님이었다면 그 사람을 못 본 척했을 것이다. 하지만 예수는 예의를 따지지 않았다. 오히려 모든 사람의 눈이 그에게 쏠리도록 만들었다.

예수는 타인의 고통에 민감했다. 그래서 안식일에 그 사람을 고쳐 주는 것이 합당하냐고 물었다. 이것은 추상적인 토론이 아니었다. 환자 자신이 듣고 있었다. 환자가 뻔히 지켜보는 가운데 종교 지도자들에게 이런 토론을 붙이는 예수는 민감한 사람처럼 보이지 않는다.

아무도 말이 없었다. 그러자 예수는 그 사람을 만져 고쳐 주었다. 함께 음식을 먹던 사람들은 기분이 좋지 않았다. 주인은 그에게 저녁을 먹고 가라고 권하지 않았다. 그래서 예수가 주인을 대신하여 그를 보냈다. 어색한 순간이었다. 예수께 원만한 사교적 레이더가 있었다면 이제 화제를 바꾸어야 할 때임을 알았을 것이다.

하지만 예수에게는 원만한 사교적 레이더가 없었다. 그는 "너희 중에 누가 그 아들이나 소가 우물에 빠졌으면 안식일에라도 곧 끌어내지 않겠느냐"(눅 14:5)고 물었다. 그러나 그들은 아무 말도 없었다. 편안한 침묵이 아니었다. 폭풍이 몰아치기 직전이었다.

예수는 유대교가 율법주의의 종교라서 기독교라는 새로운 종교를 창시하러 온 게 아니었다. 예수는 철저히 유대인이었고 또 랍비였다. 랍비이면서 토라를 사랑하지 않을 수는 없다.

문제는 한 인간의 가치가 무엇이냐는 것이었다. 예수가 역설했듯이 모든 율법의 강령은 사랑이며, 사랑이란 하나님이 부여하신 인생의 가치를 보고 존중한다는 뜻이다.

예수는 인간의 가치에 대한 말씀을 아주 많이 하셨다.

"너희 중에 어떤 사람이 양 한 마리가 있어 안식일에 구덩이에 빠졌으면 끌어내지 않겠느냐 사람이 양보다 얼마나 더 귀하냐"(마 12:11~12).

"공중의 새를 보라 심지도 않고 거두지도 않고 창고에 모아들이지도 아니하되 너희 하늘 아버지께서 기르시나니 너희는 이것들보다 귀하지 아니하냐"(마 6:26).

"참새 두 마리가 한 앗사리온에 팔리지 않느냐 그러나 너희 아버지께서 허락하지 아니하시면 그 하나도 땅에 떨어지지 아니하리라 너희에게는 머리털까지 다 세신 바 되었나니 두려워하지 말라 너희는 많은 참새보다 귀하니라"(마 10:29~31.)

하나님은 참새를 귀히 여기신다. 참새를 먹이시고, 나무와 잔가지를 주어 집을 짓게 하시고, 다른 참새를 주어 짝짓기를 하게 하신다. 참새를 어찌나 돌보시는지 늘 참새의 숫자까지 세신다.

하물며 당신에 대해서는 어떻겠는가? "너희에게는 머리털까지 다 세신 바 되었나니"(마 10:30). 누군가를 소중히 여기면 세세한 것까지 눈여겨보게 마련이다. 부모가 갓난아기의 손발을 처음 보며 하는 일이 무엇인가? 손가락과 발가락을 센다. 아이가 자라면서 혹시라도 손가락이나 발가락을 하나 잃는 일이 생기면 부모는 금방 알아차릴 수밖에 없다. 아무리 평범한 부모라도 그 정도는 한다.

그런데 예수는 이렇게 말한다.

"하나님은 너희의 손가락과 발가락만 세시는 게 아니다. 하나님은 너희를 한없이 사랑하시기에 머리털까지 세신다. 머리숱까지 알아보신다. 머리카락이 빠지면 슬퍼하시고 머리 색깔도 눈여겨보신다."

잠언 16장 31절에 보면 "백발은 영화의 면류관이라 공의로운 길에서 얻으리라"고 했다. 머리가 흰 사람을 보거든 멈추어 서서 경이와 찬탄을 표하라. 당신이 지금 영적 거인을 보고 있기 때문이다. 성경이 그렇게 말한다.

예수가 칭찬하는 자녀는 하나님의 자녀다. 하나님의 사람들이야말로 하나님께 무엇보다도 소중하다. 예수의 말씀은 사실상 이런 것이다.

"여기 명쾌한 도덕성과 영적 용기가 있어 하나님의 자녀인 이 장애인을 옹호할 사람이 과연 있는가?"

아무도 없다. 다시 침묵이 흐른다. 가혹한 침묵이다. 그러자 예수는 화가 났다. 고의로 고통을 외면하는 사람들 앞에서 그는 타인보다 더 민감한 긍휼의 사람이 아니라 타인보다 더 분노하는 긍휼의 사람이 되었다.

유대인 지도자들은 자기들이 예수를 엿보고 있는 줄 알았는데, 사실은 예수가 그들을 엿보고 있었다. 그들 쪽에서 예수를 판단할 작정이었는데, 사실은 예수가 그들을 판단하고 있었다. 정말 어색한 상황이다. 저녁식사를 대접한 주인은 '이번에는 아무나 더 안전한 화젯거리를 꺼내 줬으면 좋겠다'고 생각했다. 그런데 이번에도 입을 연 사람은 예수였고, 그는 더 안전한 이야기를 꺼내지 않았다.

신들이 버린 사람들을 돌보라고 한 사람

예수는 지도자들이 식탁의 높은 자리를 택하는 것을 보았다. 이것은 우리가 이 사람을 저 사람보다 더 중시하는 또 다른 방식이다. 그래서 예수는 불편한 조언을 내놓았다.

"누가 너를 잔치에 초대하거든 높은 자리에 앉지 말라. 겸손히 부엌에 가서 앉으라."

예수가 주인에게 한 말은 사실상 이런 것이다.

"어이, 주인장! 내가 충고 한마디 하겠는데 당신의 자리 배치는 다 잘못되었소. 당신 생각대로라면 안식일에 병자를 고치는 것은 잘못이지만, 남들과 지위 다툼을 하는 것은 옳은 일이오. 내가 좌석을 다시 배정해 주겠소. 정작 당신이 높여야 할 사람들은 따로 있소."

지도자들은 모두 당황하고 격노했다. 이제 그들은 어디에 앉아야 할지조차 알 수 없게 되었다.

주인은 '제발 예수가 더 이상 충고하지 않았으면 좋겠다'고 생각했다. 하지만 예수는 주인을 보며 "당신에게 충고할 게 더 있다"고 말한다. 그의 말은 거침없이 이어졌다.

"당신이 점심이나 저녁이나 베풀거든 벗이나 형제나 친척이나 부한 이웃을 청하지 마시오. 두렵건대 그 사람들이 당신을 도로 청하여 당신에게 갚음이 될까 하오. 잔치를 베풀거든 차라리 가난한 자들과 몸 불편한 자들과 저는 자들과 맹인들을 청하시오. 그리하면 그들이 갚을 것이 없으므로 당신에게 복이 되리니 이는 의인들의 부활 시에 당신이 갚음을 받을 것이라는 말이오"
(눅 14:12~14 참조).

예수는 지금 율법을 정하는 게 아니다. 다만 하나님의 기준을 우리의 기준과 비교하는 것뿐이다. 가난한 자들을 저녁식사에 초대하는 것은 흔하지 않더라도 가능한 일이다. 하지만 불편한 자들과 저는 자들과 맹인들이라면 전혀 다른 문제다.

바리새인들은 기형이거나 흠이 있는 것은 어떤 것이라도 하나님의 완전한 거룩함을 드러낼 수 없다고 보았다. 따라서 기형인 것은 성전 구내에 일체 들여놓을 수 없었다.

대체로 바리새인들은 가정에서 성전에 관한 규정을 완벽하게 지켰고, 거기에 대해 대단한 자부심을 느꼈다. 그들은 로마가 성전을 더럽혔으므로 하나님을 영화롭게 하려면 가정을 축소판 성전으로 대해야 한다고 믿었다. 그래서 성전에서 지켜야 할 모든 규정을 가정에서 지켰다.

그런데 예수는 이 바리새인 지도자에게 그의 집인 작고 거룩한 성전에 흠이 있는 인간들을 일부러 초대하라고 명하셨다. 짐짓 그에게 모욕을 주신 셈이다. 그는 흠이 있어 불쾌감을 주는 사람들을 손님 명단에 올리라고 했다.

예수의 분노와 긍휼의 출발점은 동일하다. 그것은 바로 모든 개인을 향한 엄청난 사랑이었고, 또 인간의 가치가 훼손되는 데 대한 고통에서 나온 것이다. 예수의 긍휼을 보여 주는 이야기가 많이 있지만, 그가 상대의 자격을 따져서 긍휼을 베푼 적은 단 한 번도 없었다. 그가 불쌍히 여긴 것은 다만 그들이 곤경에 처해 있었기 때문이다.

이쯤 되자 좌중의 모든 사람은 혈압이 오를 대로 올랐다. 그중 타인보다 더 민감한 어떤 손님이 이런 진부한 말로 예수의 주의를 다른 데로 돌리려 했다. "무릇 하나님의 나라에서 떡을 먹는 자는 복되도다"(눅 14:15). 그러나 예수는 주의를 다른 데로 돌리기는커녕 오히려 새로운 이야기를 꺼냈다. 하나님 나라의 잔치에 들어갈 손님들이 누구인가에 대한 이야기였다. 주인은 생각했다. '또 시작이로군.'

예수의 이야기 속에서 잔치를 베푼 사람은 예상했던 손님들에게 모욕을 당했다. 그들이 막판에 시시한 평계를 대며 자신을 거부했기 때문이다. 주인이 분노한 것은 당연하다. 하지만 주인의 분노가 은혜로 전환된 것은 뜻밖이다. 그는 종을 시내의 거리와 골목으로 보내며 "가난한 자들과 몸 불편한 자들과 맹인들과 저는 자들"을 데려오라고 했다.

또 그 사람들이다. 도대체 예수는 왜 이러는가? 좀처럼 그냥 넘어가지를 않는다.

종은 주인이 시킨 대로 했으나 아직도 식탁에 빈자리가 있다고 보고했다. 그러자 주인은 다시 종을 보내되 이번에는 '길과 산울타리 가로' 보냈다. 동네 사람이 아닌 외부인이라도 무조건 데려오라는 것이다.

니콜라스 월터스토프에 따르면 "밑바닥 인생이 누구인가에 대한 예수의 이해는 구약의 이해를 훨씬 벗어났다. 과부, 고아, 외국인, 빈민, 죄수 등 사회 구조와 관습의 피해자들만이 아니라 기형이나 흠이나 종교적인 열등한 조건 때문에 사회에서 배제된 사람들까지도 다 포함시킨 것이다. 하나님의 정의로운 통치가 임하려면 그런 사람들도 높임을 받아야 한다."

예수를 따르는 사람들 중 일부는 그가 죽은 후에야 그의 말을 기억했다.

사회학자 로드니 스타크(Rodney Stark)는 역설하기를, 예수 운동이 확산된 주된 이유 중 하나는 그를 따르는 사람들이 병자들을 돌보았기 때문이라고 했다.

마르쿠스 아우렐리우스 재위 중인 A.D. 165년경에 천연두로 보이는 전염병이 돌아 마르쿠스 아우렐리우스 자신을 포함해 인구의 3분의 1 내지 4분의 1 정도가 목숨을 잃었다. 그로부터 한 세기가 조금 못 되어 다시 돌림병이 발생했다. 병이 한창일 때는 로마 시에서만 사망자가 하루에 5천 명에 달했다.

사람들은 공포에 시달렸다. 호머의 저작에는 아무런 지침이 없었고, 제우스 신도 자신의 목숨을 위태롭게 하면서까지 생면부지의 죽어 가는 사람들을 돌보아야 한다고 명한 적이 없었다. 헬라의 역사가 투키디데스(Thucydides)의 글에 보면 아테네 사람들이 첫 재앙 때 어떻게 반응했는지가 나온다.

"사람들은 아무도 돌보아 주는 이 없이 죽어 갔다. 돌보려는 사람이 없어 온 식구가 죽은 집도 많았다. 죽어 가는 자들이 그냥 무더기로 쌓여 있었다. … 신을 향한 신앙이나 인간의 어떤 법도 이것을 막지 못했다."

로마의 사정도 그리스와 다를 바 없었다.

"병이 돌기 시작하자 그들은 감염자들을 밀쳐 냈고, 사랑하는 가족마저 피했다. 죽기도 전에 그들은 길에 내버려졌고, 묻지 못한 시체들이 쓰레기처럼 취급되었다. 죽을병이 확산되는 것과 전염을 피하려 한 것이다."

그런데 그 세계에 예수를 따르는 사람들의 공동체가 있었다. 그들의 기억 속에 예수는 부정한 나환자에게 스스로 손을 대고, 제자들에게 병든 자를 고쳐 주라고 명하고, 저녁식사 자리에서 논쟁을 일으켜 좌중을 당혹감에 빠뜨린 사람이었다. 3세기에 알렉산드리아의 주교 디오니시우스(Dionysius)는 그들이 재앙 중에 보인 행동을 이렇게 기록했다.

"그들은 위험에도 아랑곳없이 병자들을 맡아 정성껏 간호하며 그리스도 안에서 섬겼다. 그러다 자신들도 감염되어 평온하고 행복하게 이생을 마감했다. 그들은 이웃의 병이 자기에게 옮는데도 즐거이 고통을 감내했다."

이제 이 말씀을 읽어 보라.

"내가 주릴 때에 너희가 먹을 것을 주었고 목마를 때에 마시게 하였고 나그네 되었을 때에 영접하였고 헐벗었을 때에 옷을 입혔고 병들었을 때에 돌보았고 옥에 갇혔을 때에 와서 보았느니라"(마 25:35~36).

"내가 진실로 너희에게 이르노니 너희가 여기 내 형제 중에 지극히 작은 자 하나에게 한 것이 곧 내게 한 것이니라"(마 25:40).

'지극히 작은 자'를 소중히 여겨야 한다는 개념은 사실상 코페르니쿠스적인 인간 혁명이었다. 여기서 새로운 인간관이 싹텄다. 사람들은 정말 예수의 말씀을 그대로 믿었다.

기독교 공동체들이 굶주린 자들과 병자들에게 그렇게 반응하자 외부 사람들도 거기에 주목했다. 4세기 말에 기독교 신앙의 적이었던 배교자 율리아누스(Julian the Apostate) 황제는 그리스도인들보다 못한 이교 사제들을 책망했다.

"우리 사제들이 빈민을 무시하고 간과할 때 때마침 불경한 갈릴리 파가 이를 보고 헌신적으로 자선을 베풀었다. … 불경한 갈릴리 파는 자기네 빈민만아니라 우리의 빈민도 거두고 있다. 다들 보다시피 우리는 우리 편 사람들조차 돕지 않고 있다."

초대교회의 몇 세기 동안 나병은 곧 격리와 부정(不淨)과 죽음을 뜻했다. 바질(Basil)이라는 교회 교부에게 좋은 생각이 떠올랐다.

"우리가 나환자들을 사랑하고 돌볼 수 있는 곳을 지으면 어떻겠는가? 그들은 돈이 없으니 비용을 지불할 필요가 없다. 돈은 우리가 모은다."

같은 세기의 가장 유명한 설교 중 하나는 나환자들을 돌볼 곳을 지을 돈을 모으고자, 바질의 형제이자 역시 교회 교부인 닛사의 그레고리(Gregory of Nyssa)가 한 설교다. 그레고리는 이렇게 말했다.

　　"나환자들도 여러분과 저처럼 하나님의 형상대로 지음 받았으며, 어쩌면 그 형상을 우리보다 더 잘 보존하고 있습니다. 아직 시간이 있을 때 그리스도를 돌봅시다. 그리스도의 필요를 채워 드립시다. 그리스도께 먹을 것과 입을 옷을 드리고 안으로 모셔 들입시다. 그리스도를 공경합시다."

　　이것이 병원의 효시였다. 그 뒤로 닛사 공의회(니케아 신조를 천명한 공의회)의 규정에 따라 교회당이 있는 곳에는 어디든 병자와 빈민을 돌보는 보호시설도 반드시 갖추게 되었다. 오늘날 병원 이름에 '선한 사마리아인' '선한 목자' '성 앤서니' 같은 이름이 많은 것도 그 때문이다. 역사상 최초의 자발적 자선 기관들이었다.

　　장 앙리 뒤낭(Jean Henri Dunant)도 예수를 따르는 사람이었다. 그는 병사들이 전쟁터에서 부상당하여 절규하는 소리를 참을 수 없었다. 그래서 이 스위스의 박애주의자는 평생을 바쳐 예수의 이름으로 그들을 돕기로 했다. 그렇게 해서 1860년대에 창설된 기관이 지금의 적십자사다. 적십자사를 볼 때마다 당신은 예수의 엄지손가락의 지문(指紋)을 보고 있는 셈이다.

　　독일의 루터교 목사인 테오도르 플라이트너(Theodor Fliedner)는 평민 위주의 여자들을 훈련시켜 환자들을 간호하게 했다. 이를 계기로 온 유럽에 병원 운동이 확산되었다. 플로렌스 나이팅게일이라는 젊은 여자도 거기서 감화를 받아 환자를 돌보는 일에 평생을 바쳤다. 그녀는 자기가 죽거든 무덤에 자기 이름의 머리글자가 쓰인 십자가만 꽂아 달라고 부탁했다. 이름 없이 섬기고자 했던 것이다.

벨기에의 다미엔 신부(Father Damien)도 예수를 따르는 사람이었다. 그는 19세기에 하와이에서 활동하면서 나환자들이 사랑과 돌봄을 받을 수 있는 곳을 만들었다. 매주 그들에게 "하나님은 '여러분' 나환자들을 사랑하십니다" 라고 말하던 그가 어느 주에는 일어나 이렇게 말했다. "하나님은 '우리' 나환자들을 사랑하십니다." 그는 나병으로 세상을 떠났다.

먼 옛날 교회 교부 터툴리안(Tertullian)은 이렇게 말했다. "적들이 보기에 우리의 특징은 바로 힘없는 자들을 돌보며 사랑을 실천하는 모습이다." 로마인들이라고 긍휼을 전혀 몰랐던 것은 아니지만, 그들이 알던 긍휼은 신들과 무관했다. 신들이 요구한 것은 희생의 제물이지 자비의 행위가 아니었다.

그럼에도 긍휼은 이 새로운 신앙 운동의 '브랜드'가 되었다. 긍휼을 통해 그런 훌륭한 사람들이 배출되어서가 아니라 긍휼이 선택과목이 아님을 그들이 창시자로부터 배웠기 때문이다.

지극히 작은 자 하나에게 주목한 사람

고대 세계에는 노예가 어디에나 있었다. 근대 미국의 노예제도와 달리 그 때의 노예는 인종과 사실상 무관했다. 누구나 노예로 전락할 수 있었고, 실제로 그런 경우가 많았다. 형편이 약간씩 다르기는 했지만 노예는 대개 가치나 존엄성이 별로 없었다. 로마법 앞에서 노예는 말 그대로 '인격이 없는'(non habens personam) 또는 '얼굴이 없는' 존재였다. 로마의 상전들은 말 그대로 노예를 죽이고 살릴 권세가 있었다. 노예는 항소할 권리도 없었다. 노예의 고통은 아주 하찮게 여겨졌으므로 노예가 증언대에 소환되면 당연히 고문이 가해졌다. 자유인의 자녀에게는 대개 구타와 발길질을 하지 않았는데, 그 이유는 그것이 노예에게나 가하는 벌이었기 때문이다.

그러나 초대교회에서는 노예가 들어오면 부유하고 권세 있는 상전 중 하나가 무릎을 꿇고 대야와 수건을 가져다가 법률상 인격체가 아닌 그의 발을 씻겨 주었다. 초대교회의 지침서인 『사도 교훈(Didascalia Apostolorum)』에 보면, 고위층 부자가 늦게 들어와도 주교가 예배를 중단하고 인사하지 못하게 되어 있다. 그러나 가난한 남녀가 모임에 들어오면 주교는 어떻게 해서라도 그들을 영접해야 했다. 심지어 주교가 바닥에 앉아야 할 때도 있었다. 좌석 배치가 달라진 것이다.

사도 바울은 "너희는 유대인이나 헬라인이나 종이나 자유인이나 남자나 여자나 다 그리스도 예수 안에서 하나이니라"(갈 3:28)고 했다. 역사가 토머스 카힐(Thomas Cahill)에 따르면 이것이 인류 문헌상 평등주의의 첫 진술이다.

A.D. 379년의 사순절에 닛사의 그레고리는 노예를 소유한 그리스도인들을 꾸짖으며 노예제도를 비판했다.

"여러분은 본성이 자유로운 인간을 노예로 정죄하고 있습니다. … 땅의 주인으로 지음 받아 창조세계를 다스리도록 위임받은 인간에게 노예의 멍에를 지우고 있습니다."

그러면서 이 교회 교부는 한 영혼이 온 천하보다 더 귀하다는 예수의 가르침을 인용했다.

"매사에 평등한 여러분이 어떻게 어떤 특정한 일에서만 남보다 우월할 수 있습니까? 여러분도 인간이면서 어떻게 인간의 주인이 될 수 있단 말입니까?"

존 뉴턴은 어려서부터 본의 아니게 바다에서 일했다. 그는 포로들을 사고 팔아 돈을 벌었는데, 돈을 버는 방법치고 도덕적으로 그보다 더 해로운 것은 없으며 노상강도보다도 더 나쁘다고 술회했다. 그에 따르면 뱃사람들이 대개 무지막지한 이유는 그 직업만큼 천대받는 직업이 없기 때문이다. 그의 삶은 도박과 불경한 언행과 음주로 점철되었다. 자살까지 생각했다. 그러던 그가 영적 회심을 경험한 뒤로 성공회 목사가 되었고 〈나 같은 죄인 살리신 주 은혜 놀라워〉라는 찬송을 지었다.

영국의 정치가 윌리엄 윌버포스도 회심했다. 그는 존 뉴턴을 찾아가 진로에 대한 조언을 구했다. 정치를 그만두고 싶었던 그에게 뉴턴은 그가 정계에 남아 노예제도 폐지를 위해 일생을 바쳐야 한다고 말했다. 그때부터 그 사명에 사로잡힌 윌버포스는 1787년에 노예제도 반대 법안을 처음으로 상정했으나 부결되었다. 그래도 그는 클래펌 파의 동지들과 함께 수십 년 동안 싸웠다. 결국 영국 국회는 1833년 윌버포스가 죽은 지 한 달 만에 노예제도를 법으로 금지시켰다.

교회가 "종이나 자유인이나"라는 바울의 가르침에 담긴 의미를 깨닫기까지 오랜 세월이 걸렸다. 그러므로 그리스도인은 누구도 승리주의에 빠져서는 안 된다. 서구 사회는 거기서 한 술 더 떠 노예제도에 인종차별주의까지 보탰다. 마크 놀(Mark Noll)의 말마따나 노예제도에 대한 성경적 논의가 많았지만, 노예제도가 백인에게 좋은 성경적 제도라고까지 말한 사람은 아무도 없다. 예수의 생애와 가르침은 때로 교회 밖에서보다 교회 안에서 더 무시되곤 했다.

역사적으로 감옥은 지옥 같은 곳이었다. 하지만 예수를 따르는 사람들은 그의 이런 말을 기억했다. "(내가) 옥에 갇혔을 때에 (너희가) 와서 보았느니라." 그래서 그들은 감옥에 찾아갔다. 2세기 그리스의 루시안이라는 이교 작가에 따르면, 그리스도인이 감옥에 갇히면 다른 그리스도인들이 그에게 음식을 가져다주곤 했다.

오래전에 에티오피아에 갔을 때 그곳은 공산 치하에 있었고 교회는 대부분 지하 교회였다. 기독교 단체 지도자들이 자주 체포되어 갇혔는데, 감옥은 처참할 정도로 과밀했고 이루 말할 수 없이 불결했다. 그런데 다른 재소자들은 그리스도인이 감옥에 갇히기를 고대했다. 그리스도인이 갇히면 그리스도인 친구들이 음식을 가져왔기 때문이다. 게다가 양도 넉넉해 모두들 골고루 나누어 먹을 수 있었다. 그래서 "하나님, 우리 감옥에 그리스도인을 보내 주십시오"라는 '재소자의 기도'가 생겨났다.

두 세기 전에 엘리자베스 거니라는 17세 영국 소녀가 어느 퀘이커교도를 만났다. 일기장에 "나는 종교가 없다"고 썼던 그녀에게 그 퀘이커교도가 하나님의 임재 의식을 불어넣어 주었다. 그녀는 신앙이 더 진지해져 조셉 프라이와 결혼한 지 10년째 되던 서른 살에 퀘이커교 '사역자'로 인정받았다. 3년 후에 그녀는 런던 부근의 뉴게이트라는 감옥을 방문했다. 당시의 감옥은 더럽고 캄캄했으며, 여자들이 감옥에 갇히는 경우는 대개 남편이 도망가거나 죽어 빚더미에 앉았을 때였다. 엘리자베스는 예수님의 말씀에 감동되어 여러 팀을 조직하여 감옥의 여자들을 찾아가 성경을 읽어 주고 바느질을 가르쳤다. 그녀가 시작한 개혁 운동을 계기로 1823년에 국회에서 교도소 조례가 통과되었다. 엘리자베스 프라이(Elizabeth Fry)는 감옥의 천사로 알려졌고, 온

유럽의 지도자들이 찾아와 그녀가 하던 일을 배웠다.

오늘날에도 백화점에 가면 자선냄비의 종소리가 들리는데, 이를 운영하는 구세군이라는 기관은 윌리엄 부스의 신앙에서 비롯되었다. '월드 비전' 'YMCA' '사마리아인의 지갑' '국제 컴패션' 같은 단어를 입에 올릴 때마다 당신은 알게 모르게 예수의 운동을 말하는 것이다.

그렇다고 기독교가 없으면 세상에 긍휼이 하나도 없을 거라는 말은 아니다. 그리스도인들도 부족할 때가 많다. '선한 사마리아인의 이야기'로 알려진 예수의 이야기에 보면, 종교적으로 가장 덜 정통인 사람이 가장 큰 긍휼을 베푼다. 긍휼이 그리스도인의 전유물이라고 주장하는 사람들만큼 긍휼에 인색한 사람도 드물다.

하지만 철학자 마크 넬슨(Mark Nelson)은 그것을 이렇게 표현했다.

"예수가 의학과 긍휼에 미친 영향이 무엇이냐고 묻는다면 나는 이렇게 답하겠다. 외로운 사람들의 실제적 복지를 위한 희생적 기관, 학교, 병원, 호스피스, 그리고 평생 보답할 수 없는 아이들을 위한 고아원 등을 볼 때마다 그 뿌리가 예수의 운동에 있다고 보면 될 것이다."

일찍이 예수는 "가난한 자들은 항상 너희와 함께 있거니와"(마 26:11)라고 말했다. 인간의 모든 고통도 항상 우리와 함께 있다. 현대 노예제도의 전문가인 케빈 베일스(Kevin Bales)는 그 말이 오늘까지도 사실이지만 큰 차이가 하나 있다고 했다. 노예의 가격이 볼품없이 떨어졌다는 것이다. 역사적으로 노예는 요즘 돈으로 4만 달러 정도의 가치가 있었다. 지금의 노예 가격은 평균 90달러 정도다.

아이티는 아주 가난한 나라다. 거기서는 아동 노예를 흔히 레스타베크

(restavek)라 부른다. 현지 프랑스어로 "함께 머문다"는 뜻이다. 자기 가족이 아닌 사람들과 함께 사는 아이들을 그렇게 부른다.

노나 해리슨(Nonna Harrison)의 글에 보면 빌 네이턴이라는 젊은 레스타베크의 이야기가 나온다. 빌의 아버지는 빌이 태어난 후에 말라리아로 죽었고 어머니는 빌이 일곱 살 때 죽었다. 고아 빌은 결국 노예가 되었다. 학교도 그만두어야 했다. 무슨 실수라도 하면 안주인이 그를 때렸다. 한번은 안주인이 그에게 돈을 주며 빨리 뭔가를 사 오라고 시켰다. 그는 시내까지 부리나케 달려갔다. 다 가서 숨이 차 잠시 쉬는 사이 누군가 그를 속여 돈을 빼앗았다.

안주인이 그 사실을 알았다. "돈을 잃어버렸다고?" 그는 말하려 했으나 눈물이 나고 목이 멨다. 여자는 빌의 무릎을 걷어찬 뒤 돌 두 개를 주면서 팔을 뻗어 들고 있으라고 했다. 돌을 놓치면 죽여 버리겠다고 했다. 여자는 채찍을 꺼내 빌을 때렸다. 빌이 비명을 지르자 여자는 머리고 눈이고 할 것 없이 온몸을 후려쳤다. 20분쯤 지나자 바닥에 빌의 피가 흥건히 고였다. 그때까지도 빌은 두 돌을 들고 있었다.

아이티 사람들은 정체감과 삶의 의지를 잃어버린 레스타베크를 좀비라고 부른다. 마치 그에게 의지도 없고 인격도 없다는 듯이 말이다. 빌은 자유가 무엇인지 기억에 없었다.

빌의 나이 열한 살 때, 노예제도 근절을 위해 활동하는 한 그리스도인 단체가 빌을 구해 주었다. 현재 빌은 어느 밴드의 드러머로 세계 순회공연을 하고 있다. 가는 곳마다 자신의 이야기를 들려주며 노예제도를 강력히 비판한다. 그는 자라서 강인하고도 온유한 믿음의 사람이 되었다. 그가 믿는 하나님은 열심히 노예를 해방시키시는 분이다.

예수가 이런 레스타베크와 '좀비'의 현실을 보며 얼마나 노할까?

"너희가 여기 내 형제 중에 지극히 작은 자 하나에게 한 것이 곧 내게 한 것
이니라"(마 25:40).

예수의 분노와 긍휼의 출발점
은 동일하다. 그것은 바로 모
든 개인을 향한 엄청난 사랑
이었고, 또 인간의 가치가 훼
손되는 데 대한 고통에서 나온
것이다. 예수의 긍휼을 보여
주는 이야기가 많이 있지만,
그가 상대의 자격을 따져서 긍
휼을 베푼 적은 단 한 번도 없
었다. 그가 불쌍히 여긴 것은
다만 그들이 곤경에 처해 있었
기 때문이다.

who is this man?

4

여자의 마음을 안
완벽한 남자

•   지금으로부터 20년도 더 전의 일이다. 낸시와 나는 교회에서 단체로 야영을 갔다. 당시 우리 집에는 두 살 된 딸과 작은 아기가 있었다. 낸시가 내게 말했다.

"아이들 돌보는 일을 당신이 도와주어야 해요. 교회 행사니까 분명히 당신은 다른 일에 신경 쓰고 싶을 거예요. 하지만 난 당신 도움이 필요해요."

이틀째, 낸시는 아기를 데리고 다른 엄마들과 함께 시내에 나갔다가 정오가 지나 야영장으로 돌아왔다. 바깥 기온은 40도에 가까웠다.

나는 야영장에서 15킬로미터쯤 떨어진 커피숍에서 한 부부를 만나 아주 민감한 문제로 상담을 해야 했다. 주차하는 곳에 우리 차가 돌아와 있기에 나는 얼른 뛰어가 올라타고는 급히 출발했다. 떠나기 전에 낸시를 잠시 들여다보고 행선지를 말했으면 좋았으련만 미처 그 생각을 하지 못했다.

나는 알 턱이 없었지만 카시트에는 아기가 잠들어 있었다. 낸시는 두 살 된 딸을 안에 뉘는 동안 잠시 차를 봐 달라고 누군가에게 부탁한 상태였다.

커피숍에 거의 다 갔을 때 뒷좌석에서 실낱 같은 숨소리가 새어 나왔다. 뒤를 돌아보니 카시트에 우리 아기가 있었다.

그 소리를 듣지 못했다면 나는 40도에 육박하는 한낮의 폭염 속에서 창문마저 올린 채로 아기를 차 안에 두었을 것이다. 생각만 해도 아찔했다. 어찌나 아찔한지 온 몸이 부르르 떨렸다. 나는 작은 아기를 들어 올려 최대한 꼭 안아 주며 말했다.

"네가 살아 있어 정말 감사하다. 소리를 내 주어 정말 감사하다. 네가 너무 어려 이 일을 기억하지 못할 테니 정말 감사하다. 아직 말을 못해 엄마에게 이르지 않을 테니 정말 감사하다. 엄마한테는 아빠가 차차 말하마. 20년 후에 안전한 방법으로 말이야. 이를테면 책에다 쓰는 거지."

이런 이야기를 듣고 떨지 않을 부모는 없다. 모든 부모는 자녀의 안전에 대해 일종의 강박장애가 있다. 장애가 아니라 그게 정상일 것이다.

하지만 자녀를 향해 느끼는 부모의 의무감도 사실은 생각보다 훨씬 더 바깥세상과 문화의 산물이다.

단지 여자라는 이유만으로 움츠러들지 말라던 사람

고대 그리스와 로마 세계에는 남자 140명당 여자 100명꼴로 여자가 턱없이 부족했다. 나머지 여자들은 다 어디로 갔단 말인가? 여자로 태어난 순간 버려져 죽임을 당한 탓이었다.

1세기의 한 남편이 임신한 아내에게 보낸 편지를 보면, 자신이 바라던 아들과 아내에 대한 애틋한 관심이 혹시라도 태어날지 모를 딸에 대한 무관심과 극명한 대조를 이룬다.

"신신당부하니 우리 어린 아들을 잘 돌보시오. 내가 집에 가기 전에 아기를 낳거든 아들이면 거두고 딸이면 버리시오. 편지에 당신을 잊지 말라고 썼더구려. 내 어찌 당신을 잊을 수 있겠소? 걱정하지 마시오."

로마의 로물루스 법에 따라 아버지들은 건강한 사내아이는 모두 길러야 했지만 계집아이는 첫째만 기르면 되었다. B.C. 3세기의 그리스 시인 포시디

포스(Posidippus)에 따르면, "아무리 가난한 사람도 아들이 태어나면 기르지만, 부자도 딸이 태어나면 유기한다." 델피 시의 경우, 알려진 가구 수가 600가구인데 그중 딸이 둘 이상인 집은 여섯뿐이었다. 나머지는 버려져 죽었다.

여자라는 이유로 생명을 경시하는 풍조는 비단 고대 세계만의 일이 아니다. 1990년에 아마르티아 센(Amartya Sen, 인도의 경제학자로 노벨 경제학상을 수상했다-역주)은 중국과 인도 등지의 성별 불균형을 주제로 〈1억이 넘는 실종된 여자〉라는 글을 써 큰 주목을 받았다. 그로부터 20년이 지났지만 상황은 훨씬 더 악화되었다. 마라 흐비스텐달(Mara Hvistendahl)이 펴낸 『부자연 도태 : 남아 선호와 그 결과』라는 책에 보면, 아시아에서만도 남자의 수가 여자보다 1억 6천3백만 명이나 웃도는 불균형을 보이고 있다. 태아가 여아로 밝혀지면 부모들이 대개 아이를 원하지 않는다. 이런 불균형은 다시 여자들에게 불행한 결과를 낳는다. 부잣집들이 아들의 신붓감을 찾을 수 없게 되자 가난한 집들은 딸을 내다 팔게 되었다. 그러다 보니 성매매가 증가하고, 때로 열두 살이 안 된 여자아이들도 결혼으로 내몰린다.

그런데 고대 세계의 성별 불균형에 몇 세기에 걸쳐 차츰 변화가 나타났다. 혹시 이것은 2천 년 전에 살았던 한 목수와 상관있는 것은 아닐까? 그의 신성일랑 잠시 접어 두라. 그는 인간이었고 시골 한촌에서 남존여비의 문화 속에 살았다. 이 하나의 생애에서 잔물결이 퍼져 나가 그것이 역사상 여자들에게 영향을 미쳤고 오늘날까지도 여자들의 마음을 움직이는 것은 아닐까?

예수와 어느 개인의 대화로 기록에 남아 있는 가장 긴 대화는 요한복음 4장에 나온다. 예수는 "길 가다가 피곤하여" 우물가에 앉아 쉬었다. 복음서 저자들이 예수의 한계를 아무렇지도 않게 기록한 것이 참 인상적이다. 그는 걸다가 지치기도 하는 '사람'이었다. 사마리아 여자 하나가 물을 길으러 나오자 예수가 물을 달라고 청했다. 나중에 그에게 돌아온 제자들은 눈앞의 광경에 깜짝 놀랐다. 정말 보기 드문 일이 벌어지고 있었던 것이다. "이 때에 제자들이 돌아와서" 예수가 여자와 말하는 것을 "이상히 여겼다."

중간에 예수가 지적한 대로 그 여자는 남편 다섯이 있었고 지금 동거 중인 남자는 남편이 아니었다. 린 코히크(Lynn Cohick)의 말마따나 수많은 주석가들이 이것을 그녀가 성적으로 부도덕했거나 부정했다는 뜻으로 간주한다.

하지만 사실 예수 시대에 이혼은 드물었다. 다섯 번의 결혼 중 이혼이나 사별로 끝난 게 몇 번이나 되는지 우리는 모른다. 그 시대에 이혼을 여자 쪽에서 주도했다는 기록은 전무하다고 할 수 있다. 다시 말해서 그녀는 엘리자베스 테일러가 아니라 오히려 남자들에게 버림받은 여자였다.

현재의 동거 생활도 가벼운 성적인 관계는 아니었을 것이다. 남자가 낮은 계층의 여자를 원할 경우, 이미 결혼한 남자일지라도 여자를 첩이나 둘째 부인으로 들일 수 있었다. 여자로서는 그것이 유일한 생존 방법이었을 가능성이 높다.

흥미롭게도 성경학자들은 이 여자의 결혼 전력에 무척 관심이 많지만, 예수는 그렇지 않았다. 우리의 문화처럼 그 당시 문화도 여자를 신체적, 성격적, 성적 수치의 관점에서 규정할 때가 많았지만, 예수는 처음부터 여자의 수치를 들추어내지 않았다.

흔히 성경의 여자들에 대한 교회의 해석을 보면, 해당 인물 자체보다 해석자(대개 남자)에 대해 더 많은 것을 알게 된다. 예컨대 막달라 마리아는 흔히 창녀로 간주되지만 성경에는 그것을 뒷받침하는 근거가 전혀 없다. 사마리아

여인의 이야기를 할 때도 현대에는 그녀를 추문에 얽힌 여자로 간주할 때가 많다. 동네 사람들에게 버림받은 외톨이라는 것이다. 하지만 본문에 보면 오히려 동네 사람들이 그녀의 말을 들었다.

> "여자의 말이 내가 행한 모든 것을 그가 내게 말하였다 증언하므로 그 동네 중에 많은 사마리아인이 예수를 믿는지라"(요 4:39).

이 여자는 가난해서 물을 직접 길어야 했다. 예수는 이렇게 말했다.

"내가 당신을 안다. 당신이 여자이고 사마리아인인 것을 안다. 당신의 삶은 아주 고달프다. 내가 당신의 이야기를 안다. 당신에게 관심을 가지고 있다."

그러니 그녀의 입에서 이 사람에 대한 말이 떠나지 않은 게 이상한 일이겠는가?

예수는 매우 전복(顚覆)적인 일을 하고 있었다. 한 여자를 자체적 정체를 지닌 존재로 대한 것이다. 예수 시대의 남자들은 여자의 정체를 남자와의 관계에 기초하여 규정하는 경향이 있었다. 우리로서는 상상하기 힘든 일이다.

오래전에 이런 이야기가 있었다. 어느 CEO가 아내와 함께 여행 중에 주유소에 섰다. 남편이 안에 들어갔다 나오니 아내가 주유원과 대화를 나누고 있었다. 남편이 무슨 일이냐고 물었는데, 알고 보니 아내와 주유원은 전에 사귀었던 사이였다. 남편이 짐짓 점잖을 빼며 말했다.

"당신 지금 주유원이 아니라 CEO인 나와 결혼하기를 잘했다고 생각하지?"

그러자 아내가 말했다.

"그게 아니라 내가 저 사람과 결혼했다면 저 사람이 CEO가 되고 당신이 주유원이 되었겠다는 생각을 하고 있었지."

이 이야기에 문제가 있다. 왜 여자는 CEO가 될 수 없는가? 왜 여자는 자유와 기쁨과 사랑과 품위와 긍지를 품고 일할 수 없는가? 왜 자신의 정체를 남편이나 신분을 통해 발견해야 하는가?

여자들을 위한 새로운 공동체를 제시한 사람

그러나 이제 이야기가 바뀌었다. 예수가 여자들에게 새로운 공동체를 제시했다.

> "그 후에 예수께서 각 성과 마을에 두루 다니시며 하나님의 나라를 선포하시며 그 복음을 전하실새 열두 제자가 함께 하였고 또한 악귀를 쫓아내심과 병 고침을 받은 어떤 여자들 곧 일곱 귀신이 나간 자 막달라인이라 하는 마리아와 헤롯의 청지기 구사의 아내 요안나와 수산나와 다른 여러 여자가 함께 하여 자기들의 소유로 그들을 섬기더라"(눅 8:1~3).

우리는 간과하기 쉽지만 고대 세계에 이것은 정말 충격적인 장면이었을 것이다. 여자들은 남자들과 함께 다니지 않았다. 대개 여자들은 그냥 집 안에 있어야 했다.

고대 그리스에서 연극을 보러 다니던 여자들은 주로 여종들과 창녀들이었다. 연극 무대가 집 바깥이었기 때문이다. 정숙한 도시 여자들과 혼전의 처녀들은 남의 눈에 띄지 않게 집 안에 있어야 했다.

그런데 예수는 여행과 공부와 학습과 사역을 여자와 남자가 함께하게 했다. 그러니 어떤 소문들이 떠돌았겠는지 상상해 보라.

여자들이 생활비를 대고 있었다. 눈여겨보았는지 모르지만 그중에는 요안나라는 여자도 있었는데, 그녀의 남편은 헤롯의 신하였다. 예수를 죽이려 했던 바로 그 헤롯이다. 예수는 그것을 수치나 위협으로 여기지 않았을 뿐 아니라 오히려 환영했다.

어떤 의미에서 예수는 전복의 씨앗을 심고 있었다. 그 씨앗이 수세기에 걸쳐 자라난다. 예수는 처음부터 21세기 또는 다른 어느 시대의 서구 사회의 구조를 옹호한 게 아니다. 여자를 설득하여 황제의 자리에 오르게 하려 하지도 않았다.

그는 어디까지나 자기 시대의 사람이었다. 또한 철저히 유대인이었다. 그리스도인들은 일부 성경 본문에만 의거하여 일종의 반유대주의의 우를 범할 때가 너무 많다. 그들에 따르면 예수는 압제적인 유대교로부터 여성을 해방시키는 사람이다. 하지만 이것은 예수와 유대교, 둘 다를 모욕하는 처사다.

예수 시대의 이스라엘은 적어도 우리 시대의 기독교만큼이나 다양했다. 예를 들면, "토라를 여자에게 가르치느니 차라리 불태우는 게 낫다"는 식의 랍비들의 극단적 발언도 찾아볼 수 있다. 하지만 여자들에게 가르침이 주어진 사례도 찾아볼 수 있다. 랍비들이 자기를 헬라인이나 야만인이나 여자로 만들지 않으신 하나님께 감사했다는 기도는 유명하다. 사실 그것은 소크라테스의 말을 빌려 온 것이다. 단 소크라테스의 경우는 자기가 헬라인인 것을 감사했다. 유대교는 남자뿐 아니라 여자도 온전히 하나님의 형상을 지니고 있다고 가르쳤고, 그런 점에서 정말 남달랐다.

그보다 예수의 특이한 점은 모든 사람을 끌어안는 놀라운 포용성이다. 이는 그가 심은 씨앗 중 하나로, 지금도 놀랍게 성장하고 있다. 그는 소크라테스의 사상을 거꾸로 뒤집은 셈이다. "오 하나님, 하나님을 송축합니다. 누구를 만나든 그 사람 속에서 하나님의 형상을 봅니다."

예수의 정신에는 포용성이 있어 그때나 지금이나 그것이 사람들을 그에게로 끌어들인다.

바로 그 특성이 여자들과의 관계에도 그대로 나타났다. 디트리히 본회퍼는 "예수께서 여자들에게 인간의 존엄성을 부여하셨다. … 예수 이전까지만해도 여자들은 종교적으로 열등한 존재로 간주되었다"라고 썼다.

고대 아테네에서 여자는 교육을 거의 혹은 전혀 받지 못했다. 여자는 아무리 나이가 많고 IQ가 높아도 법적으로 '아이'로 분류되었다. 따라서 여자는 항상 남자의 재산이었다. 여자는 대개 사춘기가 시작될 무렵이나 그 이전에 결혼했다. 유부녀가 유혹이나 강간을 당하면 남편은 법적 의무에 따라 이혼해야 했다. 유혹당한 경우가 강간보다 벌이 엄했다. 유혹에 넘어가는 유부녀는 거기에 남편의 돈을 쓸 수 있기 때문이다.

여자에 대한 법은 다분히 재산에 대한 법이었다. 현대 세계에서 당신의 차가 파손되면 배상금은 당신에게 돌아간다. 당신이 주인이기 때문이다. 고대세계에서 여자가 몹쓸 짓을 당하면 배상금은 본인이 아니라 남편이나 아버지에게 돌아갔다. 원리는 동일하다. 보상이란 주인이 받는 법이다.

예수를 따르는 공동체에서 여자들에게 주어진 위상은 달랐다. 바울은 그것을 이렇게 표현했다.

> "너희가 다 믿음으로 말미암아 그리스도 예수 안에서 하나님의 아들이 되었으니 누구든지 그리스도와 합하기 위하여 세례를 받은 자는 그리스도로 옷 입었느니라 너희는 유대인이나 헬라인이나 종이나 자유인이나 남자나 여자나 다 그리스도 예수 안에서 하나이니라"(갈 3:26~28).

남녀가 공히 예수의 가정에 '입양된다'는 뜻이다.

고대 세계의 입양은 지금과 아주 달랐다. 고아를 데려다 노예로 부릴 수는 있어도 입양의 대상은 아니었다. 입양이란 가부장(paterfamilias)이 될 수 있는 상속자를 만들기 위해 존재했다. 여자는 장성해서도 가부장이 될 수 없었다. 그리스의 여자는 유산조차 받을 수 없었다. 아버지가 아들이 없이 딸만 두고 죽으면 그의 재산은 가장 가까운 남자 친척에게로 넘어갔다.

그런데 바울의 말은 이 땅의 아버지들이 아들에게만 주던 것을 이제 하나님이 예수를 통해 여자에게도 주신다는 것이다.

> "그러므로 네가 이 후로는 종이 아니요 아들이니 아들이면 하나님으로 말미암아 유업을 받을 자니라"(갈 4:7).

유대인과 자유인과 남자만 아니라 이방인과 노예와 여자도 마찬가지다.

여자와 남자의 고귀한 소명은 동일하다고 주장한 사람

그뿐 아니라 고대 세계에서 여자의 가장 고귀한 소명은 출산이었다. 특히 여자는 아들을 낳아야 했다. 고대 스파르타에서 아들을 낳은 어머니는 딸을 낳은 어머니보다 식량 배급을 두 배로 받았다. 여자들은 출산 중에 죽어야만 묘비에 이름이 새겨졌다.

대부분의 로마 역사를 보면 여자는 자유인으로 태어나도 남자와 달리 평생 후견인 아래서 살았다. 아우구스투스의 법령에 따라 여자는 넷째 아이를 낳고 나서야 후견인으로부터 벗어날 수 있었다.

하루는 예수가 가르치고 있을 때 "무리 중에서 한 여자가 음성을 높여 이르되 당신을 밴 태와 당신을 먹인 젖이 복이 있나이다"(눅 11:27)라고 했다. 이는 예수의 어머니를 칭찬하는 말이었다. 그렇다면 다음과 같은 공손한 답변이 나올 만도 하다.

"감사합니다. 우리 엄마는 최고입니다. 알다시피 처녀였지요."

하지만 예수는 날카롭게 반박했다.

"오히려 하나님의 말씀을 듣고 지키는 자가 복이 있느니라"(눅 11:28).

예수는 일부러 "아니다, 네 말은 틀렸다"라고 껄끄럽게 답했다. 그가 보기에 여자의 가장 고귀한 소명은 더 이상 출산이 아니었기 때문이다. 물론 어머니의 자리도 아버지의 자리처럼 고귀한 소명이다. 하지만 궁극적 소명은 아니다. 자녀가 없는 여자도 낙오자가 아니다.

적어도 예수가 보기에는 아니었다. 마찬가지로 자녀가 있는 여자도 자녀가 잘되느냐 못되느냐에 따라 인생이 결판나지 않는다.

여자와 남자는 공히 인간이므로 가장 고귀한 소명도 서로 같다. 그것은 바로 하나님의 뜻을 알고 행하는 영광스러운 모험이다. 남녀 모두 그분의 형상대로 지음 받은 존재다. 이제 예수를 통해 이 소명이 연령이나 결혼 여부나 출산 능력과 관계없이 모든 여자의 것이 되었다.

고대 로마의 여자는 앞서 말한 가부장의 권한 아래서 살았다. 여자의 생사가 가부장에게 달려 있었다. 가부장은 또한 가정의 제사장이기도 해서 여자의 종교도 그가 정했다.

사실 로마의 풍습이 우리가 쓰는 관용구에도 남아 있다. 예컨대 "손을 건넨다"라는 표현은 결혼을 뜻한다. 로마의 결혼은 '손(manus)'과 관계가 있었다. 딸을 남편의 손에 건네면 통제권이 남편에게 넘어갔지만, "손 없이" 건네면 통제권이 그냥 아버지에게 남는다는 뜻이었다. 요컨대 여자는 누군가의 손안에 있었다. 남편의 손에 넘겨진 여자는 아버지의 종교를 버리고 남편의 제단에서 예배해야 했다.

그런데 예수의 운동에서는 여자들이 섬기는 하나님이 국가나 남편보다 높았다. 여자들은 관습에 역행하여 때로 목숨을 걸고서라도 예수를 따랐다. 고대 세계는 이 같은 현상을 심각하게 받아들였다. 로마에게 이 신앙은 단지 하나의 다른 종교가 아니라 종교의 개념 자체를 바꾸어 놓았다. 사회 구조를 공고히 하기는커녕 오히려 위협할 수 있는 개념이었다.

하루는 예수가 마리아와 마르다의 집에서 가르치고 있었다. 마르다는 이것저것 준비하고 대접하느라 바빴다.

"그에게 마리아라 하는 동생이 있어 주의 발치에 앉아 그의 말씀을 듣더니"
(눅 10:39).

마르다는 화가 나서 예수에게 하소연했다. 그러나 예수는 "마르다야 마르
다야 네가 많은 일로 염려하고 근심하나 몇 가지만 하든지 혹은 한 가지만이
라도 족하니라 마리아는 이 좋은 편을 택하였으니 빼앗기지 아니하리라"(눅
41~42)라고 답했다.

이 시대의 많은 사람들은 이것을 분주함을 경계하는 교훈적 이야기로 둔
갑시킨다. 바쁘게 활동하는 마르다보다 고요히 묵상하는 마리아처럼 되는 게
낫다는 것이다. 하지만 1세기에 이것을 그렇게 읽었을 사람은 아무도 없다.

"누군가의 발치에 앉는다"는 표현은 그 사람의 제자가 된다는 의미의 관
용구다. 바울도 예루살렘 성전에서 체포된 뒤 자신을 변호할 때 다음과 같
이 표현했다.

"나는 유대인으로 길리기아 다소에서 났고 이 성에서 자라 가말리엘의 문
하에서 우리 조상들의 율법의 엄한 교훈을 받았고…"(행 22:3).

여기서 '문하'는 많은 역본에 '발치'로 번역되어 있다.

인습이란 참으로 질긴 것이다. 맥스와 에스터(가명)라는 부부가 주말 결혼
세미나에 참석했다가 강사로부터 이런 말을 들었다.

"남편과 아내는 서로에게 중요한 것들이 무엇인지 반드시 알아야 합니다."

강사는 이어 남자들에게 말했다.

"당신 아내가 제일 좋아하는 꽃이 무엇인지 압니까?"

맥스는 몸을 기울여 에스터의 팔을 살짝 건드리며 다정히 속삭였다.

"베티크로커의 골드메달 아닌가?"(이것은 밀가루의 상표명이다. 꽃과 밀가루의 영어 발음이 같다.-역주)

흔히 남자들은 고기 굽는 그릴이나 텔레비전 주변에 모이고 여자들은 부엌에 모인다. 우리 시대에 흔히 볼 수 있는 모습이다. 이런 관습은 우리 시대에도 강하지만 예수 시대에는 더욱 강했다. 여자가 그릴 주변의 남자들 틈에 낀다는 것은 당시로서는 듣도 보도 못한 일이었다.

그런데 마리아는 그릴 곁으로 왔다. 그러자 예수가 미소로 반겼다. 마르다는 문화가 여자에게 가치를 부여하던 일을 했다. 집 청소와 요리를 한 것이다. 마리아는 문화가 남자에게 가치를 부여하던 일을 했다. 예수의 제자가 된 것이다.

예수는 마리아가 잘했다고 했다. 그는 여자들도 제자로 부르고 있었다.

복음서에 보면 십자가에까지 예수를 따라간 사람들은 여자였다. 남자들은 다 두려워 달아났다. 초대교회 교부인 존 크리소스톰(John Chrysostom)에 따르면, 여기서 여자의 "용기가 가장 빛을 발한다. 제자들은 도망갔지만 여자들은 그 자리에 있었다."

사복음서에 일제히 나와 있듯이 부활을 선포하는 증인의 역할은 여자들에게 주어졌다. 이것은 정말 놀라운 일이다. 고대 세계에서 여자의 증언은 대개 무시당했기 때문이다.

그리스의 철학자 켈수스는 예수의 부활을 믿을 근거가 부실하다고 주장하며 이렇게 말했다.

"그것을 본 사람이 누구인가? 히스테리에 빠진 한 여자였다. 동일한 주술에 현혹된 또 다른 여자도 혹 보았을지 모른다."

이스라엘에서 여자의 증언을 채택한다는 것은 오늘날의 법정에서 미성년자의 증언을 채택하는 일이나 같았다. 다른 증언이 전혀 없는 특수한 상황에서라면 그것을 채택할 수도 있었다. 하지만 여자의 증언은 부정적 편견으로 대했고, 성인 남자의 증언은 더 유리하게 작용했다. 물론 구약성경에 보면 드보라와 미리암과 훌다 같은 여자들의 증언이 꽤히 받아들여졌다. 법정에서 여자가 증언했다는 다른 기록들도 있다. 하지만 그런 일은 드물었다.

이런 역동을 누가복음에서 약간 엿볼 수 있다.

"(여자들이) 무덤에서 돌아가 이 모든 것을 열한 사도와 다른 모든 이에게 알리니"(눅 24:9).

"사도들은 그들의 말이 허탄한 듯이 들려 믿지 아니하나"(눅 24:11).

여자들이 얼마나 속상했을지 상상이 되는가?

얼마 후에 예수가 제자들에게 나타났다. 여자들이 다음번에 제자들을 만났을 때 뭐라고 말했을지 상상만 해도 재미있다.

"예수 그리스도께서는 살아나셨습니다. 우리가 그렇다고 했잖아요."

오늘날까지도 세상에 다시없는 남자

여성의 이러한 근본적 가치에 힘입어 여자들은 초대교회의 지도자 자리에서 이례적 역할을 했다. 바울은 초대교회의 인프라를 구성한 가정들을 언급했는데, 그중 절반 정도가 여성이 가장이었다. 여자들은 새로운 공동체에서 점차 자신의 가치를 발견했고, 그 공동체에 삶을 헌신했다. 역사가 플리니우스의 조카인 젊은 플리니우스는 황제에게 보낸 편지에 쓰기를, 이 신앙에 대해 알려면 "소위 집사라는 두 여종을 고문하여 이 진리가 무엇인지 반드시 알아보아야 합니다"라고 썼다.

로마의 과부는 2년 내에 재혼하지 않으면 벌금이 부과되었다. 남편보다 오래 사는 여자를 경제적 짐으로 보고 좋지 않게 여겼던 것이다.

그런데 기독교 공동체는 예수가 십자가에서 한 말을 기억했다. 그는 한 제자에게 자신이 떠난 후에 과부인 자기 어머니를 봉양할 것을 당부했다. 그때부터 예수를 따르는 사람들은 과부를 공경하던 이스라엘의 전통을 바깥세계로 널리 퍼뜨렸다. 이 공동체에게 과부를 돌보는 일은 삶의 일부였다.

언론인 팀 밀러 딕(Tim Miller Dyck)에 따르면, 여자들이 초대교회의 과반수를 훌쩍 넘었을 가능성이 매우 높다. A.D. 303년의 박해 중에 북아프리카 키르타의 한 교회가 몰수되었다. 고고학자들은 거기서 16벌의 남자용 겉옷을 찾아냈다. 그 교회에 적어도 열여섯 명의 남자가 있었다는 뜻이다. 하지만 여자용 겉옷 82벌, 베일 38개, 여자용 슬리퍼 47켤레도 현장에서 함께 발굴되었다.

아폴로니아라는 노령의 여인은 로마인들에게 잡혀 구타당했다. 그들은 그녀의 턱을 갈겨 이를 부러뜨렸다. 그러나 그리스도를 부인하면 풀어 주겠다는 그들의 말에, 그녀는 차라리 불 속으로 뛰어들어 죽는 길을 택했다. 예수 때문이었다.

신비가인 노르위치의 줄리안(Julian of Norwich)은 1393년에 여성으로는 최초로 영어로 된 책을 썼다. 예수 때문이었다. 『하나님의 사랑에 대한 16가지 계시(The Sixteen Revelations of Divine Love)』라는 이 책은 지금도 계속 많은 이들이 연구하는 아주 심오한 책이다.

지금껏 여자들은 모든 대륙을 다녔고, 수십 년씩 낯선 언어를 배워 복음을 번역했고, 교회를 개척했고, 병자를 돌보았고, 문맹자를 교육했고, 압제받는 이들을 위해 행진했다. 모두 예수 때문이었다.

세상이 아직도 예수의 수준을 따라가지 못하는 것은 아닐까?

중국 여자들의 전족(纏足), 장례식 화장터에서 자살하는 인도의 과부들, 아프리카 여자들의 성기 절단, 일부다처제, 교육의 결핍, 기회 박탈… 어쩌면 이 세상은 다시금 우물가에서 예수를 만나야 하는지도 모른다.

최근에 시카고에서 이런 주제로 강연하고 있는데 한 남자가 나를 찾아왔다. 인도에서 '친자녀처럼'(As Our Own)이라는 사역 기관을 운영하는 사람이었다. 그곳은 주로 성매매를 강요당하는 여자 고아들을 구조하여 '친자녀처럼' 기르는 기관이다. 기관 이름은 그리스도 안에서 모두가 한 가족이라는 개념에서 따온 것이다.

그에게 라니(가명)라는 아이의 이야기를 들었다. 라니는 열한 살 때 유년을 상실했다. 라니는 친구와 함께 마약이 주입된 채로 납치되어 집에서 4,800킬로미터(뉴욕에서 로스앤젤레스까지에 해당하는 거리)나 떨어진 곳으로 옮겨졌다.

가해자들은 도중에도 성고문을 통해 라니에게 성매매를 강요했다. 라니가 빈곤과 위협과 구타를 뚫고 거기서 빠져나올 가망성은 전무했다.

결국 라니는 임신하여 프리마라는 딸을 낳았다. 곧 가해자들은 프리마까지 이용하려 했다. 그들은 엄마에게 한 일을 딸에게도 하려고 돈을 주며 협박했다.

'친자녀처럼'의 간사들이 프리마의 사정을 듣고 개입했다. 라니의 신뢰를 얻기까지 오랜 시간이 걸렸다. 그들은 위험을 무릅쓰고 프리마를 그 세계에서 구출해 냈다. 하지만 라니는 지금도 그곳에 붙잡혀 있다. 현재 그녀는 노예들의 세계 안에서 다른 딸들을 해방시키는 일을 돕고 있다. 딸을 간사들에게 넘겨주면서 라니는 이렇게 말했다.

"어차피 저는 살날이 많이 남지 않았습니다. 제가 떠난 후에도 부디 프리마를 보살펴 주세요."

예수가 태어난 지중해 세계에서는 문맹의 노예 아이들을 성적으로 착취하는 일이 드물지도 않았고 불법도 아니었고 유난히 수치스러운 일도 아니었다. 이스라엘 바깥에서는 그랬다. O. M. 바키가 고증한 바와 같이, 여아들이 출생 시에 버려지고 노예로 팔려 가고 성적으로 착취당하던 일이 중단된 것은 예수 이후의 첫 몇 세기 동안 교회가 퍼져 나가면서부터였다.

세상이 아직도 예수의 수준을 따라가지 못하는 것은 아닐까? 지그문트 프로이트(Sigmund Freud)는 일찍이 이런 유명한, 또는 악명 높은 말을 했다.

"여태까지 답이 없었고 나도 아직 답할 수 없는 난문이 있다. '여자는 무엇을 원하는가?' 여자의 심리를 30년이나 연구했는데도 모르겠다."

지난 50여 년 동안 프로이트의 주가는 올라가지 않았고 그의 여성관은 도움이 되지 않았다. 예수는 그보다 1,900년이나 앞서 살았는데도 여자를 전혀 고자세로 대하지 않았으니 얼마나 놀라운 일인가. 프로이트가 감조차 잡지 못하던 것을 그는 용케 알았다. 그의 삶과 대인관계를 보면 알 수 있다.

프로이트와 같은 시대의 사람으로 마침 여자인 도로시 세이어즈(Dorothy Sayers)는 자신이 무엇을 원하는지 잘 알았다.

해박한 학자이자 작가인 그녀는 옥스퍼드에서 학위를 받은 최초의 여성이다(그것도 최우등생으로 받았다). 그녀가 헌신적으로 예수를 따른 이유를 다음 글에서 살짝 엿볼 수 있다.

"마리아와 마르다에 대한 설교들은 왠지 하나같이 본문의 핵심을 비켜 간다. 그렇지 않은 설교를 여태 들어 보지 못한 것 같다. 물론 마리아는 좋은 편을 택했다. 주께서 그렇다고 하셨으니 우리가 감히 반박할 수 없다. 하지만 실은 마르다는 여자의 일을 한 반면 마리아는 남녀를 떠나 여느 제자처럼 행동했다. 바로 그 부분이 쉽지 않은 도전이다.

맨 처음의 요람에서부터 맨 나중의 십자가에까지 여자들이 곁을 지켰던 것도 어쩌면 이상한 일이 아니다. 그들은 일찍이 그런 남자를 본 적이 없었다. 그런 남자는 존재하지 않았다. 그는 선지자이고 스승이면서도 여자에게 잔소리하거나 아부하거나 구슬르거나 윗사람처럼 행세하지 않았다. 여자에 대해 짓궂은 농담도 하지 않았다. 여자를 대할 때 '또 여자들이군! 하나님, 우리를 도와주소서!'도 아니었고 '하나님, 숙녀들이니 복을 베푸소서!'도 아니었다. 그는 꾸짖을 때도 비하하지 않았고 칭찬할 때도 생색내지 않았다. 여자의 질문과 논증을 진지하게 대했다. 여자의 도리를 정해 주거나, 여자답게 굴라고 다그치거나, 여자라고 비웃지도 않았다. 그는 음모를 꾸밀 일도 없었고,

남자의 알량한 자존심을 지킬 일도 없었다."

그와 같은 남자는 오늘까지도 다시없다. 마리아가 이 젊은 순회 랍비에게 온통 끌린 이유도 그래서였다. 예수가 난 지 스무 세기가 지난 지금, 옥스퍼드 출신의 해박한 학자가 왜 괜히 이런 말을 하겠는가?

who is this man?

5

세상의 교육을 바꾼 목수

• 　　　예수는 성인 생활의 대부분을 의자와 탁자를 만들며 블루칼라 노동자로 살았다. 그러다 어느 날 직업을 바꾸기로 하셨다.

나는 지금 이 글을 비행기 안에서 쓰고 있다. 내 옆자리에는 방금 만난 티모시라는 사람이 앉아 있는데 그는 스탠퍼드 대학교의 명예 객원 학자다. 티모시의 아버지는 인도에서 문맹이자 불가촉천민으로 자랐으나 예수가 직업을 바꾼 덕분에 글을 깨쳤다. 하지만 그것은 이야기를 너무 앞서가는 것이다.

예수가 무슨 계기로 전업을 했고, 그런 생각을 얼마나 오랫동안 품고 있었으며, 그 말을 했을 때 가족들이 어떻게 생각했는지 우리는 모른다. 어느 안식일에 그는 고향의 회당에 들어가 두루마리를 들고 이사야서의 한 본문을 읽은 뒤 자리에 앉았다.

이스라엘의 학자이자 교사인 랍비들은 전통적으로 자리에 앉아 가르쳤다. 예수도 그렇게 자리에 앉아 자신의 새로운 직업을 발표했다. 첫 메시지에서 그는 하나님이 이방인을 사랑하시며 만인을 받아 주실 준비가 되어 있다고 역설했다. 예수는 자신이 그 사실을 안다고 선포했다. 설교가 끝나자 회중은 격노하여 그를 동네 밖으로 몰아내 낭떠러지에서 떨어뜨리려 했다. 그가 알고 있는 사실에 반발했던 것이다.

내 첫 설교 끝에 사람들이 나한테 그랬다면, 나는 잔뜩 낙심했을 것이다. 새로운 직업에 들어서실 때 예수는 좋게 표현해서 무명의 순회 교사였다.

예수는 교사였다. 하지만 자신이 옳다는 확신이 어찌나 절대적이었던지 지독한 박해마저도 그를 꺾어 놓지 못했다. 이것은 흔히 천재나 정신병자에게서나 볼 수 있는 특성이다.

그는 다른 랍비들처럼 랍비였지만 여느 랍비들과는 달랐다. 산상수훈이 끝났을 때 그것이 분명해졌다.

> "예수께서 이 말씀을 마치시매 무리들이 그의 가르치심에 놀라니 이는 그 가르치시는 것이 권위 있는 자와 같고 그들의 서기관들과 같지 아니함일 러라"(마 7:28).

삶을 변화시키는 교사

복음서에 예수를 열한 번 정도 "랍비"로 지칭한다. 그러므로 예수를 알려면 랍비가 무엇인지 알아야 한다.

구약성경에는 랍비가 없으며 그런 단어도 등장하지 않는다. 거기에는 중요한 이유가 있다. 부국강병을 꿈꾸는 나라의 영웅은 흔히 왕과 군대다. 그러나 이스라엘이 포로로 끌려가 꿈이 시들자 새로운 종류의 영웅이 왕과 군대를 대신했다.

바로 교사, 교육자였다. 이스라엘은 군대도 없고 부도 없고 권력도 없었다. 그렇다면 그들에게 무엇이 있었는가? 책이었다. 다른 어느 나라에도 그런 책은 없었다. 인간의 실존과 인생의 지침 같은 중대한 의문들에 답하는 책이었다. 그들이 모든 것을 잃고도 단합할 수 있었던 것은 바로 이 책 덕분이었다. 로마는 군대가 있었고, 그리스는 문화가 있었고, 이집트는 부(富)가 있었고,

페니키아는 선박이 있었다. 그러나 이스라엘은 책의 백성이었다.

랍비들은 그 책을 알았다. 그들은 성경을 가르칠 때 정확히 해석하고자 위대한 랍비들의 말을 인용하곤 했다. "랍비 샤마이는 말하기를…, 랍비 힐렐은 말하기를…." 이는 가르치는 실력이 없다는 뜻이 아니었다. 이것은 이 시대의 재판관이 판결을 내릴 때 하는 일과 매우 비슷하다. 훌륭한 재판관이라면 선례를 인용하게 마련이다.

예수도 다른 랍비들처럼 랍비였지만 여느 랍비와도 달랐다. 그는 남의 말을 인용하지 않고 "내가 진실로 너희에게 이르노니…"라고 말했다. 요한복음에는 그 말이 두 번씩 되풀이된다. "내가 진실로 진실로 너희에게 이르노니…." 이런 표현이 복음서에 75번이나 나온다.

예수의 말씀은 이런 것이다.

"나는 세상의 원리를 안다. 나는 안다. 돈에 대해 알고 경제에 대해 모두 안다. '주는 것이 받는 것보다 복이 있다'는 것을 안다. 나는 양쪽의 삶이 어떤지 다 보았고 충분히 생각했다. 내가 너에게 잘못된 길의 아픔을 면하게 해 주겠다. 내 말대로만 하면 된다. 원한이 어떻게 곪는지 나는 안다. 인간의 마음을 안다. 용서가 더 나음을 안다."

예수는 누구의 말도 인용하지 않았다. 그는 다른 랍비들과 아주 달랐고 다른 위대한 스승들과도 아주 달랐다. G. K. 체스터턴의 말마따나 위대한 스승들일수록 대개 자신의 무지를 강조하곤 한다. "최고의 현자인 소크라테스는 자신이 아무것도 모름을 알았다." 소크라테스 본인도 말했듯이 그가 현명했던 이유는 자신의 무지를 남보다 잘 알았기 때문이다. 그런데 예수는 그런 말을 한 적이 없다. 한 번도 "나는 모른다"라고 말한 적이 없다. 예수가 교만해서가 아니다. 오히려 그는 사람들을 대할 때는 지극히 겸손했다. 그러나 자신의 확신에 대해서는 자신감이 넘치셨다.

사람들은 흔히 예수를 선의의 순박한 도사(道師) 정도로 생각한다. 그가 떠돌아다니며 귀에 쏙쏙 들어오는 단순한 민간 지혜를 툭툭 던지자 자신도 예상하지 못한 운동이 저절로 태동했다는 것이다.

하지만 그를 아는 사람은 누구도 그렇게 생각하지 않았다. 바울은 어느 모로 보나 역사상 가장 해박한 사람 중 하나였다. 그는 당대의 가장 위대한 랍비라 할 수 있는 가말리엘 밑에서 수학했다. 때로 사람들이 생각하는 예수는 호감을 주는 현자인 반면, 바울은 기독교를 창안한 천재 신학자다.

하지만 누구보다도 바울 자신이 그렇게 생각하지 않았다. 그는 예수가 '그리스도'이며 "그 안에는 지혜와 지식의 모든 보화가 감추어져 있다"(골 2:3)고 말했다. 바울은 가말리엘에 대해서나 자기 자신에 대해서는 그렇게 말하지 않았다.

똑똑한 지성인은 자기보다 멍청한 사람의 문하생으로 들어가지 않는다. 바울은 예수가 지성의 대가이며 모든 면에서 자기보다 뛰어난 이임을 인정했다. 예수는 가장 무지한 사람을 잘 도와주면서도 가장 똑똑한 사람을 난제에 빠뜨리는 재주가 있었다. 대가인 그의 면모를 엿볼 수 있는 대목이다. 초대교회 교부들이 즐겨 하던 말이 있다. "복음서의 강에서 날벌레는 헤엄칠 수 있지만 코끼리는 익사할 수 있다"는 것이다.

예수의 사상이 역사에 미친 영향은 너무 편만해서 차라리 당연시될 때가 많다. 그의 생애와 가르침을 기록한 복음서는 현재까지 2,527개의 언어로 번역되었을 정도로 세상에 어마어마한 영향을 미쳤다. 두 번째로 많이 번역된 책인 『돈키호테』는 약 60개의 언어로 그친다.

『기네스북』에 따르면 성경은 고금을 통틀어 베스트셀러 1위다. 역시 『기네스북』에 따르면 고금을 통틀어 베스트셀러 2위의 책은 『기네스북』이다.

학계에서 학자들의 점수는 자신의 논문이 다른 학자들에게 인용되는 횟수에 따라 매겨진다. 순전히 세상적인 이 점수로만 따져도 예수의 지성적 영향력은 단연 유례가 없다. 하버드대학교의 교수 하비 콕스(Harvey Cox)에 따르면, "도덕과 종교의 강론 중 산상수훈 말씀이야말로 인류 역사상 지적으로 가장 뛰어나고, 인용 횟수가 가장 많고, 가장 많이 분석되고, 가장 논쟁의 대상이 되고, 가장 영향력이 큰 강론이다. 과장된 표현처럼 들릴지 모르지만 그렇지 않다."

달라스 윌라드(Dallas Willard)가 자주 말하는 것처럼 예수는 정말 똑똑한 사람이다. 물론 그는 그 이상의 존재이지만, 알지도 못하면서 떠벌리고 다닌 사람은 결코 아니다. 그런 사람을 누가 믿겠는가?

그가 똑똑한 사람이라는 사실을 우리가 때로 놓치는 한 가지 이유는 그의 교육 방법에 있다. 예수는 삶을 변화시키려고 가르쳤다. 우리 시대의 교육 제도에서는 교육을 정보의 전수로 생각하는 경향이 있다. 교사는 마치 빈 병에 물을 붓듯이 학생에게 정보를 주입한다. 학생을 평가하는 기준은 딱 하나다. 학생은 교사가 한 말을 앵무새처럼 도로 뱉어 낼 수 있는가?

교사라면 누구나 알겠지만 모든 수업에서 가장 중요한 질문은 이것이다. "이것이 기말고사에 나올 것인가?" 그래서 기말고사 때까지 잊지 않으려고 다들 필기를 한다.

예수가 가르칠 때는 아무도 필기하지 않았다. 그 이유는 무엇인가? 삶을 변화시키는 내용은 저절로 기억에 남게 마련이기 때문이다. 당신이 9.11 사태 때나 케네디 대통령이 암살당할 때나 진주만이 습격당할 때 살아 있었다면, 그 일을 잊지 못할 것이다.

최근에 어느 한적한 바다에서 서핑을 즐기고 있는데 불과 몇 미터 거리에서 커다란 검은색 지느러미가 파문을 일으키며 지나갔다. 너무 순식간에 획 사라져 버려서 정확히 무엇인지는 잘 몰랐지만, 나는 거기서 신앙 체험을 했다. 순간적으로 예수님과 짤막한 대화를 나눈 것이다. 그 순간의 일은 저절로 내 기억 속에 새겨졌다. 굳이 공책에 적을 필요가 없었다.

교육의 평등을 가져온 사람

우리가 예수의 해박함을 놓치는 또 다른 이유는 교육 자체에 대한 이 시대의 생각이 고대 세계와 다르기 때문이다. 한 아이비리그 대학교의 총장은 일찍이 신입생을 환영하면서 이런 말을 했다.

"우리는 여러분에게 인생철학을 공급할 수 없듯이 교육철학도 공급할 수 없습니다. 그거라면 여러분 스스로 열심히 공부해서 알아내야 합니다. 여러분 각자가 선택하고 결정할 일입니다. 스스로 생각하십시오."

물론 학생들은 콜럼버스가 1493년에 아메리카를 발견한 사실이나 $e=mc2$라는 공식을 배울 수 있다. 그런 지식이라면 대학이 공급할 수 있다. 하지만 가치와 지혜에 관한 한 각자가 정하기 나름이다. 인간다운 인간이 되게 하는 전공은 없다.

그런 면에서 이스라엘 백성에게 주어진 메시지는 더할 나위 없이 반문화적이었다. 그들이 하루에 두 번씩 암기하던 주요 본문은 다음 구절의 첫 단어를 따서 쉐마(shema)라 불렸다(원문상의 첫 단어로 '들으라'라는 뜻이다-역주).

> "이스라엘아 들으라 우리 하나님 여호와는 오직 유일한 여호와이시니 너는 마음을 다하고 뜻을 다하고 힘을 다하여 네 하나님 여호와를 사랑하라"
> (신 6:4~5).

이 본문은 이렇게 되어 있지 않다. "이스라엘아, 네 스스로 생각하라. 너의 직감을 따르라. 너의 복을 극대화하라. 너는 우주의 자율적 중심이니라." 대신에 "들으라. 경청하라. 잠잠하라. 여기 토라가 있고 지혜가 있다. 그것을 네 팔뚝에 매고 머리에 묶으라. 문에 입히고 대문에 칠하라. 아침에 일어나면 그것부터 외우고 밤에 자기 전에도 외우라. 자녀들과도 그것에 대해 말하라. 다른 모든 것을 놓칠지라도 삶에서 이것만은 놓치지 말라. 온 힘을 다하여 네 하나님을 사랑하라"라고 말한다.

예수는 상대방이 들을 마음만 있다면 성별, 지위, 연령을 가리지 않고 누구에게나 가르쳤다. 그가 준 답들을 사람들이 어떻게 생각하든 관계없이, 그때부터 세상의 교육은 달라지기 시작했다.

예수가 제자들에게 준 마지막 명령은 이것이다.

> "하늘과 땅의 모든 권세를 내게 주셨으니 그러므로 너희는 가서 모든 민족을 제자로 삼아 아버지와 아들과 성령의 이름으로 세례를 베풀고 내가 너

희에게 분부한 모든 것을 가르쳐 지키게 하라"(마 28:18~20).

이 정도면 대단한 권세다. 그 사람 외에는 이렇게 말한 사람이 없다. 소크라테스도 그렇게 말하지 않았고 공자나 부처도 그렇게 말하지 않았다. 이런 말을 한 사람은 예수뿐이다.

예수를 따르는 사람들은 이 말씀을 진지하게 받아들였다.

> "그들이 날마다 성전에 있든지 집에 있든지 예수는 그리스도라고 가르치기와 전도하기를 그치지 아니하니라"(행 5:42).

그들은 교리 교육이라는 교육 과정을 만들어 남녀 모두를 몇 년씩 가르쳤다.

A.D. 150년경에 순교자 저스틴(Justin Martyr)이라는 사람이 에베소와 로마에 학교를 세웠다. 로마와 그리스는 교육을 중시했다. 모든 인간은 배우기를 좋아한다. 여러 세기 동안 교회의 큰 과제는 예수의 가르침을 풍부한 고전 교육과 통합하는 것이었다.

하지만 당장 새로운 발전이 있었다. 그리스와 로마 세계에서는 부유한 집안의 아들들만 정식 교육을 받을 수 있었다. 그런데 교회 지도자들이 따르던 그는 아무에게나 가르쳤고, 모든 민족에게 가르칠 것을 명했다. 그래서 그들은 그대로 했다. 남자와 여자, 종과 자유인에게 똑같이 가르친 것이다.

누군가 예수에게 "모든 계명 중에 첫째가 무엇이니이까"라고 물었다. 그러자 예수는 독실한 이스라엘 사람이라면 누구나 알고 있던 쉐마를 인용하여

"주 너의 하나님을 사랑하라"고 답했다.

그런데 마태복음에 보면 예수가 이 말씀을 의미심장하게 수정했다.

"네 마음을 다하고 목숨을 다하고 뜻을 다하여 주 너의 하나님을 사랑하라"
(마 22:37).

뜻, 즉 생각과 지성이라는 단어를 더하신 것이다(앞서 인용된 신명기 원문의 "뜻을 다하고"의 '뜻'은 NIV에 '영혼'으로 번역되어 있다-역주).

생각을 다하여 하나님을 사랑하려면 우선 하나님에 대한 호기심이 있어야 한다. 다음과 같은 의문을 품지 않고도 우리는 몇 주, 몇 달, 몇 년이고 그냥 살아갈 수도 있다. "이 세상을 창조한 누군가가 존재할까? 그는 어떤 존재일까?"

그러나 예수를 따르는 사람들에게는 "생각을 다하여" 하나님을 사랑한다는 의미가 그보다 훨씬 깊었다. 예수가 가르친 대로 그들은 하나님이 만물을 생각해 내시고 창조하셨다고 믿었다. 따라서 창조세계가 돌아가는 방식이라든가 하다못해 수학이나 논리 등 모든 진리를 배울 때마다 우리는 실제로 하나님의 생각을 따라 생각하는 것이다. 하나님을 알아가는 것이다. 그 이유는 우리가 하나님을 사랑하기 때문이다.

배움은 예배 행위가 될 수 있다. 예수를 따르는 사람들이 말했듯이, 무엇이든 배우면 실제로 하나님을 더 잘 알고 사랑하는 데 도움이 된다. 그들은 진리를 사랑했다.

일부 저명한 그리스도인들은 이 말씀을 우리가 세상 철학자들의 글을 읽어서는 안 된다는 뜻으로 해석했다. 예컨대 터툴리안은 "예루살렘이 아테네와 무슨 상관이 있는가?"라고 반문했다. 그런가 하면 성 제롬(Saint Jerome)은 혹시 자신이 키케로의 글을 읽다가 하나님의 벌을 받지 않을까 두려워했다.

그러나 다르게 생각한 사람들도 있었다. 하나님이 발람의 나귀를 통해서도 말씀하실 수 있다면, 진리가 어디에 숨어 있을지 모른다는 것이었다. 그들은 성경만 아니라 그리스와 로마의 이교 작품도 읽으며 어디서나 진리를 찾고자 했다. 어거스틴의 말대로 "모든 진리는 하나님의 진리"이기 때문이다.

로마가 망하자 훈족, 고트족, 서(西)고트족 등 미개인들이 로마 문명을 삼켜 버렸다. 서책이라는 것은 찾아보기 힘들어졌고 아직 인쇄술도 없었다. 그나마 있던 두루마리들은 금방 부패했다. 유럽은 문맹이 되어 6세기까지도 도서관이 하나도 남아 있지 않았다.

토머스 카힐의 『문명을 구한 아일랜드인(How the Irish Saved Civilization)』에 나와 있듯이 수도원 공동체들은 고대 문서가 손에 들어오는 대로 모두 필사했다. 여러 세기 동안 유럽의 수도원은 지식을 획득하고 보전하고 전수하는 유일한 기관이었다.

이교의 고전 문헌을 가장 잘 보존한 주체는 단연 예수를 따르는 사람들이었다. 자로슬라브 펠리칸에 따르면, "수사(修士) 그리스도는 중세 시대의 학문 세계를 완전히 정복했다. 표준 현대판으로 다음 사실만 확인해 보아도 그것을 조금이나마 알 수 있다. 현존하는 고서의 대부분은 순전히 중세의 수사들이 필사실에서 필사한 덕분에 남아 있다. 그들은 기독교의 성인(聖人)들만 아니라 이교의 고전 작가들(의 저작)도 필사했다."

학문을 통합하고 수준을 높이는 데 기여한 사람

지적인 면에서 초대교회의 커다란 도전은 기독교의 진리들을 이교의 학문과 통합하는 일이었다.

수도원은 훌륭한 학습의 장이 되었다. 예수를 따르던 베네딕트(Benedict)라는 사람은 고대 문헌을 하도 많이 수집하여 '도서관의 대부'로 알려졌다. 교육에는 고전 학습을 기독교 신앙과 통합하는 일이 포함되었다. 조지 마즈던(George Marsden)은 이렇게 썼다.

"이교도들 없이는 교육을 생각할 수 없었다. 교육에 쓰인 언어 자체가 라틴어와 헬라어였다. 중세 대학의 7개 과목인 문법, 수사학, 논리, 산술, 기하, 음악, 천문학 등 모든 실용 원리를 고대인들이 정립했다."

수도원에서 대학이 나왔다. 현대 교수 제도의 시초가 된 학자들은 교황으로부터 학위를 수여할 수 있는 전권을 위임받고 자치 조합을 결성했다. 최초의 대학은 12세기경 파리에 설립되었고, 이어 13세기에 옥스퍼드와 케임브리지가 개교했다. 옥스퍼드 대학의 모토는 시편 27편 1절의 "여호와는 나의 빛이라"였다. 그 뒤를 이어 로마, 나폴리, 비엔나, 하이델베르크 등지에 대학이 생겨났다. 이 모든 대학을 예수를 따르는 사람들이 세웠으며, 목표는 사람들로 하여금 지성을 다해 하나님을 사랑하도록 돕기 위해서였다.

대학(university)이라는 명칭이 붙은 이유도 태초에 하나님이 만물을 창조하셨다는 사상이 그 말 속에 들어 있기 때문이다. 우주는 우연히 제멋대로 순환하는 것이 아니다. 하나님은 지극히 이성적인 분이며, 따라서 우리는 하나님의 영광을 위해 우주를 알 수 있는 만큼까지는 얼마든지 공부하여 알

수 있다. 그래서 대학은 무질서한 혼돈을 공부하는 곳이 아니라 하나의 우주(universe)를 공부하는 곳이다.

대학에서 가르치는 사람들은 교수(professor)라 불리게 되었다. 그 이유가 무엇일까? 뭔가 천명할(profess) 것이 있는 사람들로 간주되었기 때문이다. '천명한다'는 말은 내가 진리로 믿는 뭔가가 있으며, 그것을 알 만한 가치와 필요성이 있다는 뜻이다. "나는 천명할 것이 있다." 전통적으로 세례를 베풀 때도 "당신의 신앙고백을 바탕으로"라는 문구가 쓰였다. 바로 그런 사람들이 우리를 가르칠 수 있는 지혜로운 사람들이다.

마틴 루터가 신약성경을 바탕으로 만인 제사장직을 강조하면서 교육에 또다시 변화가 찾아왔다. 루터는 이제 우리 모두가 제사장이므로 성경을 스스로 공부할 수 있어야 하며, 그러려면 모든 사람이 글을 읽고 쓸 줄 알아야 한다고 했다. 사회 모든 구성원의 문맹을 퇴치한다는 목표가 거기서부터 생겨났다.

루터는 자녀 교육을 소홀히 하는 부모들에 대해 책을 쓰겠다고 말했다.

"나는 그런 파렴치하고 비열하고 저주받을 부모들을 정말 가만히 두지 않을 것이다. 그들은 아예 부모가 아니라 자기 새끼를 삼키는 비정한 돼지이며 독을 뿜는 야수다."

1647년, 미국 매사추세츠에서 대중의 보편 교육을 의무화한 최초의 법을 공포했는데, 믿거나 말거나 그 명칭이 '옛 기만자 사탄 조례'였다.

"인간들을 막아 성경을 모르게 한 일이야말로 옛 기만자 사탄의 한 가지 주된 성과였다. 그것을 종식시키려면 배움을 조상들의 무덤에 함께 묻어 두어서는 안 된다."

이것은 배움이 만인의 것임을 보여 주는 아름다운 비전이다. 무지는 마귀의 도구이고 하나님은 진리의 하나님이시다.

조지 마즈던은 이렇게 지적했다.

"미국 역사에 놀라운 사실이 하나 있다. 청교도들이 매사추세츠 황무지에 상륙한 지 6년 만에 세운 학교가 머잖아 명문 대학이 되었다."

그 학교의 학생 지침서에 이런 말이 나온다.

"모든 학생은 분명히 배우고 성실히 공부하되 인생과 학문의 주목적이 하나님과 예수 그리스도를 아는 것 곧 영생(요 17:3 참조)임을 깊이 생각해야 한다. 그리하여 ⋯ 모든 건전한 지식과 배움의 초석을 오직 그리스도께 두어야 한다."

그곳이 바로 하버드대학교다. 이어 교육자들은 인생과 학문의 주목적이 하나님과 예수 그리스도를 아는 것이라는 동일한 설립 목적을 가지고 예일, 윌리엄앤메리, 프린스턴, 브라운 대학 등을 세웠다. 미국 독립전쟁 이전에 설립된 학교 중 한 곳만 제외하고는 모두 예수의 운동에 기여할 목적으로 세워졌다.

미국에 설립된 첫 138개의 단과대학 및 종합대학 중 92퍼센트는, 교육받지 못했고 책도 쓰지 않았던 이 순회 목수를 따르는 사람들을 위해 시작되었다.

주일학교에 대해 들어 본 사람은 많아도 그 기원은 대부분 잘 모른다. 1780년에 예수를 따르던 영국인 로버트 레이크스(Robert Raikes)는 한 세대 전체의 어린아이들을 파멸시키는 빈곤과 무지의 악순환을 차마 견딜 수 없었다. "세상은 어린아이들의 발로 전진한다"고 말한 사람이 바로 그다. 그래서 그는 일주일에 엿새씩 지저분한 곳에서 일해야 하는 아이들을 돕기로 했다. 아이들도 일요일에는 일을 쉬었다. 그는 "내가 무료 학교를 만들어 그들에게 읽고 쓰는 법과 하나님을 가르쳐 주겠다"고 말했다. 그리고 그것을 실천에 옮겨 '주일학교'라고 불렀다.

그리하여 다음 세대의 교육에 비전을 품은 16만 명의 자원봉사자 교사들이 불과 5년 만에 150만 명의 아이들을 가르치게 되었다. 주일학교는 교회 아이들에게만 개방된 독점 프로그램이 아니었다. 주일학교는 자원봉사로 교육을 제공했다는 점에서 세상의 위대한 승리였다.

슬라브어 알파벳을 키릴 문자라고 한다. 이는 슬라브족에게 선교사로 나간 성 키릴(Saint Cyril)의 이름을 딴 것이다. 아직 문자가 없던 그들에게 그는 자국어로 예수에 대해 읽을 수 있도록 문자를 만들어 주었다.

기독교 선교사들이 나간 수많은 나라에 언어는 있지만 문자가 없었다. 그래서 그들은 문자를 지어내는 일에 평생을 바쳤는데, 이는 엄청난 희생의 행위였다. 많은 경우 각 언어에 대한 과학적 연구를 최초로 시도한 사람은 기독교 선교사들이었다. 그들은 최초로 사전을 편찬하고, 최초로 문법을 정리하고, 최초로 자모음을 만들었다. 많은 언어의 경우, 최초로 기록된 중요한 고유명사는 바로 예수라는 이름이었다.

한 세기 전에 감리교 선교사인 프랭크 로바크(Frank Laubach)는 하나님을 특별하게 만난 뒤로, 세상을 무지에서 벗어나게 해야 한다는 사명을 받고 전 세계의 문맹 퇴치 운동에 돌입했다. "한 사람이 한 사람을 가르친다"는 표어는 그의 비범한 삶에서 나온 것이다. 그는 100개국 이상을 돌아다니며 313개 언어로 초급 독본 개발에 앞장섰으며, 그리하여 '문맹자의 사도'로 불린다.

과학을 탄생시킨 사람

세상에 과학이 생겨난 것도 예수의 세계관에 일부 힘입었다. 우리 시대의 많은 사람들은 과학과 신앙을 서로 적으로 생각한다. 하지만 프린스턴 대학교 교수인 다이어지니스 앨런(Diogenes Allen)은 "우리가 이제야 깨닫고 있지만 과학은 태동 자체부터 기독교에 큰 빚을 졌다"고 썼다.

앨런에 따르면 과학이 발흥할 수 있으려면 기독교의 특정한 관점들이 필수 불가결했다. 우선 그리스도인들은 플라톤과 달리 물질이 선하다고 믿었다. 물질도 하나님이 창조하셨기 때문이다. 따라서 물질을 연구하는 일도 선하다. 질서 있고 이성적인 하나님이 세상을 창조하셨으므로 창조세계와 자연 속에서 혼돈이 아니라 질서와 이성, 법칙과 규칙성이 예상되는 것은 당연한 일이다. 다른 한편으로 하나님은 자유로우시고 전지하신 분이므로 우리는 그분이 하실 일을 결코 예측할 수 없다. 그것을 알아내려면 연구하고 실험해야 한다.

선하시고 이성적인 하나님이 창조하신 세상이라면 일정한 원리에 따라 움직일 수밖에 없다. 많은 역사가들의 주장대로 그러한 개념들이 과학의 탄생에 결정적 역할을 했다. 2009년 3월에 미국 항공우주국(NASA)은 A.D. 1600년경의 위대한 수학자이자 천문학자인 요하네스 케플러(Johannes Kepler)의 이름을 딴 우주망원경을 발사했다. 케플러는 이런 글을 남겼다.

"하나님은 건축의 대가처럼 법칙과 질서에 따라 세상의 기초를 놓으셨다. 하나님은 그런 법칙들을 우리가 알기를 원하셨고, 그래서 그분의 생각을 공유하도록 우리를 그분의 형상대로 지으셨다."

"네 뜻(지성)을 다하여 주 너의 하나님을 사랑하라"는 말씀처럼 과연 사람들은 그대로 했다. 오컴의 윌리엄(William of Ockham), 프랜시스 베이컨, 갈릴레오, 코페르니쿠스, 블레즈 파스칼, 조셉 프리스틀리(Joseph Priestley), 루이 파스퇴르, 아이작 뉴턴(결국 요한계시록 주석까지 썼다) 등 과학의 선구자들 중 대다수는 자신의 작업을 하나님처럼 사고하는 법을 배우는 일로 보았다. 조지 워싱턴 카버(George Washington Carver)는 연구를 시작할 때 땅콩 한 알을 손에 들고 이렇게 말했다. "하나님, 땅콩 속에 무엇이 들어 있습니까?"

20세기의 가장 영향력 있는 사상가 중 하나인 알프레드 노스 화이트헤드(Alfred North Whitehead)는 "인류에게 과학의 출현을 가능하게 한 것은 무엇인가?"라고 물었다. 그의 답이 아주 멋지다. "중세의 기독교가 하나님이 이성적 존재임을 역설했기 때문이다."

이성적인 하나님이 창조세계를 지으셨다고 믿으면 전제들이 근본적으로 달라진다. 세상이 우연히 생겨났다는 개념으로 출발할 때와는 전혀 다르다.

그렇다고 과학이 다른 방식으로는 발흥할 수 없었으리라는 말은 아니지만, 그래도 디네쉬 디수자(Dinesh D'Souza)는 그것을 이렇게 표현했다.

"조직적이고 지속적인 과학은 인류 역사에 한 번밖에 발흥하지 않았으니… 곧 유럽에서, 당시의 기독교라는 문명 속에서 그리했다."

예수를 지향하는 중세기 공동체들에서 특유의 과학 기술이 피어났다. 스탠퍼드대학교의 린 화이트(Lynn White) 교수는 이렇게 썼다.

"현대 세계가 중세 시대로부터 물려받은 인도주의적 과학 기술은 경제적 필요성에서 기인한 것이 아니다. 경제적 필요성이라면 어느 사회에나 내재되어 있다. … 노동력을 절감시켜 준 중세 말기의 동력기들은 인간이 아무리 타락했어도 여전히 무한한 가치를 지니고 있다는 신학의 절대적 전제에서 비롯했다."

비샬 망갈와디(Vishal Mangalwadi)가 지적했듯이, 과학기술을 통한 많은 발명품이 여러 세기 동안 전 세계에서 나왔지만 그것을 가장 자주 개발하고 이용한 사람은 기독교 수사들이었다. 과학기술을 북돋운 신학적 요인은, 성경이 "일"(하나님을 닮은 모습)과 "고생"(죄를 통한 저주)을 구분한다는 사실이다. 그래서 창의적 이성을 구사하여 사람들을 고생에서 해방시키는 일은 예수의 구속 사역의 일부다.

말의 원산지가 유럽이 아님에도 말편자, 쌍두 마구, 가슴걸이 등을 발명하여 말을 실용화한 사람들이 유럽의 농민들이었던 것도 그 때문이다. 기록상 최초로 풍차를 사용하여 곡물을 간 사람은 6세기 투르(Tours)의 그레고리 수도원장인데, 이는 수사들이 기도할 수 있도록 일손을 덜어 주기 위해서였다.

시계도 수사들이 발명했다. 기도할 시간을 알아야 했기 때문이다. 해진 후에 모여서 기도하려면 모두에게 동일한 시간을 알릴 장치가 필요했다. 시계는 종교적 기능뿐 아니라 실제적 용도로도 쓰여, 수세기 동안 마을 사람들은 교회를 통해 시간을 알았다.

안경 발명에 대한 언급은 1300년경의 어떤 설교에 처음 나온다. 수사들이 서책을 열심히 읽으려면 안경이 필요했다. 자로슬라브 펠리칸이 역설했듯이, 실제로 문예부흥을 부추긴 것은 신약성경을 헬라어로 읽으려는 에라스무스 같은 사상가들의 열망이었다. 사상가들이 신앙을 거부하고 고전 그리스와 로마의 회의론으로 돌아간 데서 르네상스가 시작되었다는 통념과는 정반대다. 콘라드 부르다흐(Konrad Burdach)는 이렇게 썼다.

"인간과 예술과 문학과 학문의 신개념을 이룩한 르네상스는 기독교에 반대하여 일어난 것이 아니라 신앙 부흥의 풍부한 활력에서 비롯되었다."

때로 교회는 학문에 개방적이지 못하다는 억울한 비난을 듣기도 했다. 대부분의 현대인들은 중세 시대의 사람들이 지구가 평평하다고 믿은 줄로 알고 있다. 하지만 실제로 중세의 모든 교육받은 사람들은 지구가 둥글다는 것을 알고 있었다. 그들이 지구가 평평하다고 믿었다는 신화는 사실 미국의 소설가 워싱턴 어빙(Washington Irving)이 지어낸 것이다. 그가 지어낸 재판에서 교회 지도자들은 세상이 둥글다고 가르친 크리스토퍼 콜럼버스를 이단으로 고소한다. 어빙의 신화가 인기를 누린 일부 원인은 교회가 늘 과학에 반대한다는 고정관념을 그 신화가 더 굳혀 주기 때문이다.

하지만 교회는 이 부분에서 비난을 받아 마땅한 때도 있다. 예수는 "네 뜻(지성)을 다하여 주 너의 하나님을 사랑하라"고 하셨으나 그분을 따르는 사람들은 "다하여"라는 단어에서 몸을 사릴 때가 많았다. 지성을 다하여 하나님을 사랑하려면 진리가 인도하는 곳이면 어디든지 거침없이 따라가야 한다. 진리가 성경에서 오든 과학이나 무신론자에게서 오든 진리를 소중히 여겨야 한다. 그래서 반지성주의는 곧 반기독교가 된다.

나는 복음주의 전통에서 자랐다. 그것은 감사한 일이지만 거기서는 지성의 삶이 별로 중요시되지 않았다. 마크 놀은 『복음주의 지성의 스캔들(The Scandal of the Evangelical Mind)』이라는 책에 "복음주의 지성의 스캔들은 복음주의 지성이 별로 존재하지 않는다는 사실이다"라고 썼다. 내가 임상심리학 분야로 박사과정을 시작했을 때 어머니는 나를 말렸다.

"무엇이 아쉬워 프로이트를 공부하려고 하니? 우리에게는 성경이 있잖니."

나는 이렇게 말했다.

"프로이트의 작품을 실제로 읽어 보신 적이 있습니까? 그의 책을 한 권이라도 읽어 보셨습니까? 그를 아십니까? 투사(投射)와 반동형성의 차이를 아십니까? 양심과 자아 이상(理想)의 차이를 아십니까? 억제와 억압을 구별하실 수 있습니까?

프로이트에 대해 어떻게 생각하시든 그는 20세기의 뛰어난 지성 중 하나였습니다. 해박한 신경학자인 그는 독일어를 발전시킨 공로로 괴테 상을 수상했습니다. 현대 지성을 형성한 사람 중 하나이지요. 그런데 그의 책 제목을 단 한 권도 대지 못하시면서 저더러 그를 무시하라 하십니까?"

어머니는 그 뒤로 다시는 나에게 심리학에 대해 말하지 않았다.

마크 놀이 지적한 대로 그리스도인들은 잘못된 가정에 기초하여 과학 같은 분야를 너무 쉽게 판단할 때가 많다. 예컨대 초창기 종교개혁자들은 태양계의 중심이 태양이라는 개념을 받아들이지 않았다. 그것이 성경에 어긋난다고 가정했기 때문이다. 루터는 코페르니쿠스를 '벼락출세한 점성술사'라 불렀는데, 아마도 코페르니쿠스가 저서를 교황에게 헌정한 데 대해 약간 기분이 나빴던 모양이다. 다행히 종교개혁을 이어받은 교회 지도자들은 두 세기 만에 태양계의 새로운 실상을 전원 받아들였다. 압도적인 증거 앞에서 낡은 가정을 버리고, 성경이 정말 말하는 내용을 재검토하지 않을 수 없었던 것이다. 과학 이론을 섣불리 판단하기에 앞서 신중히 검토하는 것이야말로 우리가 지성을 다하여 하나님을 사랑할 수 있는 한 방법이다.

로버트 윌킨스(Robert Wilkins)는 기독교를 믿지 않은 초기 비판자들의 저작에 대해 『로마인의 눈에 비친 그리스도인(The Christians as the Romans

Saw Them)』이라는 훌륭한 책을 썼다. 그가 지적했듯이 초기 그리스도인들은 비판자들의 까다로운 질문과 반론에 답해야만 했으므로 그 과정에서 사고가 더 예리해졌다.

"비판자들 덕분에 그리스도인들은 그들만의 진정한 목소리를 찾을 수 있었다. 비판자들이 없었다면 기독교는 훨씬 더 빈곤해졌을 것이다."

몸의 근육처럼 지성의 근육도 저항에 부딪칠수록 더 강해지는 법이다.

하지만 그리스도인들은 비판자들의 선물을 예수의 은혜로 받지 못할 때가 많았다. 로마의 사상가인 켈수스와 포르피리, 갈렌이라는 의사, 배교자 율리아누스 황제 등은 기독교 비판자들이었다. 이들의 저작을 단편적 발췌문과 인용문만이 아니라 전체를 종합해서 보아야 한다. 그런데 4세기에 교회의 권력이 커지면서 이런 저자들의 작품을 불태워 버렸다. 4세기 전까지만 해도 분서갱유는 야만족이나 하는 일이었지 교회가 하는 일이 아니었다.

지성을 다하여 하나님을 사랑하려면 우리와 의견이 다른 사람들의 저작도 살펴보아야 한다. 지성을 다하여 하나님을 사랑하려면 책이 어느 방향으로 나아갈지 불안해할 필요가 없다. 독자가 진심으로 진리를 구하기만 하면 된다.

이번 장 첫머리에 비행기에서 내 옆자리에 앉은 티모시를 언급했다. 그의 아버지 데이비드는 인도 마하라슈트라의 달리트(Dalit : 천민) 집안에서 자랐다고 한다. 데이비드는 자기 계층 사람들이 힌두교의 모든 신들에게 저주받았다고 생각했다. 종교는 물론 카스트제도의 상위 계층 시민들도 그들을 그 상태로 버려 두었다. 문맹에다 불가촉천민이던 데이비드는 동네 신전에도 들어갈 수 없었다. 그래서 가장 가까이 있는 힌두교 신전을 한 번 보기라도 하려고 70킬로미터를 걸어서 순례를 떠났다. 3주 동안 줄을 서서 기다려야 했다. 입장이 허락될지도 모른 채 줄을 서 있던 중에 그는 한 선교사를 만났다. 선교사는 그에게 예수의 가르침을 들려주었다. 하나님은 그를 저주하지 않고 사랑하신다고 했다. 데이비드는 자라면서 길일(吉日)에 신전에 들어가거나 강에서 목욕할 수 없었다. 상위 계급 사람들을 위해 신전과 강을 정결하게 유지해야 했기 때문이다. 데이비드는 하나님이 자기를 사랑하신다는 개념을 소화하는 데 6개월이 걸렸다.

데이비드가 예수를 따르기로 결단하자 가족들은 그를 때리고 마을에서 내쫓았다. 그는 그 선교사를 다시 찾아갔다. 선교사는 그에게 거처를 내주고 글을 깨우쳐 주었다. 데이비드는 마하라슈트라의 유니온 성경 신학교를 졸업한 뒤 여러 교회를 개척했을 뿐 아니라 신전 성매매에서 구출된 여아들을 위해 기숙사 학교를 운영했다. 그는 또 자신의 70세 생일을 맞아 인도 푸나 외곽의 나환자촌과 결연하여 나환자들을 위한 탁아소와 교회를 짓기로 했다. 매주 목요일마다 그는 부인과 함께 푸나의 야르바다 교도소(한때 마하트마 간디가 수감되었던 곳)에 가서 사형수들과 함께 기도한다.

티모시는 대학에서 공학을 전공한 뒤 듀크 대학교에서 MBA를, 시드니 모어 대학(성공회 신학대학-역주)에서 박사학위를 받고 현재 스탠포드 대학교의 명예 객원 학자로 재직 중이다. 그의 설명에 따르면 인도의 고등교육은 거의 다 예수 운동에서 기인했다.

티모시가 몸담고 있는 대학교를 설립한 스탠포드 일가도 초기에는 현재 내가 섬기는 멘로파크 교회를 후원했다. 잔물결은 끝없이 퍼져 나간다.

어느 날 한 목수가 목공소를 떠나 가르치기 시작했다.

예수가 직업을 바꾸지 않았다면 세상의 역사는 어떻게 되었을까? 그가 목공소에 그냥 남아 있었다고 상상해 보라. 교육 사역도 없고, 십자가의 죽음도 없고, 교회의 탄생도 없고, 신약성경도 없고, 수도원 공동체도 없다. 옥스퍼드와 케임브리지와 하버드와 예일을 설립할 이유도 존재하지 않는다.

그런 시나리오는 말 그대로 아예 상상이 불가능하다. 예수의 영향은 그만큼 큰 흔적을 남겼다.

예수는 상대방이 들을 마음만
있다면 성별, 지위, 연령을 가
리지 않고 누구에게나 가르쳤
다. 그가 준 답들을 사람들이
어떻게 생각하든 관계없이, 그
때부터 세상의 교육은 달라지
기 시작했다.

6

스스로 노예의 수건을
두른 윗사람

- 예수는 위인이 아니었다.

조지타운 대학교의 프랜시스 앰브로시오(Francis Ambrosio) 교수는 의미 있는 인생을 생각하는 두 가지 길이 있다고 했다. 하나는 영웅의 길이고 또 하나는 성도의 길이다. 그리스와 로마 세계는 영웅을 우러러보았다. 영웅이란 장애물을 극복하고 잠재력을 발휘하여 탁월한 경지에 오른 사람이다. 그리하여 인정받고 지위와 명예를 얻은 사람이다. 삶은 그렇게 인정받기 위한 분투다.

그래서 그리스인들에게 올림픽은 그냥 운동 시합이 아니라 종교적 제의(祭儀)였다. 가치 있는 삶이 무엇인지 보여 주는 우주의 축소판이었다. 이 시합을 헬라어로 아곤(agon)이라 하는데, '승리의 감격과 패배의 고뇌'라고 말할 때의 영어 단어 고뇌(agony)가 거기서 파생되었다.

이러한 개념과 태도에서 비롯된 사회의 절대적 기초는 지위 즉 서열이었다. 키케로는 "계층을 존속시켜야 한다"고 썼다. 인간의 정체는 계급으로 결정된다. 밑으로 내려가는 것은 비극이다.

그리스인들은 위대함이 무엇인지 알았는데, 그들이 생각하는 위대함에는 겸손이 들어 있지 않았다. 철학자 앨레스데어 매킨타이어(Alasdair MacIntyre)가 지적했듯이 그 세계는 겸손을 덕목으로 간주하지 않았다. 아리스토텔레스가 말한 "'위인'은 자만스럽기 짝이 없다. 그는 평민들이 예우를 보여도 그것을 우습게 안다. 그는 과시적 소비를 일삼는다. '화려하고 쓸모없는 것들을 소유하기를 좋아한다. 그래야 자신의 재력을 더 잘 과시할 수 있기 때문이다.' 그뿐 아니라 그는 느릿느릿 걷고, 목소리를 내리깔고, 말할 때 무게를 잡는다."

당신이 살고 있는 세상이 온통 지위에 집착하는 곳이라고 생각해 보라.

로마제국이 주민들을 분류하던 방식은 대부분 항공사들이 고객들을 분류하는 방식과 같았다. 가장 기본적인 구분은 '일등석'과 '일반석'이다. 항공사들은 갖은 수를 다 써서 이 구분을 한층 부각시킨다. 일등석 승객들은 영광스러운 레드 카펫이 깔려 있는 별도의 입구로 제일 먼저 탑승한다. 나머지 우리는 감히 밟을 수 없는 곳이다. 그들은 맨 앞자리에 앉아 고급 자기 그릇에 음식을 먹고 포도주를 무료로 마신다. 소수의 특권층이 파당을 이루고, 나머지는 바깥에서 그것을 부러워한다.

로마 사회도 대략 인구의 2퍼센트 정도 되는 일등석과 타키투스의 표현으로 '하층민'에 해당하는 일반석으로 구분되었다. 하층민은 중요한 역할을 했다. 고대의 한 작가는 그것을 이렇게 표현했다.

"열등한 자들의 존재는 우월한 자들에게 유리하게 작용한다. 그들을 가리키며 자신의 우월함을 뽐낼 수 있기 때문이다."

하지만 구분은 거기서 끝나지 않고 더 세분된다. 항공사들의 1십만 마일 클럽에는 다이아몬드 회원, 골드 회원, 실버 회원, 지푸라기 회원, 껍데기 회원 등 다양한 등급이 있고, 맨 밑에는 아무런 '지위'도 없는 사람들이 있다. 당신의 지위가 어느 등급이든 반드시 그보다 높은 등급이 있게 마련이다. 목표는 마일리지를 더 많이 적립하여 더 높은 지위로 올라가는 것이다.

로마의 다이아몬드 회원은 황제 밑에서 나라를 다스리던 600여 명의 원로원 의원들이었다. 그 밑에는 기사단이 있었는데, 이들은 본래 군무(軍務)용으로 말을 소유할 수 있을 만큼 부유한 계층이었다. 그 다음을 차지한 시 의원들은 관직과 성직에 오른 부유층 시민들이었다.

이들이 로마의 일등석 승객들이었다. 그들은 레드 카펫을 밟았고, 각 계급마다 일련의 명예가 있어 그것을 얻고자 서로 다투었다. 이를 일컬어 '명예 경쟁(cursus honorum)'이라 했다. 이 경쟁이 삶을 규정했고, 승자는 영웅이 되었다.

이들 엘리트층 밑에 로마의 98퍼센트에 달하는 일반석 승객들이 있었다. 그들은 '보잘것없는 존재(personis mediocribus)'였고, 위대함과는 거리가 멀었다. 그런데 그들에게도 나름대로 지위의 등급이 있었다.

'보잘것없는 존재' 중에서도 일부는 제국의 시민이었다. 일정한 법적 보호와 권리를 누렸다는 뜻이다. 다음으로 노예 신분에서 해방된 자유인은 비록 시민의 권리는 없어도 일신상의 자유를 누렸다. 서열 맨 밑바닥은 역시 노예였다. 노예의 형편은 매우 다양했지만, 노예는 아무런 권리가 없었고 주인의 처분에 달려 있었다.

엘리트층이 아닌 등급들도 자발적으로 조합과 클럽을 결성하여 엘리트층처럼 지위를 추구하곤 했다. 체스 클럽 회장은 풋볼 팀 쿼터백만큼 여자들의 환심을 살 수는 없을지 모르지만, 체스 클럽의 두목이라도 되는 것이 만년 하수인보다는 낫다.

기사와 노예에게 동일한 가치를 부여한 사람

항공사들은 좌석 크기, 레드 카펫, 자기 그릇, 탑승 순서 등을 통해 지위를 더욱 부각시킨다. 로마에서도 삶의 모든 면에 명예 경쟁이 고스란히 담겨 있었다.

복장은 말 그대로 지위의 상징이었다. 노예가 아닌 사람은 '자유인의 모자'라는 것을 쓸 수 있었다. 적어도 맨 밑바닥 계층은 아니라는 표시였다.

남자 시민은 약 14세부터 토가라는 남자 옷을 입을 수 있었는데, 얄궂게도 토가는 '매우 불편한 옷'이었다. 겨울에는 바람이 숭숭 통했고, 여름에는 끈적끈적하게 달라붙었고, 한 손은 옷 속에 들어가 있어 쓸 수가 없었고, 옷매무새를 꾸미기가 어려웠다. 그래서 부자들은 토가를 잘 입혀 줄 줄 아는 노예를 고용하곤 했다. 토가의 용도는 오직 지위를 드러내는 것뿐이었다.

원로원 의원은 토가 위에 귀족을 상징하는 자주색 띠를 두를 수 있었다. 기사단 계급은 자주색 띠를 두를 수 없는 대신 비싼 토가와 금반지를 착용할 수 있었다. 그래서 이들을 '반지 계급'이라 부르기도 했다. 당시에 예수의 동생 야고보는 신자들에게 경고하기를, "금가락지를 끼고 아름다운 옷을 입은" 사람이라고 우대하고 옷차림이 남루한 사람이라고 천대해서는 안 된다고 했다. 예수는 기사(騎士)와 노예에게 동일한 가치를 부여했다. 인기인과 외톨이가 한 식탁에서 먹는다.

직업도 계급을 따라 순위를 매겼다. 고위층 사람일수록 방대한 토지를 소유했고 일은 노예들에게 시켰다. 엘리트층은 절대로 육체노동을 하지 않았다. 키케로는 이렇게 썼다. "모든 품꾼들의 생계 수단은 천하다. 시시한 육체

노동은 그들이 하고 우리는 돈만 주면 된다."

법적 지위에도 사회적 지위가 반영되었다. A.D. 2세기에 "귀족의 법과 평민의 법이 따로 있다"는 말이 유행했다. 이것을 19세기의 영국 속담으로 바꾸면 "부자의 법과 가난한 자의 법이 따로 있다"가 된다.

예컨대 로마 시민은 십자가형에 처해질 수 없었다. 참수와 화형 등 다른 공식 처형 수단도 똑같이 사형이지만 수치가 덜했다. 십자가형은 노예들에게 국한된 것이었다. 그래서 암암리에 '노예의 형벌'로 알려져 있었다.

사도 바울은 로마 사람들에게 보낸 편지 서두에 자신을 로마제국의 시민(그는 시민권자였다)이나 토가를 입는 사람으로 소개하지 않고 '그리스도 예수의 종'(노예)으로 소개했는데, 이것은 사회적 자살 행위였다. 그런 식으로 말하는 사람은 아무도 없었다. 이는 페이스북에 자신을 '패배자'라고 표시해 놓고 데이트 상대가 생기기를 바라는 것과 같다.

이런 명예 경쟁의 배경 속에서 바울은 고린도 교회에 이렇게 썼다.

> "우리는 십자가에 못 박힌 그리스도를 전하니 유대인에게는 거리끼는 것이요 이방인에게는 미련한 것이로되"(고전 1:23).

바울은 지금 어휘를 아무렇게나 쓴 게 아니라 수술할 때만큼이나 정확히 골라서 썼다. 구약에 보면 "나무에 달린 자는 하나님께 저주를 받았음이니라"(신 21:23)고 했다. 그래서 유대인들은 십자가에 못 박힌 사람도 하나님께 저주를 받았다고 생각했다.

여기 이렇게 말하는 사람들의 무리가 있다.

"우리는 십자가에 못 박힌 예수라는 노예를 섬긴다. 우리 자신은 이 노예의 노예들이다."

이것은 누구도 이해할 수 없는 일이었다. 하지만 바울이 쓴 어휘는 정확했다.

공공행사의 좌석 배치도 지위를 더욱 굳혀 주었다. 극장의 좌석을 배열하는 기준은 입장권의 가격이 아니라 계급이었다. 계급이 높을수록 좌석이 무대에 가까웠다. 내가 다닌 대학에서는 채플 참석이 의무적이었다. 어느 학기에는 출결 파악의 편의를 위해 비밀리에 SAT(대학진학 적성시험) 점수로 좌석이 정해졌다. 비밀이 탄로나자 학생들은 반발했다.

고대 세계에서는 그런 반발을 생각할 수 없었다. 사적인 잔치석상에서 손님의 자리는 사회적 지위에 따라 정해졌다. 때로 주인은 순전히 자신의 지위를 부각시키기 위해 열등한 계급의 손님들을 초대했다. 열등한 계급의 손님에게는 그 열등함을 확실히 드러내기 위해 음식도 실제로 열등한 것을 내놓았다. 남들은 고급 스테이크를 먹는데 당신만 스팸, 즉 '지위 보존용 대안 고기'를 먹는다고 생각해 보라.

지위가 낮은 사람들은 지위가 높은 사람들의 말을 자를 수 없었지만, 반대의 경우는 언제라도 가능했다. 사장이 직원의 말을 자주 자르면 외향적인 사람이 되지만, 직원이 사장에게 그랬다가는 해고당하는 것과 비슷하다.

로마 시대의 지위는 기부 행위를 통해서도 굳어졌다. 부자들은 공중목욕탕이나 공원이나 건물을 지을 수 있었지만, 이는 빈민층이 아닌 시민들의 유익을 위한 것이자 기부자 자신의 지위를 과시하기 위한 것이었다. 이를 가리켜 자아기념주의라고도 한다. "내가 나의 기념비를 남기겠다"는 뜻이다.

프랑스의 사회학자 마르셀 모스(Marcel Mauss)가 지적했듯이 부자는 부의 표시로 재물을 나누어 줄 수 있었으나 거기에는 조건이 따랐다. 받는 사람이 똑같이 되갚아야 했다. 사실 어떤 때는 순전히 과시의 목적으로 부자가 고의로 남에게 골탕을 먹일 수도 있었다. 상대를 연회에 초대해 아주 값비싼 선물을 주면 되었다. 그러면 그 사람은 그것을 갚으려다 파산할 수밖에 없었다.

플루타르크는 이렇게 썼다.

"대부분의 사람들은 부를 과시할 기회를 박탈당하는 것을 곧 부 자체를 박탈당하는 것으로 생각한다."

감투는 지위의 상징이었다. 결국 황제가 원로원을 대신해 로마의 실세가 되면서부터 직위는 기능적 의미를 거의 상실한 채 그냥 명예의 꼬리표가 되고 말았다.

스스로 명예를 쟁취해야 했으므로 누구나 제 자랑을 할 줄 알아야 했다. 플루타르크가 쓴 『불쾌하지 않게 자화자찬하는 법』이라는 자기계발서는 요즘 시대에도 베스트셀러 목록에 오를 것이다. 이 장르의 대표적인 예는 아우구스투스 황제 자신이 쓴 『신성한 아우구스투스의 업적』이다. 그는 이 글의 사본을 동판에 많이 새겨 제국 전역에 배포했다. 다음은 그중에서 발췌한 것이다.

"나는 연설에서 세 번 이겼고, 스물한 번 황제로 지명되었다. 원로원이 몇 번 더 나의 승리를 표결했으나 내가 사양했다. 내 힘으로 이미 승리를 얻었기 때문이다. 원로원은 나로 인해 불멸의 신들에게 감사를 올리기로 표결했다. 승리한 내 전차 앞에 아홉 명의 왕이나 왕자가 대령된 것만도 쉰다섯 번이다. 나는 집정관을 열세 번 역임했고 40년 동안 원로원 최고위원이었다. 최고 제사장직에도 올랐다. 모든 시민이 모든 성소에서 나의 행복을 위해 끊임없이 일심으로 기도했다.

로마 원로원과 백성이 나의 용기와 자비와 정의와 신심을 기려 나에게⋯ 황금 방패를 바쳤다. 그때부터 내 영향력은 모두를 능가했다."

왕이 아닌 사람은 서러울 정도다.

영웅의 길은 용기, 탁월성, 끈기, 장애물 극복, 자제력, 극기 등 많은 훌륭한 자질을 예찬했다. 하지만 겸손은 추앙받는 자질이 아니요, 훌륭한 덕목으로 통하지 않았다. 무조건 위대해지는 것이 훌륭한 덕목이었다.

역사가 로빈 레인 폭스(Robin Lane Fox)는 이렇게 썼다.

"이교의 작가들 사이에서 겸손은 칭찬의 제목이 된 적이 거의 없다. 겸손은 비천하고 기구한 인간들에게나 어울리는 것이었다. ⋯ 겸손한 사람은 비천하고 야비하고 하찮은 사람과 같은 부류였다."

그런데 또 다른 길이 출현하고 있었다.

『신성한 목수의 행적』과 같은 책을 쓴 적이 없는 가난한 이 랍비는 친구들에게 이렇게 말했다.

"이방인의 집권자들이 그들을 임의로 주관하고 그 고관들이 그들에게 권세를 부리는 줄을 너희가 알거니와"(막 10:42).

이 말을 불쾌하게 여길 로마인은 없었을 것이다. 서열 맨 꼭대기에 오르는 것은 어디까지나 권세를 부리기 위해서가 아니던가. 하지만 이어지는 예수의 말은 사람들을 불쾌하게 할 만하다.

"너희 중에는 그렇지 않아야 하나니 너희 중에 누구든지 크고자 하는 자는 너희를 섬기는 자가 되고 너희 중에 누구든지 으뜸이 되고자 하는 자는 너희의 종이 되어야 하리라. 인자가 온 것은 섬김을 받으려 함이 아니라 도리어 섬기려 하고 자기 목숨을 많은 사람의 대속물로 주려 함이니라."(마 20:26~28).

이것이 '성도의 길'이다.

성도는 끝없는 성취 경쟁을 통해 가치를 얻으려 하지 않는다.

성도가 선택하는 궁극적 가치는 자아실현이 아니라 희생적 사랑이다.

성도는 영광을 구하지 않고 영광의 하나님께 영광을 돌린다.

성도는 자신의 뜻을 고집하지 않고 선하신 하나님께 맡긴다.

성도는 섬김을 못마땅해하지 않고 기꺼이 섬긴다.

예수의 생애가 거의 막바지에 달한 마지막 날 밤이었다. 예수는 제자들이 겸손을 받아들이기를 간절히 원하신 나머지 겸손을 친히 행동의 비유로 보여 주었다.

"예수는 아버지께서 모든 것을 자기 손에 맡기신 것과 또 자기가 하나님께로부터 오셨다가 하나님께로 돌아가실 것을 아시고 저녁 잡수시던 자리에서 일어나 겉옷을 벗고 수건을 가져다가 허리에 두르시고 이에 대야에 물을 떠서 제자들의 발을 씻으시고 그 두르신 수건으로 닦기를 시작하여"(요 13:3~5).

위대함에 대한 예수의 다른 관점은 우선 복장에서 나타난다. 겉옷을 벗고 허리에 수건을 두르는 일은 노예나 하던 것이었다. 예수는 노예의 제복을 입었다.

예수의 직업도 로마의 관행과는 궤적이 달랐다. 예수는 거의 한평생 목수로서 손으로 육체노동을 했다. 그리스나 로마 문학에 등장하는 어떤 영웅도 그런 사람은 없다. 예수만이 그렇게 했다. 마지막 행위 중 하나로 그는 제자들의 발을 씻겼다.

발을 씻는 일은 고대 생활에서 중요한 부분이었다. 위생의 목적도 있었고 더불어 손님 접대이자 종교적 정결 예식이었다. 하지만 노예만이 하는 비천한 일이었다. 어찌나 비천했던지 이방인 노예는 그 일을 해도 되었지만, 유대인 주인이 유대인 노예에게는 자기 발을 씻으라고 시킬 수 없었다. 물론 더러 예외가 있기는 했다.

사실인지는 알 수 없지만 이스라엘에 요셉과 아스낫이라는 부부의 이야기가 전해진다. 그들은 바로 왕 시대에 이집트에 살았는데, 신부 아스낫은 남편을 무척 사랑했다. 그래서 남편이 집에 돌아오자 남편의 발을 씻겨 주려 했다. 남편은 기겁하며 말했다.

"안 돼오. 일어나시오. 그건 종이 할 일이오."

그러자 그녀는 이렇게 말했다.

"아닙니다. 이제부터 당신은 저의 주인입니다. 당신의 발은 저의 발이고 당신의 손은 저의 손입니다. 당신의 발을 다른 여자에게 씻게 할 수는 없습니다."

감동적인 이야기가 아닌가? 아니란 말인가? 내 아내도 아니라고 생각했다. 남편이 자청해서 아내의 발을 씻겼다는 이야기는 들어 볼 수 없기 때문이다.

흔하지는 않지만 제자들이 자신의 랍비를 무척 사랑하여 랍비의 발을 씻고자 하는 경우는 있다. 하지만 지위가 높은 사람이 지위가 낮은 사람의 발을 씻겼다는 이야기는 없다. 랍비가 제자들의 발을 씻어 준 이야기도 읽어 볼 수 없다. 그런데 이 랍비만은 예외다. 자신의 말처럼 그는 메시아인데도 말이다.

예수의 법적 지위는 곧 바닥으로 떨어질 것이다. 몇 시간만 지나면 그는 유다에게 배신당해 체포되어 유죄를 선고받고 범죄자로 처형될 것이다. 그것이 로마제국에서 그의 최종 지위가 될 것이다.

그런데도 예수는 유다의 발을 씻긴다. 소위 신성한 아우구스투스는 누구의 발도 씻어 준 적이 없다. 명예에 기초한 문화는 이미 안에서부터 분열하기 시작했지만, 당시에는 거의 누구도 그것을 몰랐다.

스스로 낮은 자리로 내려간 사람

좌석 배치는 언제나 지위와 명예를 드러내는 수단이었다. 예수는 식탁에 있었다. 손님들의 자리는 거기였다. 그런데 그는 노예처럼 식탁에서 일어났다. 이전에 가르쳤던 것을 친히 본으로 보인 것이다. "앉아서 먹는 자가 크냐, 섬기는 자가 크냐."

이것은 어려운 질문이 아니다. 높은 사람은 앉아 있고 낮은 사람은 시중을 드는 법이다.

이런 관행은 지금 우리에게도 남아 있다. 연회석상의 특별한 손님에게는 '귀빈'이라는 호칭이 붙는다. 귀빈은 아무 데나 앉지 않고 상석에 앉는다. 귀빈이 그릇을 치우는 연회는 없다.

누가 더 큰 사람인가? "앉아서 먹는 자가 아니냐 그러나 나는 섬기는 자로 너희 중에 있노라"(눅 22:27). 다시 말해서 "나는 그릇을 치우는 자로 너희 중에 있노라"라는 뜻이다.

다음번에 식당에 가거든 주변을 둘러보며 이렇게 자문해 보라. "하나님이 보시기에 큰 사람들은 누구일까? 예수는 어디에 계실까?" 삶의 현실이 무엇이고, 누구에게 특별한 호칭이 붙고, 누가 어떤 메뉴를 먹을 수 있고, 누구의 지갑에 돈이 얼마나 있는지 우리는 웬만큼 다 안다. 하지만 하나님이 보시는 위대함은 어디에 있는가?

흔히 위인전에 나오는 위인들은 바보를 선뜻 용납하지 않는다. 여간해서 느림보나 얼간이에게 시간을 내는 일도 없다. 하지만 예수는 다르다. 그는 남에게 무시당하는 사람들을 불쌍히 봤다. 성경학자 데일 브루너(Dale Bruner)는 오늘날이라면 예수는 아마도 시외버스 터미널에 즐겨 출입할 것이라고 말했다. 예수의 가장 감동적인 모습 중 하나는 감동적이지 않은 사람들에게 감동했다는 것이다.

예수는 거창한 호칭에 집착하는 문화를 뒤집었다.

> "너희가 나를 선생이라 또는 주라 하니 너희 말이 옳도다 내가 그러하다 내가 주와 또는 선생이 되어 너희 발을 씻었으니 너희도 서로 발을 씻어 주는 것이 옳으니라"(요 13:13~14).

호칭은 섬김의 기회일 뿐이다.

예수는 옷이 벗겨진 채로 죽었고, 법으로 유죄 선고를 받았고, '유대인의 왕'이라는 조롱조의 호칭을 받았다. 그는 노예의 자리에서 노예의 옷을 입고 노예의 일을 하다가 노예의 죽음을 당했다. '보잘것없는 존재'가 된 것이다.

예수가 돋보이는 부분은 그런 삶을 스스로 택했다는 점이다. 그에 대한 어쩌면 가장 이른 기록물에 보면 "자기를 낮추시고"라고 되어 있다. 로마제국에서 돈이나 지위나 감투를 잃고 어쩔 수 없이 낮아지는 사람은 있었다. 하지만 일부러 자신을 낮춘 사람은 없었다.

예수가 처음이었다.

그날 이후로 하나의 공동체가 형성되었다. 로마는 그것을 어떤 범주에 넣어 어떻게 대처해야 할지 몰랐다. 가장 훌륭해 보이고 질서 유지에 꼭 필요하다고 생각하던 문화가 서서히 전복되었다. 이해하기 힘든 여러 방식으로 그런 일이 벌어졌다.

"그리스도인들은 그리스도 안에서 만인이 평등하며 계급과 등급의 구분이 무의미하다고 가르쳤다. 교회 모임에서는 교육받은 사람들도 남의 노예들이나 하찮은 공장(工匠)들과 대등한 존재로 앉아야 했다."

예수를 따르는 사람들의 모임에 노예가 들어서면, 누군가가 허리에 수건을 두르고 바닥에 무릎을 꿇고 앉아 노예의 발을 씻어 주곤 했다. 씻겨 주는 사람은 노예였다 해방된 자유인일 수도 있고, 시민일 수도 있고, 심지어 귀족일 수도 있었다.

플라톤은 "하지만 노예의 위치에서 행복한 사람이 있겠는가? 노예는 자기가 좋아하는 일도 할 수 없지 않은가?"라고 말했다. 당시 사회는 수직적으로 서열이 매겨져 있었다. 그런데 사회 밑바닥에서 고정관념이 깨지고 계급의

벽이 허물어졌다. 행복한 자발적 노예들이 생겨난 것이다.

조셉 헬러먼(Joseph Hellerman)은 사도행전에 나오는 한 이상한 사건을 감동적으로 설명했다. 바울은 로마의 식민지인 빌립보에서 체포되어 심하게 매를 맞았다. 석방된 후에야 그는 자신이 로마 시민이라고 항변했다. 관리들은 그 말을 듣고 두려워 사과했다. 로마법을 어기고 로마 시민을 때렸기 때문이다.

하지만 여기서 빤한 의문이 생겨난다. 바울은 왜 자신이 로마 시민임을 매를 맞기 전에 알리지 않았을까? 그 말만 했다면 감옥에 갇힐 일은 없었을 텐데 말이다.

바울은 지금 예수 공동체의 작은 전초 기지를 만들고 있다. 그도 알았듯이 교회가 시작될 때 교회 안에는 엘리트층 사람들도 한둘 있었겠지만 많지는 않았다. 엘리트층이 아닌 사람들이 대부분이었다. 그러나 이제 모두가 한 가족이 되어야 했다. 여태까지 그들의 내면에 배어 든 삶은 온통 서열과 명예 경쟁으로 얼룩진 삶이었다. "남을 끌어내리고 네가 올라서라." 그들의 모든 풍습과 교육과 사고와 언어와 습관에 그것이 스며들어 있었다. 그래서 이제 바울은 그들이 형제자매가 되도록 한 가정을 만들려 했다. 그러려면 어떻게 해야 할까?

바울은 보잘것없는 그들이 신앙 때문에 고난당하리라는 것도 알았다. 그들은 힘이 없었다. 바울은 로마 시민이라는 신분을 의지해 고난을 면할 수도 있었지만, 지위가 낮은 교인들은 그런 호사를 누릴 수 없었다. 이 곤경 속에서 그는 고통스럽고도 영광스러운 하나의 기회를 보았다.

그래서 바울은 이성에 어긋나는 행동을 했다. "자기를 낮춘" 것이다. 그는 로마 시민권을 자기에게 유리하게 사용하지 않기로 했다. 오히려 스스로 시민권이 없는 '보잘것없는' 사람처럼 되었다.

기독교를 비판한 초기 비판자 중 하나인 켈수스에 따르면, 그리스도인들이 기껏 끌어들인 무리는 "미련하고 무지하고 나약한 사람들"뿐이었다. 노예들과 여자들과 아이들뿐이었다. 그래서 켈수스는 수세기에 걸쳐 확립한 영웅의 길을 자칫 잃지 않을까 우려했다.

엘리트주의의 매력을 나도 안다. 우리 중에는 겸손이라는 덕목이 성미에 맞지 않는 사람들도 있다.

바울은 로마 교회에 이렇게 썼다.

> "서로 마음을 같이하며 높은 데 마음을 두지 말고 도리어 낮은 데 처하며 스스로 지혜 있는 체 하지 말라"(롬 12:16).

이 부분에서 나는 어떻게 하고 있는가?

내가 사는 실리콘 밸리 지역은 용기, 창의력, 진취성, 모험심, 지성 등 훌륭하고 놀라운 문화를 자랑한다. 하지만 겸손한 사람들을 길러 내는 부분에서는 잘하는지 잘 모르겠다.

자아의 인력(引力)은 중력만큼이나 가차 없다. 가끔 이런 의문이 든다. 교회의 우리도 남들과 똑같이 명예와 지위에 집착하는 것은 아닐까? 다만 그것을 얄팍한 영적 언어의 막으로 가린 것은 아닐까? 우리도 나름대로 명사(名士) 숭배를 만들어 낸다. 부유하거나 매력 있거나 성공한 사람들을 선호한다. 옛날에 교황 이노센트 4세가 토마스 아퀴나스에게 바티칸의 영화(榮華)를 보여 주었다고 한다. 교황은 사도행전에 나오는 걷지 못하는 거지의 이야기를 언급하며 이렇게 말했다.

"더 이상 교회는 '은과 금은 내게 없거니와'라고 말할 필요가 없습니다."

그러자 아퀴나스는 이렇게 대답했다.

"맞습니다. 하지만 더 이상 교회는 '나사렛 예수의 이름으로 일어나 걸으라'고 말할 능력도 없습니다."

우리는 예수의 길로 행하지 않을 때가 많다. 하지만 신기하게도 영웅의 기준이 바뀌었다. 짐 콜린스(Jim Collins)는 『성공하는 기업들의 8가지 습관(Built to Last)』이라는 책으로 큰 반향을 불러일으켰다. 거기서 그는 자신의 표현으로 제5단계의 지도자를 최고 수준의 리더십으로 예찬한다. 그런 지도자는 두 가지 자질을 겸비하고 있다. 하나는 불굴의 굳센 의지로, 로마인들이 칭송했을 법한 덕목이다. 두 번째 덕목은 겸손이다. 이 덕목을 갖춘 지도자는 자신을 종, 즉 섬기는 사람으로 보고 다수의 유익을 위해 자아의 만족을 희생한다. 콜린스에 따르면 그런 지도자는 더글러스 맥아더(한 전기 작가는 그를 '미국의 카이사르'라 불렀다)보다는 '아버지 에이브러햄'으로 불리기도 하는 링컨에 더 가깝다. 영웅의 기준이 어떻게 그렇게 바뀐 것일까?

나약함으로 멸시받던 겸손이 어떻게 사회적으로 칭송받는 덕목이 되었는지 알아보기 위해 호주의 맥커리대학교에서 연구를 실시했다.

"결론은 분명했다. 겸손을 좋게 보는 현대 서구의 정서는 유대-기독교 세계관이 유럽에 미친 독특한 영향에서 비롯된 것이 거의 확실하다. 이것은 '종교적' 결론이 아니다. 맥커리는 공립대학교다. 이것은 순전히 역사적 조사 결과다."

십자가에서 죽은 것은 사람만이 아니라 이상하게 문화도 죽고 있었다. 아직 아무도 그것을 몰랐을 뿐이다. 그 문화에서 명예는 지위를 의미했고, 수치는 무가치한 존재를 의미했다. 십자가형은 수치의 극한이었다. 예수는 십자가에서 죽었다. 그를 따르는 사람들에게 그것은 둘 중 하나의 의미였다. 그가 생각만큼 큰 사람이 아니었든지, 아니면 크다는 개념 자체를 몽땅 재정의해야 했다. 위대함의 모양은 십자가를 통해 십자형으로 다시 빚어져야 했다.

역사가 존 딕슨(John Dickson)은 이렇게 썼다. 겸손이 그리스도인의 전유물은 아니지만 "그분의 십자가의 죽음이 예술, 문학, 윤리, 법학, 철학에 미친 역사적 영향이 아니라면 누구도 이 덕목을 동경할 것 같지 않다. 우리 문화는 기독교의 옷을 벗은 지 오랜 뒤에도 여전히 십자형을 유지하고 있다."

위대함의 기준을 바꿔 놓은 사람

2011년에 남아프리카공화국 더번 시 근처 한 고아원을 방문했다. 그 지역에는 1백만이 넘는 사람들이 산자락의 조그만 오두막과 판잣집에서 빈곤과 폭력에 내동댕이쳐진 채 살아가고 있다. 그곳의 고아들은 에이즈 환자들이다.

남아공은 에이즈에 걸린 사람들의 수가 가장 많은 나라다. 발병률이 최고 80퍼센트에 이르는 지역도 있다. 소년소녀 가장도 수십만에 달한다. 부모가 둘 다 에이즈로 죽었기 때문이다. 게다가 폭력이 난무한다. 우리를 초청한 사람에 따르면 그쪽 지역 여자들은 절반 이상이 열두 살도 되기 전에 강간을 당한다고 한다. 처녀와 동침하면 남자의 에이즈가 낫는다는 속설 때문에 사태가 더욱 악화되고 있다.

이 고아원 운영자들은 예수의 이름으로 일한다. 우리가 체류했던 곳의 사람들은 에이즈에 걸린 빈털터리 고아들을 돕는 일에 평생을 바치고 있다. 열 살쯤 된 소미라는 귀여운 소녀도 에이즈 환자다. 여러 개 언어를 할 줄 아는 영리한 소미는 이 시설 접수처에서 일한다. 인솔자들은 소미가 아주 잘 섬긴다며 극찬을 아끼지 않았다. 그들이 칭찬하자 소미는 두 손으로 얼굴을 가렸다. 부끄러움을 많이 타는 소녀다.

소미는 두 남동생을 고아원으로 데려왔다. 그리고 동생들에게 이렇게 말했다고 한다. "이제 까불면 안 돼. 그래야 쫓겨나지 않지. 말 잘 들어야 돼." 그만큼 동생들에 대한 책임감이 대단했다. 소미는 비닐봉지에 든 약을 항상 가지고 다녀야 한다. 우리에게도 그것을 보여 주었다. 그래도 소미는 HIV 보균자이므로 장성한 나이까지 살지 못할 것이다. 가정을 이루거나 자녀를 낳지 못할 것이다.

그 아이들 옆방에는 필립이라는 두 살짜리 남자아이가 있었다. 주기도문을 다 암송할 줄 아는 예쁘고 조숙한 아이였다. 필립은 손님들을 안내하고 다니며 모두에게 소개해 주기를 좋아한다. 필립도 HIV 양성 보균자다. 엄마가 죽어 필립 혼자만 남았다. 필립의 손가락을 보니 전에 쥐들이 와서 여기저기 갉아먹은 흔적이 그대로 남아 있었다.

당신과 나는 옛날 사람들보다 도덕적으로 우월한 게 아니다. 현대에 산다는 이유로 우리가 조금이라도 더 나은 게 아니다. 다만 우리는 이런 부분에서 달라진 세상에 살고 있을 뿐이다. 지금 우리가 사는 세상은 지극히 낮은 자들을 보는 눈이 2천 년 전과는 달라져 있다.

　세상에 들어올 때는 포대기를 둘렀던 그가 세상을 떠날 때는 노예의 수건을 둘렀다. 당신이 그를 어떻게 생각하든 이제 위대함의 기준이 달라졌다.

7

원수를 이웃으로 삼은
용서의 사람

•   일요일 아침, 두 사람이 강단 쪽으로 걸어오고 있다. 우리 교회에서 내가 인터뷰할 사람들이다. 여자는 활기차고 열정이 넘친다. 50대 후반의 그녀는 관절염이 있어, 한 건장한 청년의 팔에 의지하고 있다. 여자의 이름은 메리(Mary)이고, 조용한 기품을 풍기는 남자의 이름은 오셰이(OShea)다. 1993년에 메리의 외아들은 파티에서 논쟁 중에 피살되었다.

오셰이는 메리의 아들을 죽인 사람이다. 그런데 메리와 오셰이는 서로 옆집에 산다. 용서는 본성적 행위가 아니다.

원수를 축복하라고 말한 사람

영국의 배스(Bath)는 2천 년 전에 온천과 로마의 예배 처소가 함께 있던 곳이다. 그곳의 온천장에 새겨진 수많은 기도가 발굴되었다. 고대인들이 돈을 주고 신들에게 바친 기도다. 오늘날 그것을 '저주의 돌판'이라 부른다. 저주의 기도가 단연 가장 많기 때문이다. 사람들은 자기에게 해를 입힌 사람의 이름, 그 사람의 죄, 그리고 신들에게 바라는 응징을 세세히 밝혀 놓았다.

"장갑 한 켤레를 잃은 도키메두스가 구한다. 장갑을 훔쳐 간 사람은 신전 안, 여신이 정한 자리에서 정신과 시력을 잃을지어다."

아무리 장갑이 귀하다 해도 이것은 좀 가혹해 보인다. 이런 기도를 고대 지중해 세계 전역에서 볼 수 있는데, 로마에 있는 저주의 돌판에 더 적나라한 예가 하나 나온다.

"거룩한 천사들과 신성한 이름들에게 구하나이다. … 전차를 모는 유케리오스와 그의 말들을 내일 로마 경기장에서 꽁꽁 묶고, 가로막고, 내리치고, 쓰러뜨리고, 해치고, 망하게 하고, 죽이고, 흩어 버리소서. 출발하는 문이 제대로 열리지 않게 하소서. 빨리 달리지 못하게 하소서. 남을 앞지르지 못하게 하소서. 제대로 회전하지 못하게 하소서. 상을 받지 못하게 하소서. … 뒤에서 추월하기는커녕 벌렁 넘어지게 하소서. 발이 묶여 부러지고 질질 끌려가게 하소서. 경기 초반부터 막판까지 계속 그렇게 하소서. 지금 당장, 어서 벌을 내리소서!"

이와는 종류가 다른 "원수를 축복하는 돌판"이 있다고 상상해 보라.

"유케리오스가 제게 심한 해를 입혔습니다. 저를 미움과 원한의 감옥으로부터 구해 주소서. 유케리오스가 진심으로 회개하도록 도와주소서. 그의 죄와 저의 죄를 용서하시고 우리의 관계를 치유해 주소서."

배스에서 '원수를 축복하는 돌판'이 몇 개나 나왔을 것 같은가? 하나도 없다. 사람들은 제우스나 바쿠스 신에게 그런 기도를 하지 않았다. 친구에게는 충절을 다하고 원수에게는 악착같이 복수하라. 그것이 고상한 행동으로 통했다. 그런 신들은 우리가 원하는 것을 얻게 해 주는 존재에 지나지 않았다. 그런데 피해를 입었을 때 우리가 원하는 것은 당연히 복수다.

예수는 인습적 지혜를 인용하여 이렇게 말했다.

> "또 네 이웃을 사랑하고 네 원수를 미워하라 하였다는 것을 너희가 들었으나"(마 5:43).

물론 그들은 그 말을 들었다. 그리스 작가 크세노폰(Xenophon)은 친구를 도와주고 원수를 괴롭혀야 한다고 말했다. 페르시아의 키루스(Cyrus)는 죽기 직전 이런 유언을 남겼다.

"내 유언을 명심하라. 친구를 선대하는 사람은 또한 원수를 응징할 줄 아는 법이다."

물론 일부 스토아 철학자들은 분노가 인간의 품위에 어울리지 않는다며 복수심에 굴하지 말라고 경고하기도 했다. 하지만 문학 교수 데이비드 콘스턴(David Konstan)의 말처럼 고대 그리스와 로마에는 우리가 알고 있는 용서가 존재하지 않았다. 사람들은 다양한 방법들로 분노를 달래고 관계를 회복했지만, 그런 방법들을 규정한 기준은 죄와 속죄와 은혜라기보다 명예와 지위와 수치심이었다. 대강 예를 들자면, 우리 집 개는 뭔가 사고를 치면 내 분노가 가라앉았다 싶을 때까지 개집에 숨어 뭔가 켕기는 행동을 한다. 이것은 회개가 아니라 그냥 고통을 관리하는 것이다.

고대의 인습적 지혜는 "네 친구를 돕고 네 원수를 응징하라"고 가르쳤다. 이 주제를 다룬 어느 논문의 제목은 단순히 "친구를 돕고 원수를 해치기"이다. 그런데 예수는 이렇게 말했다.

"나는 너희에게 이르노니 너희 원수를 사랑하며 너희를 박해하는 자를 위하여 기도하라 이같이 한즉 하늘에 계신 너희 아버지의 아들이 되리니 이는 하나님이 그 해를 악인과 선인에게 비추시며 비를 의로운 자와 불의한 자에게 내려주심이라"(마 5:44~45).

분노와 상처와 앙심과 원한은 삶의 막강한 힘으로 작용한다. 거기서 자유로울 수 있는 사람은 아무도 없다.

사람들은 가끔 이런 의문을 제기한다. 상대방이 회개하지 않는데 용서가 가능한가? 여기서 우리는 용서와 화해를 구분할 수 있다. 용서는 복수할 내 권리를 버리는 것이지만, 화해에는 쌍방의 진실한 의지가 필요하다. 사랑하라는 명령은 신뢰할 수 없는 사람을 신뢰하는 척하라는 뜻이 아니다.

하지만 그 모두의 이면에는 사랑하라는 명령이 있다. 우리는 회개하는 가해자뿐 아니라 회개하지 않는 가해자도 사랑하도록 부름 받았다.

예수의 말은 이렇게 이어진다.

> "너희가 너희를 사랑하는 자를 사랑하면 무슨 상이 있으리요 세리도 이같이 아니하느냐 또 너희가 너희 형제에게만 문안하면 남보다 더하는 것이 무엇이냐 이방인들도 이같이 아니하느냐"(마 5:46~47).

여기 예수가 말한 문안은 가장 부담 없는 최소한의 행동을 가리킨다. 문안이란 상대방의 존재를 인정하며 내 세계 속에 맞이하는 것이다. 우리 시대에는 대개 "안녕하세요!"라는 한마디 말로 족하다. 그렇게만 해도 미래 세대들은 우리의 풍부한 예의를 칭찬할 것이다.

하지만 예수 시대의 문안 인사였던 "샬롬 알레카"는 "당신에게 평안이 있을지어다"라는 뜻이다. 남을 죽이지 않는 것만으로 부족하다. 원수에게 문안해야 한다는 예수의 말씀은 원수가 샬롬(하나님이 주시는 온전함과 평안)을 누리기를 바라고 기도하고 소원해야 한다는 뜻이다. 이것은 철저히 예수에게서 비롯된 개념이다.

그래서 독일의 정치 이론가이자 사상가이며 프린스턴 대학교 최초의 여성 정교수였던 한나 아렌트(Hannah Arendt)는 원수를 용서하고 사랑하는 일이야말로 인류를 향한 기독교 고유의 공헌이라고 역설했다.

"인간의 삶에서 용서가 차지하는 역할을 발견한 사람은 나사렛 예수였다."

폭탄선언의 대가

하루는 예수가 폭탄선언을 했다. 만사가 잘 돌아가고 있던 사역 초기였다. 몰려든 무리가 어찌나 많았던지 그분은 호수의 배 위에서 가르치셔야 했다. 그래야 모두가 들을 수 있었다. 그런데 그날 저녁 그분이 제자들에게 "우리가 저편으로 건너가자"고 하셨다.

이것은 폭탄선언이다. '저편'은 전문용어 같은 것이다. 예수는 지금 단순히 지리(地理)를 말씀하시는 게 아니다. 호수 저편은 데가볼리 즉 "열 고을"의 지방이었다. 그곳은 대체로 적의 영토였고 주민들은 이교도였다.

예수 시대의 '저편'에 대해 랍비들 사이에 내려오던 전승이 있었다. 이에 따르면 '저편' 데가볼리는 가나안 일곱 족속이 정착했던 곳이다. 이교의 신전들이 즐비했고(일부는 지금도 발굴되고 있다), 그 신전들에서 이스라엘과는 거리가 먼 폭력이나 성적 표현이나 탐욕이 예찬되었다. 그뿐 아니라 이스라엘에서 가장 부정한 동물인 돼지가 저편에서는 신성시되며 예배에 사용되었다.

유대인들은 저편을 사탄이 살던 곳으로 여겼다. 그곳은 귀신에게 짓눌린

어둡고 사악한 곳이었다. 아무도 저편으로 가려 하지 않았고, 특히 랍비는 더 말할 것도 없었다.

구약성경에 하나님은 "가나안 족속과 헷 족속과 히위 족속과 브리스 족속과 기르가스 족속과 아모리 족속과 여부스 족속"을 약속의 땅에서 쫓아내겠다고 약속하셨다. 이들은 가나안 일곱 족속으로 알려져 있었고, 예수 시대에도 여전히 그렇게 지칭되었다. 바울은 하나님이 가나안 일곱 족속을 멸하시고 그 땅을 자기 백성에게 기업으로 주셨다고 말했다.

예수 시대의 데가볼리는 로마 권력의 한 중심지이기도 했다. 그곳에 6천 명의 로마 군대가 주둔해 있었다. 로마 군대의 상징은 돼지 머리였다.

그런데 예수는 어느 날 아무렇지도 않은 듯이 말했다.

"우리가 저편으로 건너가자."

어쩌려고 이러는 것인가? 예수는 하나님 나라가 우리 편임을 모른단 말인가? 그는 마치 거기가 저편임을 모르는 것 같다. 거기도 자기편이라고 생각하는 것 같다. 모두가 자신의 편이고 자신이 모두의 편이라고 생각하는 것 같다. 그는 마치 이 땅의 모든 민족이 이제부터 자신을 통해 복을 받으리라고 생각하는 것 같다. 가나안 일곱 족속까지도 말이다.

"우리가 저편으로 건너가자."

제자들은 그 말씀이 달갑지 않았지만 어쨌든 건너갔다.

도착해 보니 늘 제자들 주변에 몰려들던 큰 무리가 없었다. 그들을 영접한 것이라고는 미쳐서 고통당하며 제 몸을 해치는 귀신 들린 사람뿐이었다. 그는 하도 남에게 방해가 되어 자기 마을에서조차 쫓겨나 무덤에 살고 있었다.

그가 예수 앞에 무릎을 꿇고 말했다.

"당신이 나와 무슨 상관이 있나이까 당신께 구하노니 나를 괴롭게 하지 마옵소서"(눅 8:28).

예수가 악한 귀신에게 "네 이름이 무엇이냐"고 묻자 이런 답이 돌아왔다. "내 이름은 군대니 우리가 많음이니이다"(막 5:9).

이 이야기에서 군대는 감정이 실린 단어다. 바로 그곳에 외국 군대가 주둔하고 있었다. 이 단어는 사방의 적을 상기시켜 준다. 귀신들은 자기들을 돼지에게 보내 들어가게 해 달라고 간구했다. 돼지 떼는 질주하여 몰사했다.

이스라엘 사람이라면 누구나 여기서 마카비서 1장에 기록된 이야기를 떠올릴 것이다. 로마는 유대의 애국지사들에게 돼지고기를 먹을 것을 강요했고, 그들이 거부하자 모두 몰살시켜 버렸다. 그래서 돼지는 로마 군대가 지닌 힘의 상징이기도 했다. 그런데 고통당하던 사람은 군대로부터 해방되었다.

사람들의 반응은 대단했다. 성경에 보듯이 돼지를 치던 사람들은 달려가 그 사람이 해방된 사실을 두루 알렸다. 저편의 사람들이 무슨 일인가 보러 나왔다. 그들이 보니 미쳤던 사람이 온전한 정신으로 옷을 입고 앉아 있었다.

그들이 이 기적에 보인 반응은 갈릴리나 예루살렘의 사람들과는 달랐다. 그들은 병든 아이들이나 걷지 못하는 친구들을 예수에게로 데려오지 않았다. 오히려 그에게 떠나 달라고 간청했다.

왜 그랬을까? 아무리 능력이 있어도 그가 그들 중의 하나가 아니었기 때문이다. 그는 다른 편에서 왔다. 그러니 그 능력으로 오히려 그들을 해칠지도 몰랐다.

예수는 잠자코 떠났다. 귀신 들렸던 사람이 함께 가겠다고 간구했다. 여태까지 모든 사람에게 "나를 따르라"고 하시던 예수께서 이번에는 거부하시며 "가서 네 이야기를 말하라"고 하셨다.

그 사람의 심정을 상상해 보라. 배는 그를 태우지 않고 사라져 갔다. 하지만 그는 예수가 하라고 한 대로 했다. 예수가 자기에게 얼마나 큰일을 행했는지 데가볼리 사람들에게 말했다. 그러자 "모든 사람이 놀랍게 여겼다."

이야기는 거기서 끝나지 않는다. 예수는 얼마 후에 데가볼리에 다시 갔다. 이번에는 큰 무리가 그를 만나러 나왔다.

> "그 온 지방으로 달려 돌아 다니며 예수께서 어디 계시다는 말을 듣는 대로 병든 자를 침상째로 메고 나아오니 아무 데나 예수께서 들어가시는 지방이나 도시나 마을에서 병자를 시장에 두고 예수께 그의 옷 가에라도 손을 대게 하시기를 간구하니 손을 대는 자는 다 성함을 얻으니라"(막 6:55~56).

다시 말해서 가나안 일곱 족속이 이스라엘의 하나님을 찬양하고 있었다. 예수가 저편에 처음 갔을 때는 그 비참하고 불쌍한 사람 외에는 아무도 마음을 열지 않았다. 그러나 두 번째로 가셨을 때 나온 반응은 신약 전체를 통틀어 가장 극적인 반응 중 하나였다. 여태까지 그가 다닌 어느 지역보다도 그곳 사람들이 그를 더 잘 받아들였다.

이번에는 그들이 이미 들은 말이 있었다. 이 예수가 '자기들 편'의 누군가를 돌봤다는 사실이다.

복음서에 보면 예수가 기적으로 무리를 먹인 두 이야기가 서로 대결이라도 하듯 쌍벽을 이루고 있다. 예수께서 '저편'을 사랑한다는 주제는 그 둘 사이에 끼어 이면에 숨어 있다.

마가복음 6장에서 예수는 호수의 이스라엘 편에서 무리를 먹였고, 남은 음식은 열두 바구니였다. 이스라엘의 열두 지파가 생각난다. 하나님은 자기 백성을 돌보신다.

마가복음 8장에서는 예수께서 '저편'의 무리를 먹였고, 남은 음식은 일곱 광주리였다. 왜 양쪽이 서로 다를까?

그냥 짐작일 뿐이지만 마치 예수가 이렇게 말하는 것 같다.

"열두 지파에게 기쁜 소식이 임했다. 하지만 가나안 일곱 족속에게도 기쁜 소식이 임했다. 열두 지파와 일곱 족속-나에게는 전혀 차이가 없다. 나는 그들을 모두 사랑한다. 이편과 저편 모두를 위한 기쁜 소식이다."

편 가르기를 무색하게 만드는 사람

당신은 누구 편인가?

예수의 가르침 중 가장 유명하면서도 가장 지켜지지 않는 것이 아마 원수를 사랑하라는 가르침일 것이다. 우리 인간들은 편 가르기를 좋아한다. 누구나 인류를 우리 대 그들로 나누는 경향이 있다. 종교적 이유에서도 그렇지만 인종, 문화, 언어 때문에도 그럴 수 있다. 인류의 가장 강력한 단어 중 둘은 우리와 그들이다.

상대가 나와 같은 그룹에 속해 있으면 우리는 그 사람의 장점을 부풀리고 단점을 간과하는 경향이 있다. 하지만 상대가 다른 그룹에 있으면 장점을 간과하고 단점만 찾는다. '우리'의 구성원을 볼 때는 각자 독특한 개인으로 보지만, '그들'에 속한 사람을 볼 때는 모두 싸잡아 똑같게 보기 일쑤다.

이것을 잘 보여 주는 대표적인 연구가 있다. 연구진은 어느 캠프에서 남자 아이들을 두 그룹으로 나누었다. 순전히 우리 대 그들의 위력을 보기 위해서였다. 그들은 한 아이를 데려다가 돈을 조금 준 다음, 그것을 각기 다른 그룹에 속한 두 아이에게 나누어 주도록 지시했다. "돈의 일부는 이쪽 그룹의 아이에게 주고, 일부는 저쪽 그룹 아이에게 주면 된다."

원래의 계획은 아이들을 두 그룹으로 나눈 뒤 양쪽 사이에 약간의 반감을 심어 주는 것이었다. 그리하여 반감이 어느 정도나 있어야 아이들이 자기 그룹의 아이에게 돈을 더 주는지 알아보려던 참이었다. 하지만 그럴 기회조차 주어지지 않았다. 연구진은 깜짝 놀랐다. 아이들은 그룹이 다르다는 이유만으로 이미 상대 그룹의 아이들을 차별하고 있었다. 그룹을 임의로 배정했는데도 말이다. 연구진은 그 점을 이 연구의 가장 확실한 결과로 발표했다.

여자아이들이라고 좀 낫겠거니 생각한다면 그것은 당신이 여자이기 때문이다. 당신이 속한 그룹이 우월하다고 단정한다면 이로써 오히려 핵심 개념이 확인될 뿐이다. 우리 대 그들은 가인과 아벨만큼이나 오래된 개념이다. "아벨은 양 치는 자였고 가인은 농사하는 자였더라"(창 4:2).

예수는 '모든 편의 사람'이 되었건만 그를 따르는 사람들은 도로 우리 대 그들로 후퇴하곤 한다. '그리스도인'이라는 이름은 아마도 이교도들이 신자들에게 조롱조로 붙여 준 별명일 것이다. 역사가 타키투스(Tacitus)는 "그들의 불쾌한 행동들이 혐오감을 주어 통칭 그리스도인이라는 천박한 명칭이 붙었다"고 말했다. 그리스도인들도 은혜를 갚았다. 그리스도인들이 지어낸 '이교도(pagani)'라는 라틴어 단어에는 '평범한 시민, 민간인'이라는 뜻이 있었다. 그리스도인들은 아직 세례를 통해 그리스도의 군사로 입대하지 않은 사람들을 그 말로 지칭했다.

예수를 따르는 우리는 비신자들을 '그들'로 만드는 문제로만 힘들어하는 게 아니다. 때로 우리는 서로 간에도 그런 일을 하기로 유명하다.

한 남자가 샌프란시스코의 금문교를 걷다가 어떤 여자가 혼자 서 있는 것을 보았다. 여자는 분명히 외로워 보였다. 그는 달려가 하나님이 그녀를 사랑하신다고 말해 주었다. 여자의 눈에 눈물이 맺혔다. 이어 그가 물었다.

"기독교인입니까, 유대교인입니까, 힌두교인입니까, 무엇입니까?"

"기독교인입니다." 여자가 말했다.

"저도 그런데요! 정말 세상은 참 작은 곳이군요. 그럼 개신교입니까, 천주교입니까?" 남자가 말했다.

"개신교요."

"저도 그런데요! 무슨 교단입니까?"

"침례교요."

"저도 그런데요! 북침례교입니까, 남침례교입니까?"

"북침례교요."

"저도 그런데요! 보수주의 북침례교입니까, 자유주의 북침례교입니까?" 남자가 말했다.

"보수주의 북침례교요."

"정말 놀랍네요! 저도 그렇거든요! 보수주의 북침례교 근본주의입니까, 보수주의 북침례교 개혁주의입니까?"

"보수주의 북침례교 근본주의입니다."

"이럴 수가! 저도 그렇거든요! 보수주의 북침례교 근본주의 중부 노회입니까, 보수주의 북침례교 근본주의 동부 노회입니까?"

"보수주의 북침례교 근본주의 중부 노회입니다." 여자가 말했다.

"기적입니다. 보수주의 북침례교 근본주의 중부 노회 1879년 공의회입니까, 보수주의 북침례교 근본주의 중부 노회 1912년 공의회입니까?" 남자가 말했다.

"보수주의 북침례교 근본주의 중부 노회 1912년 공의회입니다." 여자가 말했다.

그러자 남자가 소리쳤다. "이단이군요. 죽어 버리세요!" 그러면서 그는 여자를 난간 너머로 밀었다.

미로슬라브 볼프(Miroslav Volf)가 지적했듯이 예수 시대의 종교 지도자들은 다른 사람들을 배제하는 성향을 대개 큰 덕목으로 간주했으나 예수는 그것을 큰 죄로 여겼다. 제자들은 거기에 자주 놀랐다.

하루는 예수가 예루살렘으로 가던 길에 사마리아의 한 마을을 경유하려 했다. 그런데 마을 사람들이 그를 받아들이지 않았다. 그러자 제자들이 "주여, 우리가 불을 명하여 하늘로부터 내려 저들을 멸하라 하기를 원하시나이까"라고 물었다. 그들은 예수가 이 제안을 기뻐할 줄로 알았다. "우리가 예수님 편에 서서 본때를 보여 주자." 예수를 따르는 사람들은 이런 식으로 생각할 때가 있다.

예수는 그들을 돌아보며 꾸짖었다. 사마리아인들을 보호하고 제자들을 책망한 것이다. 얼마나 이상한 일화인가! 사실 신약성경에는 사마리아와 관련된 이런 이상한 일화들이 가득하다. 예수는 다섯 번이나 결혼한 사마리아 여인을 친구로 대했고, 그녀는 예수의 훌륭한 전도자가 되었다. 예수께서 열 명의 나환자를 고쳐 주었을 때 유일하게 돌아와서 감사한 사람도 사마리아인이었다. 그런가 하면 그가 들려준 한 이야기에는 이스라엘인과 제사장과 레위인과 사마리아인이 나오는데, 영웅은 사마리아인이다.

요즘은 사마리아인들이 거의 없지만 그래도 그들을 대다수의 멸종된 고대 민족보다 많이 기억한다. 그것도 거의 언제나 앞에 '선하다'는 수식어가 붙는다. 민족끼리 원수지간임에도 그들을 원수로 대하지 않으신 한 분 때문이다.

예수는 다른 편의 사람도 마치 우리 편의 사람인 양 대한다. 그는 우리만 사랑하는 게 아니라 사마리아인도 사랑한다. 그의 사랑의 반경은 끝이 없다.

영화 〈대부〉에 이런 대사가 나온다. 역설적이게도 이 영화의 제목도 예수의 생애를 상기시킨다. "친구는 가까이, 원수는 더 가까이 두라."

문맥상 의미는 전혀 다르지만, 그 말도 예수가 선포한 하나님의 마음으로부터 기원했을 것이다.

영화 〈코난 : 암흑의 시대〉의 주인공은 "삶에서 최고가 무엇이냐?"는 물음에 다음과 같은 유명한 답을 남겼는데, 사실 이것은 칭기즈칸의 말을 표현만 바꾼 것이다.

"삶에서 최고는 원수를 궤멸시켜 몰고 가면서 그들의 여자들의 통곡 소리를 듣는 것이다."

갈릴리에서 대안의 사상이 출현했다. 삶에서 최고는 원수를 사랑하고 원수와 화해하는 것이다.

원수들 틈바구니에서도 평안했던 사람

병사들이 예수를 죽이려고 체포하러 왔을 때 베드로가 검을 뽑아 말고라는 사람의 귀를 베어 떨어뜨렸다. 예수는 베드로에게 검을 치우라고 한 뒤, 떨어진 귀를 집어 다시 말고의 머리에 붙여 주었다. 그의 말을 상상해 본다.

"내 제자 베드로 때문에 미안하오. 3년을 가르쳤는데 아직도 부족한 게 많소. 귀 문제는 내가 사과하겠소."

그날 밤 집에 돌아온 말고에게 부인이 이렇게 묻는다고 상상해 보라. "오늘은 일이 어땠어요?" 말고는 이렇게 대답한다. "어, 내 귀가 잘려 나갔는데 정말 희한한 일이 있었소. 십자가에 못 박으려고 내가 잡으러 간 그 사람이 나를 고쳐 주었오. 대체 왜 그랬을까?"

이 이상한 일화를 얼마나 중요하게 여겨졌던지 사복음서에 모두 들어 있다. 데일 브루너는 그것을 이렇게 표현했다.

"예수의 문제는 그의 적들만이 아니었다. 그를 따르는 사람들도 지나친 열정으로 역사적으로 그에게 똑같은 고통을 안겨 주었다."

예수는 인간을 우리 대 그들로 구분하지 않고 완전한 사람과 불완전한 사람, 거룩한 사람과 죄인으로 구분했다. 그러면 자연히 온 인류가 같은 편이 된다. 바로 그의 반대편이다. 그런데 예수는 그들을 자기편으로 만들기로 작정했다.

그렇다고 예수가 항상 만인에게 동조했다든지 상대주의자였다든지 갈등을 두려워했다는 말은 아니다. 사실 그가 처형된 것은 다분히 만인을 차등 없이 사랑했기 때문이다. 그분은 결코 우리 대 그들의 편견에 굴하지 않으셨고, 그들까지도 사랑하실 의향을 끊임없이 보이셨다. 그런데 교회 안에 있는 우리는 이것을 놓칠 때가 많다. 다른 종교, 다른 민족, 다른 문화, 다른 성적 행동, 다른 정치, 다른 교단 등 지금까지 우리가 그들을 만들어 내지 않은 기준이 무엇인가? 앤 라모트(Anne Lamott)의 말마따나 우리의 이런 모습 앞에서 "예수는 차라리 고양이 밥그릇으로 술을 마시고 싶어질" 것이다.

예수는 이렇게 말하지 않았다.

"나를 따르면 모든 사람이 너를 좋아할 것이다. 원수가 없어질 것이다. 누구나 온 종일 너에게 박수를 쳐 줄 그런 교회를 찾으라."

원수가 없는 현실은 우리를 위한 최선의 상황이 아니다.

원수가 무엇인지 잘 알았던 디트리히 본회퍼는 이렇게 썼다.

"예수 그리스도는 원수들의 틈바구니에서 사셨다. 결국 제자들도 다 그분을 버렸다. 십자가에서 그분은 행악자들과 조롱하는 사람들에 둘러싸여 철저히 혼자였다. 바로 그것을 위해 그분은 오셨다. 하나님의 원수들을 그분과 화목하게 하려고 오셨다. 그러므로 그리스도인이 속한 곳도 격리된 은둔 생활이 아니라 적들의 한복판이다. 거기에 그분이 주신 사명과 일이 있다."

본회퍼의 말은 루터의 말을 인용하여 이렇게 이어진다.

"그리스도의 나라는 원수들의 틈바구니 속에 있어야 한다. 이것을 견딜 마음이 없는 사람은 그 나라에 속하기를 원하지 않는 것이다. 친구들 틈에서 장미꽃과 백합화 속에 앉아 있으려는 것이고, 나쁜 사람들이 아니라 경건한 사람들과 함께 있으려는 것이다. 오 신성을 모독하고 그리스도를 배신하는 자들이여! 그리스도께서 당신이 하는 것처럼 하셨다면 누가 구원을 얻겠는가."

초대교회의 영웅인 스데반은 신앙 때문에 죽어 가면서도 고대 세계가 들어 보지 못한 이상한 말을 남겼다.

"주여 이 죄를 그들에게 돌리지 마옵소서"(행 7:60).

예수를 따르는 사람들은 로마 군대에서 복무하기를 점차 거부했다. 복무하더라도 사람을 죽이는 일은 거부했다. 여기에는 군생활의 일부인 황제 숭배를 피하려는 목적도 있었지만 또한 살상 행위를 피하려는 목적도 있었다. 교회 교부 오리겐(Origen)은 어느 비판자에게 한 답변에서, 그리스도인들은 '신앙의 군대'로서 황제의 안위와 백성의 안녕을 위해 기도하는 것이 군복무를 하는 것보다 낫다고 말했다. 반전주의의 실천이 거기서부터 시작된 것으로 알려져 있다.

훗날 퀘이커교와 아미쉬 공동체 같은 사람들이 이 반전주의의 개념을 이어받았다. 원수를 향한 비폭력과 사랑의 실천이 그들의 영혼을 빚어냈다. 2006년 10월, 세상을 감동시킨 사건이 있었다. 펜실베이니아 주 랭커스터 카운티의 학교에서 다섯 명의 아이들이 총을 맞고 목숨을 잃었다. 그런데 아미쉬 공동체가 살인범을 용서하고 살인범의 미망인과 자녀에게 재정을 기부했다.

남아공의 인종차별 정책이 그토록 잔학했던 데는 다음과 같은 이유도 있었다. 남아공의 흑인들은 이루 말할 수 없이 고통당하고 있는데, 백인들은 세상 최고의 생활 수준을 유지하면서 그것을 신학적으로 정당화했다. 여기에 저항한 영웅 중 하나가 성공회 주교인 데스몬드 투투였다. 그는 고통 속에서도 늘 얼굴이 기쁨으로 빛났다. 한번은 적대적인 경찰들이 감시하는 위험한 상황에서 대규모 집회가 열렸는데, 투투는 노려보는 경찰들에게 활짝 웃으며 이렇게 말했다.

"그리스도의 사랑이 결국 승리할 것이므로 우리는 당신들도 승리 팀에 합류하도록 초청합니다!"

원수를 사랑하는 삶은 엄청난 위력을 발휘했다. 예컨대 로마 군대의 지휘관이었던 이교도 모리스(Maurice)는 예수를 따르는 사람들이 죽음도 불사하는 데 너무 감동하여 더 이상의 처형을 중단시켰다가 그 죄로 자신이 처형당하고 말았다.

예수의 가르침은 레오 톨스토이라는 작가에게 감화를 끼쳤다. 톨스토이가 쓴 『부활(Resurrection)』이라는 책은 러시아에서 금지되었으나 영국에서 공부한 한 변호사에게 감화를 끼쳤다. 그 변호사는 남아공에 톨스토이 공동체를 설립했다. 친척이 아닌 사람에게 톨스토이가 마지막으로 쓴 정식 편지는 바로 그 변호사에게 보낸 편지였다. 예수의 방식대로 자기를 희생하고 원수를 사랑하는 그를 칭찬하기 위해서였다.

그 변호사의 이름이 마하트마 간디였다. 결국 인도로 돌아간 그는 그리스도인이 되지는 않았지만, 예수의 산상수훈과 고난당하는 사랑을 떠나서는 간디가 퍼뜨린 독립운동을 이해할 방도가 없다.

여기 아이러니가 더 있다. 사람들은 '예수의 편'에 서서 예수의 우월성을 드러낸답시고 타종교의 가르침을 비하할 때가 얼마나 많은가? 우리는 시간을 내서 공평하게 들어 보기도 전에 기독교의 이름으로 이슬람교나 불교의 가르침을 업신여긴다. 그 과정에서 자신이 떠받든다고 주장하는 바로 그분과 대척점에 선다.

예수의 가르침과 간디의 전략은 다시 마틴 루터 킹 주니어에게 감화를 끼쳤다. 〈나에게는 꿈이 있습니다(I Have a Dream)〉라는 그의 연설은 20세기 미국에서 가장 잘 알려진 연설일 것이다.

테일러 브랜치(Taylor Branch)에 따르면 킹은 원래 준비된 원고를 보며 연설하고 있었다. 중간 어디쯤에서 킹은 아모스 선지자의 말을 인용했다.

"우리는 정의가 물같이 흐를 때까지 만족하지 않을 것입니다. 공의가 마르지 않는 강같이 흐를 때까지 만족하지 않을 것입니다."

군중은 도저히 잠잠히 있을 수 없어 박수갈채를 보냈다. 그러면서 마치 교회 사람들처럼 "옳소! 더 말하시오! 아멘!" 하고 소리쳤다.

마틴 루터 킹 주니어는 준비된 원고로 돌아갈 수 없었다. 실제로 그 장면을 비디오로 보아도 그 순간이 확 눈에 띈다. 마침 킹의 뒤에 앉아 있던 가수 마할리아 잭슨이 교회 찬양대에서 하듯이 이렇게 추임새를 넣었다고 한다. "마틴, 사람들에게 꿈에 대해 말해 주세요." 그때부터 그는 선지자처럼 온 나라를 향해 꿈을 노래했다. "나에게는 꿈이 있습니다!"

킹은 아모스에서 이사야로 넘어가 이렇게 말했다.

"그날이 오면 하나님의 모든 자녀를 판단하는 기준이 더 이상 피부색이 아니라 속사람의 성품이 될 것입니다. 오늘 나에게는 꿈이 있습니다. 모든 골짜기가 돋우어지고 모든 산이 낮아지는 꿈입니다. 하나님의 영광이 드러나 모든 육체가 함께 그것을 볼 것입니다. 나에게는 꿈이 있습니다!"

그는 선지자들처럼 예수의 복음을 전했고, 바로 그것이 한 나라의 양심을 깨웠다.

찰스 콜슨(Charles Colson)은 이런 이야기를 했다.

"르완다의 한 교도소의 넓은 운동장에서 성공회 주교 존 루시아하나(John Rucyahana)가 1994년에 대학살을 자행한 살인범들의 무리를 향해 말했다. '눈을 감고 머릿속에서 1994년으로 돌아가십시오.' 그러고 나서 물었다. '그때 무엇이 보였습니까? 어떤 냄새가 났습니까? 무슨 소리가 들렸습니까?'

무리 중에서 많은 사람들이 울기 시작했다. 그는 그들에게 피해자들의 얼굴을 보라고 말했다. 흐느낌 소리가 더 커졌다. 그때 존 주교가 말했다. '여러분을 울게 만든 것, 바로 그것을 고백해야 합니다.'

존 주교 자신도 투치족이면서 대학살의 가해자들인 후투족에게 말하고 있었다. 그것만으로도 놀라운데 더 놀라운 일이 있었다. 존의 여조카인 마두가 대학살 때 잔인하게 강간당하고 살해되었다는 사실이다. 하지만 존 주교는 긍휼을 품고 그들에게 손을 내밀 이유가 있었다. 자신도 예수 그리스도를 통해 죄를 용서받았기 때문이다.

그의 도움으로 우무부무(Umuvumu) 나무 프로젝트가 시작되어 대학살의 가해자들과 피해자들 수만 명이 서로 만났다. 가해자들에게는 자신의 범죄를 고백할 기회가 주어졌고, 피해자들에게는 용서를 베풀 기회가 주어졌다. 실제로 많은 사람들이 고백하고 용서했다."

원수가 이웃이 되도록 만드는 사람

메리와 오셰이의 이야기로 돌아가자. 자식이 하나뿐인 어머니가 어떻게 자기 자식을 죽인 사람과 바로 옆집에 살게 된 것일까?

메리는 아들이 죽은 뒤로 올바른 말만 하려 했다. 재판 때 본인이 말했듯이 그녀는 교회의 딸이었고, 그래서 아들의 살해범을 용서했다. 진심으로 그렇게 했다. 하지만 시간이 지나면서 그녀가 용서하지 않았음이 분명해졌다. 원한과 앙심이 암처럼 그녀를 야금야금 갉아먹고 있었다.

교회도 별 도움이 되지 않았다. 교회 목사는 메리의 기도가 부족해서 아들이 살해된 것이라고 말했다. 그래서 그녀는 그 교회를 떠났다. 하지만 고통까지 떨칠 수는 없었다. 교회 사람들은 그녀에게 과거를 떨치고 앞으로 나아가라고 말했다. 이미 다 지난 일이 아니냐는 것이었다.

드디어 결정적인 순간이 왔다. 메리는 어느 두 여자가 천국에서 만난 이야기를 우연히 읽게 되었다. 머리에 쓴 관으로 보아 둘 다 자식을 두었던 어머니였다. 그들은 서로의 이야기가 궁금했다.

"나는 아들 대신 십자가에 달리고 싶었어요." 한 사람이 말했다.

"아, 당신은 그리스도의 어머니시로군요." 다른 어머니가 무릎을 꿇으며 말했다.

첫 번째 어머니가 입맞춤으로 그녀의 눈물을 씻어 주며 말했다. "당신의 아들이 누구인지 말해 주세요. 나도 당신의 슬픔을 함께 나누고 싶어요."

"내 아들은 가룟 유다랍니다."

시(詩)는 그렇게 끝났지만 메리의 여정은 이제 시작일 뿐이었다. 메리가 믿기로 자신의 사명은 피살자들의 어머니들과 살해범들의 어머니들이 만나 함께 치유되도록 그들을 돕는 일이었다. 하지만 그러려면 먼저 그녀부터 자신의 마음을 직면해야 했다.

12년 후에 그녀는 자유를 얻으려면 가해자를 만나야겠다는 생각이 들었다. 자신이 그를 정말 용서했는지 보고 싶었다. 그녀는 교정국(矯政局)의 회복 프로그램 담당자들을 찾아갔다. 그들은 이렇게 경고했다.

"당신 아들에게 총을 쏘았던 열여섯 살 청소년의 모습은 볼 수 없을 것입니다. 그는 12년째 복역하며 이미 성인이 되었습니다. 10년이 넘는 교도소 생활이 그에게 미쳤을 영향을 생각해야 합니다."

그래도 그녀는 꼭 만나 봐야겠다고 말했다.

그들이 오셰이를 찾아갔으나 그는 관심이 없었다.

"내가 왜 그 여자를 만나야 합니까? 그쪽에서 나를 비난하고 해코지하고 싶은 생각만 들 것입니다."

그는 아직 현실을 대면할 준비가 되어 있지 않았다. 그냥 자괴감에서 헤어난 그 상태로 만족하고 싶었다.

메리는 9개월을 기다린 뒤에 다시 담당자들을 찾아갔고, 그들은 다시 오셰이에게 물었다. 그동안 마음속에 뭔가 변화가 있었던지 그가 메리를 만나 보겠다고 했다.

메리는 그 만남에 친구 레지나를 데리고 갔다.

"하나님이 원래 사람을 둘씩 보내시기를 참 다행이다. 입구 쪽으로 절반쯤 갔는데 '하나님, 도저히 못하겠습니다'라는 말이 절로 나왔다. 나 혼자였다면 집으로 돌아갔을 것이다. 거기서부터 입구까지는 레지나가 옆에서 밀어 주었다."

메리의 말이다.

메리는 세심히 준비해 둔 말로 오셰이와의 첫 대화를 시작했다.

"나는 당신을 모르고 당신은 나를 모릅니다. 거기서부터 시작합시다."

무턱대고 판단하지 않고 먼저 그를 알려고 하는 그녀의 태도에 그도 마음이 풀어졌다. 그는 이 과정을 믿기로 했다. 둘의 대화는 몇 시간 동안 계속되었다.

첫 면담이 끝나자 오셰이는 메리에게 포옹해도 되겠느냐고 물었다. 그녀는 좋다고 했다. 그가 두 팔로 자기를 껴안자 그녀는 왈칵 눈물이 쏟아졌다. 그녀는 흐느껴 울었다. 그때 문득 오셰이는 이게 위험한 일이 아닌가 하는 생각이 들었다.

'12년 동안 교도소에서 강력범들과 함께 생활한 나였다. 그런데 이때가 내 평생에 가장 두려운 순간이었다.'

하지만 그 순간부터 메리와 오셰이 사이에 유대감이 싹텄다. 면회가 잦아졌고 대화가 많아졌다. 그녀는 지난 일을 오셰이의 입장에서 이해하려 했고, 그는 자기가 그녀에게서 무엇을 앗아 갔는지 똑똑히 보아야 했다.

2009년 12월에 오셰이는 석방되었다. 메리는 그에게 출소 환영 파티를 열어 주기로 했다. 그래서 가까이 사는 수녀들에게 도움을 청했다. 그들은 그 일대에서 '두건을 쓴 자매들'로 알려져 있었다.

메리의 집주인이 좋은 생각을 내놓았다. "오셰이에게 권하여 아예 이쪽에 와서 살게 하면 어떨까요? 이 아파트에 당신과 함께 나란히 사는 겁니다."

162

"설마 오겠어요?"

"일단 물어볼 수야 있지요."

그때 물어본 결과로 지금 그는 메리의 바로 옆집에 살고 있다. 학교도 다니고 직장 생활도 하고 있다.

오셰이는 말한다.

"때로 우울하고 낙심되고 일이 잘 풀리지 않을 때면 메리의 얼굴을 본다. 그러면서 이렇게 말한다. '저 분이 나에게 재기의 기회를 주셨다. 그렇다면 나도 나에게 기회를 주어야 한다.'"

때로 우리는 용서가 피해자를 고통에서 해방시키는 도구라고 말한다. 물론 맞는 말이지만 그게 전부는 아니다. 오셰이와 메리는 서로에게 선물을 주었다. 용서의 기적이 아니고는 둘 중 어느 쪽도 그 선물을 영영 알지 못했을 것이다.

이런 일이 가능했던 이유는 오래전에 예수라는 사람이 "네 이웃을 사랑하라" 그리고 "네 원수를 사랑하라"고 말했기 때문이다.

그리하여 원수가 이웃이 되었다.

8

황제의 세계를
허문 식민지인

• 　　하버드대학교의 론 하이페츠(Ron Heifetz)는 말하기를, 리더십이란 사람들을 실망시키되 그들이 감당할 수 있을 정도로만 실망시키는 기술이라 했다.

예수도 생애의 마지막 주간에 사람들을 실망시켰는데, 그것이 정도를 벗어났다. 그는 군중이 원하는 권력을 휘두르실 의사가 없었고, 그것을 "내 나라는 이 세상에 속한 것이 아니니라"(요 18:36)라는 말씀으로 설명했다. 그는 정치권력 너머의 세계를 보았고, 그것이 결국 인간의 나라들을 바꾸어 놓았다. 제한된 정부(limted government)에 대한 우리의 인식은 그가 남긴 유산의 일부다.

하지만 먼저 그가 죽어야 했다.

예루살렘 입성은 과연 군사적 선언이었는가?

사람들은 흔히 종려주일을 순진한 아이들의 행렬 정도로 생각한다. 종려주일은 그런 게 아니었다. 예수가 태어나기 오래전에 외세의 손이 이스라엘의 위대한 성전을 더럽혔다. 마카비 일가를 통해 이스라엘은 어느 정도 자유를 얻었는데, 성전 관할권도 같이 받았다. 성전을 다시 봉헌할 때 종려나무 가지를 사용했다.

그래서 종려나무는 유대 민족주의의 상징이 되었다. 로마에 맞서 두 차례 큰 전쟁이 일어났을 때 이스라엘 반군은 불법으로 동전을 제조했는데, 그 동전에도 종려나무를 새겨 넣었다. 종려나무 가지는 미국으로 말하자면 코끼리, 당나귀, 엉클 샘에 해당하는 정치적 상징이었다. 로마 앞에서 종려나무 가지를 흔드는 일은 투우 앞에서 빨간색 천을 흔드는 것이나 같았다.

그것은 선전포고였다. 예수가 예루살렘에 들어선 '승리의 입성'도 군중이 보기에는 군사적 선언이었다. 요한은 그것을 무리의 함성을 통해 나타냈다. 무리는 우선 시편 118편 말씀을 인용했다.

"여호와의 이름으로 오는 자가 복이 있음이여"(시 118:26).

그 다음 소절은 "우리가 여호와의 집에서 너희를 축복하였도다"이다. 그런데 무리가 한 말은 그게 아니다. 무리가 한 말은 "찬송하리로다. … 곧 이스라엘의 왕이시여"였다. 다시 말해서 "빌라도와 헤롯과 가이사를 무너뜨리러 오는 자가 복이 있음이여"라는 뜻이다.

이것은 싸움을 도발하는 말이다. 하지만 예수는 싸울 마음이 없었고, 호산나는 갑자기 멈추었다. 사람들은 감당할 수 없을 정도로 크게 실망했다. '이스라엘의 왕'이라는 호칭은 예수가 태어날 때부터 그의 위에 불길하게 걸려 있다가 그가 죽을 때에도 머리 위에 걸려 있었다. 그가 왕이라는 개념은 모든 사람을 혼란에 빠뜨렸다. 특히 실제 왕들을 혼란에 빠뜨렸다.

헤롯 대왕과 "유대인의 왕으로 나신" 아기 사이의 긴장은 이미 살펴본 바와 같다. 예수와 여러 왕 사이의 긴장은 예수가 성년이 된 뒤로 더욱 악화되었다. 헤롯은 예수가 태어나고 얼마 되지 않아 죽었다. 헤롯의 유산이 상속되는 과정은 지저분했다. 그는 일곱 개의 각기 다른 유언을 남겼다.

헤롯의 아들 중 아켈라오, 헤롯 안디바, 헤롯 빌립은 지분과 관할 영토를 최대한 많이 얻어 내려고 로마에 갔다. 신약성경에는 헤로디아라는 손녀까지 포함해 헤롯 일가 사람들이 많이 나온다. 마치 권투 헤비급 챔피언 조지 포먼이 다섯 아들의 이름을 조지 주니어, 조지 3세, 조지 4세, 조지 5세, 조지 6세라고 지은 것과 비슷하다.

아켈라오는 황제에게 자기를 왕으로 세워 달라고 했다. 그 직전에 황제의 군사들이 유월절 기간에 성전 지역에서 3천 명의 유대인 애국지사들을 처형한 일이 있었다. 그래서 이스라엘 사람들은 황제에게 대표단을 보내 아켈라오 왕을 원하지 않는다고 말했다. 대신 그들은 시리아의 관할하에 있게 해 달라고 했다.

황제는 어쨌든 아켈라오를 왕으로 세웠다. 본국으로 돌아온 아켈라오는 유대인 대표단을 자기 앞에 데려다가 처형시켰다.

성경에 보면 예수가 어렸을 때 요셉이 "아켈라오가 그의 아버지 헤롯을 이어 유대의 임금 됨을 듣고 거기로 가기를 무서워하더니 꿈에 지시하심을 받아 갈릴리 지방으로 떠나가 나사렛이란 동네에 가서"(마 2:22~23) 살았다고 나와 있다.

그런데 이제 예수가 종려주일에 모인 무리에게 문제를 일으켰다.

"비유를 더하여 말씀하시니 이는 자기가 예루살렘에 가까이 오셨고 그들은 하나님의 나라가 당장에 나타날 줄로 생각함이더라 이르시되 어떤 귀인이 왕위를 받아가지고 오려고 먼 나라로 갈 때에…"(눅 19:11~12).

"그런데 그 백성이 그를 미워하여 사자를 뒤로 보내어 이르되 우리는 이 사람이 우리의 왕 됨을 원하지 아니하나이다 하였더라 귀인이 왕위를 받아 가지고 돌아와서…"(눅 19:14~15).

이 이야기는 해피엔딩이 아니다. 비유 속의 왕은 이렇게 말한다.

"그리고 내가 왕 됨을 원하지 아니하던 저 원수들을 이리로 끌어다가 내 앞에서 죽이라 하였느니라 예수께서 이 말씀을 하시고 예루살렘을 향하여 앞서서 가시더라"(눅 19:27~28).

예루살렘으로 올라가는 그 길은 위험한 행보였다. 유월절의 예루살렘은 사람들이 나라에 대해 말하는 위험한 장소였다.

이스라엘 사람들이 '하나님 나라'라는 말을 들을 때 생각한 것은 인간이 사후에 가는 곳이 아니었다. 그들이 생각한 것은 하나님이 로마를 무너뜨려 성전을 회복하시고 이스라엘에 자체적 왕을 주실 그날이었다.

이미 여러 세기 동안 그랬듯이 예수 시대에도 이스라엘의 커다란 위기는 이것이었다.

"하나님과 그분의 나라는 어디에 있는가?"

나라가 있기는 있었지만 그것은 로마였다. 로마는 황제가 신이라고 했다. 로마는 "황제가 주(主)이시다"라는 표현을 썼다. 나중에 교회가 그 표현을 빌려다가 예수에게 사용한다.

로마의 동전에도 황제의 형상과 '신의 아들(divi filius)'이라는 글귀가 새겨져 있었다. 독실한 이스라엘 사람들은 아예 로마의 동전을 가지고 다니지도 않았다. 형상을 새기지 말라는 계명에 어긋난다고 보았기 때문이다. 하지만 로마 정부에게 종교란 공동선에 소용되는 요긴한 도구였다.

그래서 헤롯은 대제사장을 지명할 수 있는 특권을 살려, 그를 전통적인 제사장 가문에서 뽑지 않고 아무나 가장 협조적인 사람으로 뽑았다. 헤롯은 제사장의 신성한 예복을 안토니아 요새에 감추어 두었고, 따라서 대제사장은 매년 지성소에 들어갈 때마다 허락을 받고 그 옷을 입었다가 다시 로마에 돌려주는 모욕을 감수해야 했다. 헤롯은 가두어 둘 수 없는 나라를 자꾸만 가두려 했다.

스스로 위험인물이 된 사람

예수 시대의 가장 간절한 갈망은 하나님 나라를 고대하는 마음이었고, 예수 시대의 가장 절박한 물음은 "그 나라가 어떻게 이 땅에 임할 것인가?" 하는 것이었다.

이 물음에 대한 반응은 주로 세 가지였는데, 셋 다 예수의 생각과 일치하지 않았다.

우선 열심당은 항거하기로 했다. 열심당은 온갖 수단과 방법을 가리지 않고 로마를 전복시켜 하나님 나라를 이루기로 헌신한 극단적 민족주의당이었다. 그들은 폭력도 불사하는 자유 투사였다. 정치적 입장에 따라 테러리스트로 볼 수도 있다.

에세네파는 물러나기로 했다. 이 집단은 성경에 언급되어 있지 않지만, 사해(死海) 사본에 나오는 공동체가 아마 에세네파 사람들로 이루어졌을 것이다. 그들은 로마뿐 아니라 나머지 이스라엘과 성전 제도까지 모든 것이 타락할 대로 타락했다고 믿었다. 그래서 유일한 반응은 완전히 물러나 정결한 삶에 헌신하는 것이었다. 그들은 동굴에서 잤고, 안식일에는 용변도 보지 않을 정도로 엄격했다. 식사하기 전에는 꼭 목욕 의식을 거쳤다. 그들은 '빛의 자녀'였고 나머지 모두는 '어둠의 자식들'이었다. 그들은 하나님이 자신들의 정결함을 보아 원수를 멸하시고 나라를 주실 거라고 믿었다.

사두개파는 동화하기로 했다. 이들은 천사나 부활을 믿지 않는 실용주의자들이었다. 그들의 관심은 지금 여기에 있었다. 그들은 로마인들을 보며 '그들을 이길 수 없다면 그들에게 합류하자'고 생각했다. 그래서 세리들과 함께 일했고 황제에게 충성을 바쳤다. 덕분에 이스라엘의 요직은 그들의 차지가 되었다. "로마에서는 로마의 법을 따르라."

따라서 우리도 이스라엘에 살았다면 당시의 커다란 위기에 그중 하나로 대처할 수 있었다. 반항하든지 물러나든지 동화하든지 셋 중 하나였다.

예수는 이 세 집단 모두에게 문제를 일으켰다.

한 백부장이 예수께 도움을 청했을 때 예수는 "이스라엘 중 아무에게서도 이만한 믿음을 보지 못하였노라"(마 8:10)고 대답했다.

로마의 군사를 칭찬하는 예수에게 열심당원들이 어떻게 반응했을지 상상해 보라. 예수는 또 "누구든지 너로 억지로 오 리를 가게 하거든 그 사람과 십 리를 동행"(마 5:41)하라고 하셨다. 이는 당시에 누구나 싫어하던 한 법을 직접 빗대서 하신 말씀이다. 로마의 군사들은 억지로 민간인을 시켜 자신의 짐을 대신 지고 오 리까지 가게 할 수 있었다. 열심당원들은 연하장에 "십 리를 동행하라"는 예수의 말을 적지 않았다. 예수가 일으킨 문제는 아직 시작일 뿐 이다.

열심당은 틀렸다. 하나님 나라는 폭력을 통해 오지 않는다. 하지만 예수가 심기를 건드린 집단은 열심당만이 아니었다.

예수는 나환자에게 손을 댔고, 창녀와 이방인에게 말을 걸었고, 죄인들과 함께 음식을 들었다. 그는 정결의 규례를 무시했다. 에세네파는 틀렸다. 하나 님 나라는 종교적 하부 문화로 물러난다고 실현되는 게 아니다.

그런가 하면 예수는 사두개인들처럼 로마에 발탁되는 것을 거부했다. 하 루는 예수가 이런 질문을 받았다.

"선생님이여 우리가 아노니 당신은 참되시고 진리로 하나님의 도를 가르 치시며 아무도 꺼리는 일이 없으시니 이는 사람을 외모로 보지 아니하심 이니이다 그러면 당신의 생각에는 어떠한지 우리에게 이르소서 가이사에 게 세금을 바치는 것이 옳으니이까 옳지 아니하니이까"(마 22:16~17).

예수가 어렸을 때 갈릴리의 유다라는 사람이 바로 이 문제로 반란을 주도 했다. 결국 로마는 그를 2천 명의 추종자들과 함께 십자가에 처형했다. 그리 고 세금을 바치라는 은근한 경고로 그 십자가들을 오랫동안 방치했다.

예수가 옳다고 답하면 사람들은 로마에 굴복하는 그를 미워할 것이다. 옳 지 않다고 답하면 로마는 또 하나의 십자가로 응수할 것이었다.

"외식하는 자들아 어찌하여 나를 시험하느냐 세금 낼 돈을 내게 보이라 하시니 데나리온 하나를 가져왔거늘 예수께서 말씀하시되 이 형상과 이 글이 누구의 것이냐 이르되 가이사의 것이니이다"(마 22:18~21).

여기서 세부 사항이 중요하다. 우선 예수는 로마의 동전을 가지고 다니지 않았다. 또한 그는 황제가 숭배 받을 권리가 있다는 데 동의하지 않았다. 그는 사두개인이 아니었다.

"그런즉 가이사의 것은 가이사에게, 하나님의 것은 하나님께 바치라"(마 22:21).

이 말씀의 뒷부분이 장차 세상을 바꾸어 놓는다. 가이사, 즉 황제의 것이 아닌 것들도 있다는 의미가 그 속에 함축되어 있다. 숭배를 지시할 권리는 황제의 것이 아니다. 궁극적 충성을 요구할 권한도 황제의 것이 아니다. 인간의 가치를 정하는 일도 황제의 것이 아니다. 한 무력한 이스라엘 국민의 종교적 양심도 황제의 것이 아니다. 주(主)라는 호칭도 황제의 것이 아니다.

로마가 보기에 신들의 존재는 카황제의 권위를 무한히 격상시켰다. 그러나 예수가 보기에 하나님의 존재는 황제의 권위를 무한히 제한시켰다. 로마라는 나라는 하늘나라가 아니다. 황제보다 높은 다른 세계가 있다. 황제까지 포함해 모든 인간이 장차 그 세계의 왕께 심판을 받을 것이다. 여기 아직 시도되지 않은 하나의 개념을 제시했다. 바로 정교분리의 개념이다. 본래 이 개념을 반대한 쪽은 교회가 아니라 정부였다.

"황제의 것이 아닌 것들도 있다."

예수가 이 말을 마치는 순간, 지금껏 적수가 없었던 인간 통치자들의 권력은 드디어 호적수를 만났다. 예수는 자신의 사형 집행 영장에 서명한 셈이다. 로마가 보기에 이것은 반역이었다. 하지만 사실은 다른 종류의 반역이었다.

예수는 황제를 숭배하지 않을 것이다. 하지만 그렇다고 그를 미워하거나 중상하거나 무시하지도 않을 것이다. 일찍이 하나님은 아브라함에게 땅의 모든 족속이 하나님의 백성을 통해 복을 받으리라고 말씀하셨다. 예수가 복을 주려는 대상은 이스라엘만이 아니었다. 그는 로마와 황제에게도 복을 주기를 원했다. 분노와 폭력은 그 방법이 아니다. 물러나는 것도 그 방법이 아니다. 동화도 그 방법이 아니다. 다른 방법이 있다. 황제의 것이 아닌 것들도 있다.

예수는 정치 때문에 갈라진 사람들을 늘 하나로 묶어 주었다.

"시몬아, 너는 열심당원이다. 너는 로마인을 멸시하고 세리 같은 부역자를 멸시한다. 내가 너를 받겠다. 마태야, 너는 부역자이고 멸시받는 세리다. 내가 너도 받겠다. 시몬과 한 방을 써라."

예수는 위험인물처럼 보였다.

"우리의 전략은 이것이다. 우리는 돈도 없고, 권력도 없고, 지위도 없고, 건물도 없고, 군대도 없다. 정확히 계획대로 되어 가고 있다. 우리는 그들 모두의 길이 틀렸다고 말해 줄 것이다. 돈과 군력을 쥔 로마의 지배자들, 항거하는 세력들, 물러나는 사람들, 부역자들은 모두 틀렸다.

그들 다수는 우리를 미워할 것이고, 욕하며 감옥에 가둘 것이고, 더러 죽이기까지 할 것이다. 그래도 우리는 싸우지도 않고, 달아나지도 않고, 굴복하지도 않는다. 그냥 계속 그들을 사랑할 것이다. 그냥 계속 그들을 우리 편에 합류하도록 초청할 것이다. 이것이 내 전략이다. 너희 생각은 어떠냐?"

황제의 것이 아닌 것도 있다

그전부터 이스라엘은 하나님 나라를 기다리며 고통과 고난을 겪었다. 그것이 인류의 사상에 중대한 도약을 가져왔다.

고대 세계에는 나라마다 숭배하는 신이 있었다. 역사가 로드니 스타크는 "고대 문명에는 '국가교회'라는 개념이 아예 존재하지 않았다. 사람들이 그 두 기관을 서로 구분하지 않았기 때문이다"라고 썼다. '국가교회'라는 말은 '공직 시장(市長)'처럼 들렸을 것이다. 다른 종류의 시장도 있단 말인가? 국가와 종교를 별도의 세계로 간주하려면 뭔가 지각 변동이 일어나야 했다.

나라가 강성할수록 그 나라의 신의 위상도 높아진다는 것이 고대의 통념이었다. 가장 큰 나라의 신은 자연히 가장 큰 신으로 입증되었다. 그런데 강국을 이루려던 이스라엘의 꿈이 죽으면서 그때부터 모든 나라의 하나님, 모든 나라보다 높으신 하나님이라는 선지자적 비전이 싹텄다. 여러 세대 전에 선지자 예레미야가 이스라엘에게 한 말이 있다. 바벨론이 이스라엘을 멸망시키고 포로로 잡아갔음에도 불구하고 이스라엘은 바벨론의 형통을 위해 기도해야 한다는 것이었다. 다시 말해 하나님은 그 백성의 포로 생활 중에 뭔가 하실 일이 있었다. 하나님은 그들이 감당할 수 있을 만큼만 그들을 실망시키셨다.

어느 나라에 가 있든지 하나님은 그 백성이 근본적으로 새로운 방식으로 그곳에 있기를 원하셨다. 그들은 그곳을 지배하거나, 그곳에서 물러나거나, 그곳에 동화할 필요가 없었다. 그곳을 사랑하면 되었다.

하나님은 바벨론을 사랑하신다. 하나님은 로마도 사랑하신다.

사람들의 관심은 대부분 바벨론이나 로마에서 무엇을 얻어 낼 것인가에 있다. 내가 사는 샌프란시스코 지역의 프로 풋볼 팀 이름은 샌프란시스코 포티나이너스(49ers)이다. 광물 채굴업자들이 1849년에 캘리포니아에서 금을 발견하자 사람들이 대거 이곳으로 몰려들었다. 모두 금을 가져가려는 사람들이었지 금을 도로 가져다 놓으려는 사람은 하나도 없었다. 사람들은 뭔가 가져가려고 캘리포니아에 온다. 인기를 얻으려고 오고, 부자가 되려고 오고, 살을 태우려고 오고, 즐겁게 놀려고 온다.

사람들이 할리우드에 가는 것은 유명해지고 싶어서다. 사람들이 실리콘밸리에 가는 것은 부자가 되고 싶어서다.

예수는 사람들에게 로마를 사랑하라고 했다. 로마가 번성할 수 있도록 사업과 교육과 예술과 정치와 지역사회에 참여하라고 했다. 하지만 로마를 숭배하라고 하지는 않았다.

로마와 교회 사이의 긴장은 큰 고통과 큰 결실을 동시에 불러왔다. 로마는 이런 예수 운동을 어떻게 해석해야 할지 몰랐다. 전대미문의 일이 뿌리를 내리고 있었다. 그러니 자연히 대처할 지침도 없었다.

로마의 관점에서 보면 종교는 공동선을 유지하는 데 꼭 필요했다. 종교(religion)라는 단어 자체가 인체 부위를 연결시켜 주는 인대(靭帶, ligament)라는 단어와 관련이 있다. 로마제국에는 많은 종교가 존재했다. 하지만 통치자들은 국민들이 다른 신들을 숭배하면서 황제에게 제사를 드리는 것을 허용했다. 지방 신들에게 충성하는 것도 공동선에 기여하는 한 방법이었다. 뉴욕으로 이사하면 양키즈 팀을 응원하는 법이다.

이런 상황에서 유일신 사상은 정부에 큰 부담이 되었다. 특정하신 참 하나님이 딱 한 분만 실존한다는 뜻이었기 때문이다. A.D. 220년에 벌써 터툴리안은 이런 글을 썼다.

"그러나 인간마다 자신의 소신대로 예배해야 함은 기본적 인권이요 타고난 권리다. 한 사람의 종교는 다른 사람에게 피해도 주지 않고 도움도 되지 않는다. 종교를 강요하는 것은 분명히 종교의 일부가 아니다. 강요 대신 자유의지가 우리를 이끌어야 한다."

로버트 윌킨스는 이렇게 썼다.

"핵심은 이것이다. 팔레스타인에 전통적 종교에 대비되는 새로운 종교가 생겨난 정도가 아니라 종교를 보는 관점 자체가 달라졌다. … 그때까지는 종교가 사회와 정치에 하나로 묶여 있었는데, (로마가 보기에) 기독교는 그 묶인 끈을 풀어내고 있었다."

그리스도인들은 황제가 자신의 권리인 줄로 알았던 것들을 황제에게 주지 않았다.

일부 가장 도덕적인 황제들이 기독교를 가장 심하게 박해했던 이유가 그것으로 설명된다. 예컨대 마르쿠스 아우렐리우스는 칼리굴라나 네로처럼 폭군이 아니었다. 오히려 인품이 훌륭하여 널리 추앙받았다(고대 로마인들에게도 공정함이란 좋은 것이었다). 하지만 베르길리우스(Virgil)가 말한 '영원무궁한 나라(imperium sine fine)'를 유지하려면 궁극적 헌신이 필요한데, 아우렐리우스의 관점에서 볼 때 그리스도인들의 궁극적 헌신의 대상은 로마가 아니었다.

황제의 것이 아닌 것들도 있다. 영원무궁한 나라도 그중 하나다.

예수를 따르는 사람들은 정부와의 관계로 씨름해야 했다. 다른 종교의 신봉자들은 그런 식으로 씨름해야 했던 적이 없었다. 2세기의 한 작가는 그리스도인들의 운동의 정체를 밝히려 고심하다가 이렇게 표현했다.

"그리스도인들은 거주지나 언어나 관습으로는 나머지 인류와 구분할 수 없다. 그들은 각자 주어진 운명대로 헬라인의 도시나 야만인의 도시에 살고 있다. … 하지만 그들의 시민권을 지배하는 헌법은 아주 놀랍고 어딘지 역설적이다. 그들은 자기 나라에 살지만 체류자일 뿐이다. 그들에게는 모든 외국이 곧 조국이고, 모든 조국이 곧 외국이다."

이 서신에는 그리스도인들을 아예 '제3의 인종'으로 표현했다. 헬라인 아니면 야만인이라는 통상적 범주에 그들이 영 들어맞지 않았던 것이다.

몇 세기 후에, 예수를 따르는 어거스틴은 그의 표현으로 지상의 도시와 천상의 도시를 구분했다. 인간의 궁극적 헌신은 천상의 도시에 속한 것이므로, 지상의 도시가 요구할 수 있는 것은 제한되어 있다. 각 개인의 양심이 일종의 성소가 된다는 뜻이다. 어떤 왕도 하나님께만 속한 권세를 사칭할 수 없다. 황제의 것이 아닌 것들도 있다.

어거스틴은 이렇게 역설했다. "나라란 작은 강도가 아니고 무엇인가? 강도 자체란 작은 나라가 아니고 무엇인가?" 이어 그는 알렉산더 대제에게 붙잡힌 도도한 해적의 이야기를 인용했다. 해적은 대제에게 이렇게 말했다. "나는 작은 배로 재산을 빼앗으니 세상이 강도라 부르고, 당신은 큰 함대로 온 땅을 빼앗으니 세상이 황제라 부른다."

예수와 지상의 통치자들 사이에 긴장이 있었고, 교회는 수세기 동안 불편을 겪거나 박해를 받았다. 여기서 창출된 유산이 서구 세계를 형성하는 기틀이 되었다. 예수와 마호메트의 주된 차이 중 하나는 마호메트가 군사 지도자였다는 것이다. 역사가 버나드 루이스(Bernard Lewis)는 이렇게 지적했다.

"고전 아랍어를 비롯하여 이슬람교의 고전 언어들에는 '교회와 세상,' '성과 속,' '종교와 속세' 등에 상응하는 대립 어휘들이 없다. 이런 대립 어휘들은 기독교의 이분법을 표현해 주는데, 이슬람교의 세계에는 그에 상응하는 개념이 존재하지 않기 때문이다."

하지만 그리스도인들이 자꾸 잊는 것이 있다. '하나님의 것' 중 첫째가 사랑의 의무라는 사실이다. 그 의무는 타종교의 길을 따르는 사람들을 사랑하는 행위까지도 포함한다. 대학에서 나를 가르쳤던 한 교수가 기독교 신앙에 대한 책을 썼는데, 표지에 이런 만화가 그려져 있다. 중세기의 십자군 하나가 말 위에 앉아 아랍인의 목에 창을 겨누고 있고, 무릎을 꿇은 아랍인은 이렇게 말한다. "당신의 기독교에 대해 더 말해 주시오. 내가 엄청나게 관심이 많단 말이오."

사실 예수를 따르는 사람들은 정치 권력에 박해받을 때보다 정치 권력을 소유했을 때 행실이 더 나빴던 적이 많다. 처음 몇 세기 동안에는 황제들이 그리스도인들을 무시하거나 아예 박해했다.

그러던 어느 날 더 큰 도전이 닥쳐왔다. 황제가 회심한 것이다.

4세기에 예수의 길은 불법에서 합법을 지나 아예 의무가 되었다. '로마제국의 공식 종교가 된 기독교'에 예수가 어떻게 반응하실지 잘 떠오르지 않는다. 인간적 관점에서 이는 틀림없이 하나님의 섭리로 보였을 것이다. 하지만 인간의 권력은 언제나 부작용의 법칙에 지배당하게 마련이다.

초대교회에게 네로는 그야말로 재앙이었다. 그는 자기 어머니를 익사시키려다 실패하자 칼로 찔러 죽였고, 친척을 변비약으로 독살했고, 임신한 아내의 배를 발로 차서 죽였고, 다른 아내를 날조된 간음 혐의로 처형했다. 그는 "지참금과 면사포 등 일체를 갖추어" 스포리우스라는 소년과 결혼한 뒤, 그를 거세시켜 더 여자처럼 만들고는 부부처럼 함께 살았다. 로마가 불타는 동안 자신이 오페라를 불렀다는 소문이 나돌자 그는 그리스도인들을 희생양으로 삼아 인간 횃불로 불태웠다. 하지만 교회는 부흥했다. 바울은 로마 교회에게 권세들을 위해 기도하라고 했는데, 당시의 네로 황제도 그중 하나였다. 네로라면 능히 바울을 죽일 인물이었다.

이 세상에 속하지 않은 나라가 있다. 미움보다 강한 사랑이 있다. 몇 세기 후에 콘스탄티누스 황제가 십자가의 환상을 보고 기독교로 회심했다. 좋은 결과가 많이 뒤따랐다. 박해는 끝났고, 더 많은 도덕법이 통과되었다. 또한 서유럽 문명의 예술, 문화, 교육, 정치 유산의 기초를 단단히 놓았다.

그러나 어떤 면에서 교회는 기독교가 로마의 국교가 된 후유증에서 아직도 회복되지 못하고 있다. 전에는 카타콤에서 은밀히 모이던 모임들이 이제 웅장한 공공건물로 입주했다. 신앙을 기준으로 선발하던 성직자에게 부와 지위가 쏟아져 들어왔고, 주교들은 유명한 부자들의 생활 방식을 따라갔다. 그리스도인이 되면 그것이 직업과 재정에 유리하게 작용했다. 일단 권력이 생기자 그리스도인들은 이교도들뿐 아니라 일부 동료 그리스도인들까지 이단시하여 법으로 막고 박해했다.

"이런 독점 체제에서 기독교의 성직자들은 온갖 특권을 누렸고 변질된 교회를 재현하는 데 만족했다. 그런 교회는 국고로 운영되던 고대 문명의 신전

종교들과 거의 흡사했다."

그러나 "이 세상에 속하지 않은" 예수의 나라는 계속 뜻밖의 방식으로 그 모습을 드러냈다. 4세기 말에 암브로시우스라는 해박한 사람이 밀라노의 주교가 되었다(어거스틴은 암브로시우스가 입술을 움직이지 않고 글을 읽을 수 있다는 데 놀랐다. 그것은 당시로서는 금시초문의 일이었다). 테오도시우스 황제가 반란을 진압하려고 데살로니가에서 7천 명의 사람을 죽였을 때, 암브로시우스는 기겁하여 황제를 자신의 교회에 들어오지 못하게 했다. "당신은 그런 대학살을 저지르고도 자신의 죄를 생각하지 않고 있소. 당신의 죄가 얼마나 큰지 모르겠소? 화려한 자주색 옷을 입고 있다고 거기에 현혹되어서는 안 되오. 어찌 그런 불의한 학살의 피가 묻은 손을 들어 기도할 수 있겠소?"

예수 이전까지만 해도 로마의 일개 사제가 황제를 추방한다는 개념은 쥐가 고양이를 추방하는 것이나 같았다. 그런데 이제 고양이가 굴복했다. 황제는 주교에게 자신의 죄를 고백했고, 주교는 황제에게 한 달 간의 공적 참회를 명했다. 테오도시우스의 동기가 무엇이었든 간에 다음과 같은 사상이 더욱 공고해졌다.

"옳고 그름을 정하는 기준은 하나님의 계명이다. 하나님의 계명은 만인에게 평등하게 적용되며, 화려한 자주색 옷을 입은 황제도 예외가 아니다."

황제의 것이 아닌 것들도 있다. 정권을 유지하려고 무죄한 목숨을 살육할 수 있는 권리도 그중 하나다.

A.D. 890년에 영국의 알프레드 대왕이 편찬한 법전은 명백히 모세의 율법과 예수의 황금률에 기초한 것이었다. 따라서 그것은 고대 로마법과 달리 만인에게 똑같이 적용되었다. 알프레드 자신이 그것을 멋지게 표현했다.

"아주 공정하게 판결하라! 부자와 가난한 자에게 내리는 판결이 다르지 않게 하라! 친구와 적에게 내리는 판결도 서로 달라서는 안 된다."

이것이 영국의 전통인 보통법의 기초가 되었다. 알프레드는 일부러 그 법의 토대를 모세와 예수의 전통에 두었다. 그는 "감히 나 스스로 정한 법은 많지 않다"고 겸손히 기록했다.

그로부터 몇 세기 후에 일단의 귀족들이 존 왕과의 만남을 강행하여 한 문서에 서명했는데, 그것이 영국 헌법의 기초가 된 대헌장이다. 대헌장을 작성한 주요 인물은 캔터베리 대주교인 스티븐 랭턴(Stephen Langton)이다. 당시에는 소수의 부유한 귀족층 외에 별로 대헌장의 수혜자가 없었지만, 대헌장에 담겨 있는 다음과 같은 사상이 장차 혁명을 몰고 온다.

"여기 왕보다 높은 법이 있다. 왕도 이 법을 어겨서는 안 된다. 사상 최초로 이제 왕도 법의 구속을 받는다."

황제의 것이 아닌 것들도 있다. 자기 혼자만 법 위에 군림할 수 있는 권리도 그중 하나다.

황제가 꿈에도 몰랐던 일

예수는 '가이사의 것'에 대해 말했고, 그 말에 담긴 의미에서 많은 사상이 파생되었다. 개인의 권리, 정부의 제한된 영역, 신앙의 자유와 국가 권력의 분립, 양심의 자유 등도 모두 거기에 해당한다. 바로 이런 연관성 때문에 미국 대통령 존 퀸시 애덤스(John Quincy Adams)는 이렇게 말했다.

"미국 독립전쟁의 가장 큰 위업은 민간 정부의 원리와 기독교의 원리를 불가분의 끈으로 묶어 주었다는 사실이다."

필라델피아에 있는 자유의 종(鐘)에 선지서의 말씀이 인용되어 있는 것도 우연이 아니다. 예수께서 사역 초기에 인용하셨던 그 말씀은 바로 온 땅에 자유를 선포하는 희년에 관한 지침이다. 퀘이커교도 윌리엄 펜(William Penn)과 침례교인 로저 윌리엄스(Roger Williams)의 선구적 정치 활동을 통해 신앙 양심의 자유가 법으로 보장받기에 이르렀다. 누구나 예수를 따르지 않기로 선택할 수 있는 나라가 예수의 영향에 힘입어 창출된 것이다. 이런 식으로 예수는 부재하는 곳에도 임재하며, 이런 예는 그 밖에도 많이 있다.

예수의 가르침의 영향은 황제가 오류를 범할 때마다 새로운 능력으로 표출되곤 했다. 마틴 루터 킹 주니어는 고질화된 불법적 인종차별에 맞서 인권 개념을 옹호했는데, 그 근거는 그의 표현을 빌리자면 '인간의 기본 가치'에 있었다. 즉 모든 인간은 인종이나 배경과 관계없이 가치 있는 존재라는 사상이다.

'인간의 기본 가치'도 황제의 것이 아닌 재산 중 하나다.

오스카 로메로(Oscar Romero)라는 신학자가 산살바도르의 주교로 지명된 이유는 다분히 그가 아무런 문제도 일으키지 않을 온건파로 비쳐졌기 때문이다. 하지만 지명된 지 몇 주 후에 휘하의 한 사제가 살해되었다. 로메로의 사역은 가난한 자들에게는 선물이었지만, 그때부터 정부의 암살단에는 도전이 되었다. 그는 정의를 부르짖는 근거가 예수가 가르친 사상에 있다고 역설했다.

"누구든지 인간을 고문하고 모욕하고 폭력을 휘두르는 사람은 하나님을 모욕하는 것입니다. 이에 교회는 마땅히 십자가와 순교를 감수할 것입니다."

예배 시간에 이 말을 한 직후에 그는 저격병에게 살해당했다. 총탄이 그의 심장을 관통했다.

역사가 필립 젠킨스(Philip Jenkins)는 우리 시대 교회의 가장 두드러진 변화를 지적했다. 100년 전에는 예수를 따르는 모든 사람들의 80퍼센트가 유럽과 미국에 살았지만, 지금은 예수를 따르는 모든 사람들의 70퍼센트가 남반구, 남미, 아프리카, 동양에 살고 있다. 젠킨스는 "기독교는 가난하고 박해받는 사람들 사이에서는 놀랍도록 부흥하는 데 반해 부유하고 안전한 사람들 사이에서는 쇠퇴한다"고 썼다.

내가 아는 한 사람은 에티오피아에서 자기 분야의 몇 안 되는 전문의 중하나였다. 당시에 그곳 그리스도인들은 많은 박해를 받았다. 그는 뛰어난 의술로 유명했는지라 엄격한 감시를 받으면서도 때로 특혜가 주어지기도 했다. 그러나 신앙 때문에 그는 몇 차례 교도소에 드나들었다. 그가 속했던 작은 교회는 활기가 넘쳤고, 교인들이 모든 것을 공유했다. 예배로 모일 때면 그들은 창문을 가리고도 기쁨이 넘쳤다. 그들은 서로의 삶을 세세한 것까지 속속들이 다 알았다. 내가 아는 미국 교회들에서는 그런 모습을 본 적이 없다. 그들은 늘 체포될 위험 속에 살았다. 그들의 세계에 이름뿐인 그리스도인이란 존재하지 않았다. 내가 누군가의 집에 모인 그리스도인들을 방문하면 그들은 "우리에게 가르쳐 주십시오"라고 말하며, 무엇이든 도움 되는 내용을 적으려고 종이와 펜을 꺼내 들곤 했다. 미국에서는 그런 모습을 거의 본 적이 없다.

나와 그 의사는 정부에 대한 이야기를 나누었다. 내가 박해와 고난이 끝나도록 기도를 많이 해야 한다고 했더니 그는 정말 궁금한 표정으로 물었다.

"왜 고난이 없어지도록 기도해야 합니까?" 마땅한 대답이 떠오르지 않았다.

당시 그 나라의 통치자는 이미 잊힌 존재요 수치와 조롱의 대상이 되었다. 그의 얼굴은 마르크스와 레닌과 나란히 포스터에 등장하곤 했다. 흔히 놀림감 3인조로 불린다고 했다. 반면에 감옥에 드나들며 살던 사람들은 영웅이 되었다. 어떤 나라가 더 중요한가? 어떤 나라가 진짜인가?

최근에 어느 역사가의 말을 들으니 아우구스투스 황제가 인류 역사상 가장 성공한 정치가라고 했다. 아우구스투스 황제에게 그가 남긴 유산이 무엇이냐고 묻는다면, 아마 그는 로마법, 팍스 로마나, 도로, 수로, 세상 최고의 군사 조직, 가장 화려한 제국 따위를 거론할 것이다.

하지만 그가 꿈에도 모를 사실이 있다. 그의 재위 중에 벌어진 가장 유명하고 영향력 있는 사건은 그가 본 적도 없는 한 마을에서 그가 들어 보지도 못한 한 아기가 태어난 일이다. 그가 꿈에도 모를 사실이 또 있다. 황제 치하의 최고의 '유산'인 그가 황제의 것이 아닌 것들의 범주를 규정한 일이다.

"황제의 것이 아닌 것들도 있다." 예수가 이 말을 마치는 순간, 지금껏 적수가 없었던 인간 통치자들의 권력은 드디어 호적수를 만났다. 예수는 자신의 사형 집행 영장에 서명한 셈이다. 로마가 보기에 이것은 반역이었다. 하지만 사실은 다른 종류의 반역이었다.

9

인간은 누구나 위선자임을
일깨워 준 철학자

• 　가치 있는 삶에 대해 흔히들 던지는 두 가지 중요한 질문이 있다. 누가 좋은 삶을 누리고 있는가? 누가 좋은 사람인가? 첫 번째 질문의 답은 상업 광고에 나오고, 두 번째 질문의 답은 장례식에서 나온다.

두 형제가 비참한 삶을 살았다. 그들은 돈밖에 모르는 이기적이고 비열하고 옹졸한 무뢰배였다. 어느 날 동생이 죽었다. 형은 목사에게 장례식 사례비로 큰돈을 주며 한 가지 조건을 달았다. 목사가 죽은 동생을 성인(聖人)으로 불러야 한다는 것이었다. 원래 목사들은 장례식에서 묘기를 부릴 때가 많이 있다. 그래서 이 목사도 이런 말로 고인을 기렸다.

"사실대로 말씀드려서 고인은 거짓말쟁이, 불량배, 사기꾼, 도둑이었습니다. 하지만 그의 형에 비하면 성인이었습니다."

달라스 윌라드의 말마따나 누가 좋은 사람인가라는 질문이 얼마나 근본적인 질문인지는 흔히 고인의 약력을 보면 알 수 있다. 고인의 약력에 이런 내용이 적힐 때는 거의 없다.

"고인은 얼굴이 예쁘고 머리숱이 많고 이가 아주 희었습니다."

"고인은 빠른 차들을 몰았고 화끈한 여자들과 사귀었습니다."

"고인은 여가 시간에 집에서 수십만 달러를 벌었습니다."

멋진 외모, 큰돈, 훌륭한 섹스, 맛좋은 음식, 고급 대형 텔레비전 등 사후에 자신의 약력에 그런 것들이 실리기를 원할 사람은 없다. 그런데 상업 광고들은 바로 그런 것들을 우리에게 주겠다는 약속으로 가득 차 있다. 우리는 좋은 삶을 놓칠 마음이 없으면서도 좋은 사람으로 기억되기를 원한다. "아무개에

비하면…"

예수의 가르침은 이 두 문제를 충분히 다루고 있다.

예수 시대에는 '좋은 삶'을 '복'이라는 말로 표현했다. 예수가 좋은 삶을 누릴 수 있는 사람이 누구인지 말했는데, 이를 팔복이라 한다. 팔복은 좋은 삶에 대한 역사상 가장 유명한 발언이 되었다. 아마 가장 뜻밖의 내용이기도 할 것이다. 이제 형편과 관계없이 누구나 하나님을 통해 좋은 삶을 참으로 누릴 수 있다고 그가 가르쳤기 때문이다.

"애통하는 자는 복이 있나니…"(마 5:4).

반면에 예수는 우리를 참으로 좋은 사람이 되지 못하게 막는 요인이 무엇인지도 말씀하셨다. 그것을 한마디로 표현하면 위선, 즉 외식이다. 이 단어의 발굴은 "그리스도께서 인류 문명에 끼친 아마도 최고의 공헌"으로 꼽혀 왔다. 예수는 인간의 선(善)을 변질시키는 종교의 위력을 더없이 혹독하게 비판하셨다. 예수가 '좋은 사람'을 어떻게 정의했는지 알아보기 위해 우선 예수 자신의 비판에서부터 시작해 보자.

숨긴 위선을 환히 드러낸 사람

예수가 시작한 운동은 많은 위선자들을 만들어 냈다. 전 세계 그리스도인들이 20억쯤 된다고 볼 때, 아마 기독교는 역사상 다른 어떤 운동보다도 더 많은 위선자들을 만들어 냈을 것이다.

종교적 위선은 생각이 깊은 모든 사람들에게 신앙의 큰 장벽이 된다. 교회에 그토록 위선자들과 흠투성이 인간들이 많은데 왜 굳이 그리스도인이 된단 말인가?

마크 트웨인은 어느 탐욕스럽고 비양심적인 사업가가 경건한 척 떠벌리는 소리를 들은 적이 있다. 그는 중동으로 가서 시내 산 정상에서 십계명을 읽을 계획이라고 했다. 트웨인은 이렇게 답했다고 한다.

"나한테 더 좋은 생각이 있습니다. 그냥 보스턴의 당신 집에 남아 십계명을 지키는 게 어떨까요?"

『나쁜 그리스도인(unChristian)』이라는 책에 실린 설문 조사에 보면, 교회에 다니지 않는 청년들의 85퍼센트는 그리스도인들을 위선자로 보았다. 교회 안에 있는 청년들의 47퍼센트도 똑같이 답했다.

위선은 만인 보편의 영적 심장병이다. 최근에 미국심장협회의 연례 총회에 30만 명의 의료진과 연구진이 모여, 심장을 건강하게 유지하려면 저지방 식생활이 중요하다는 내용으로 토론했다. 그런데 식사 때마다 그들은 베이컨 치즈버거와 칠리 치즈 감자튀김 같은 고지방 패스트푸드를 먹었다. 그것도 여느 행사장의 사람들과 똑같이 동맥이 막힐 정도로 빠른 속도로 먹었다. 그곳의 한 심장 전문의에게 누가 물었다. "당신의 나쁜 식습관이 나쁜 사례가 될까 봐 걱정되지 않습니까?" 그러자 그는 이렇게 대답했다. "나는 아닙니다. 명찰을 뗐거든요."

물론 어떤 운동 내부에 위선자들이 있다고 해서 그 운동 자체가 잘못되었다는 증거는 아니다. 삶으로 실천하지 않을 사람들은 어느 신념 체계에나 모

여들게 마련이다. 어디라고는 밝히지 않겠지만 전에 어느 명문대의 특정한
학과에서 가르치던 내 친구가 있었다. 그 학과 교수들은 모두 마르크스주의
자로 자처했고, 자본주의의 물질만능주의와 과시적 소비를 배격하는 데 열을
올렸다. 그런데 한번은 그들이 학과 여행을 간 적이 있다. 그들이 임대한 대
형 보트에는 술을 마시는 간이 바는 물론 온갖 호화로운 고급 위락 시설이 갖
추어져 있었다. 모두 그들이 배격한다는 것들이었다.

결국 그들은 자신들의 호칭을 니먼 마르크스주의자로 바꾸었다(고가품 전
문 백화점인 니먼 마커스와 합성했다-역주). 기막힌 표현이다.

오늘날 쓰는 위선의 개념은 종교적 위선자들을 신랄하게 비판하는 데
서 비롯했다. 학자 에바 키테이(Eva Kittay)가 지적했듯이 지금의 위선자
(hypocrite)라는 말은 헬라어에서 흔히 연극에 쓰이던 단어였다. 본래 이 말
은 연극의 배우를 가리켰다. 배우들은 자기가 연기하는 배역을 대개 가면으
로 표시했다. 그래서 한 배우가 1막에서는 왕으로, 2막에서는 노예로 연기할
수 있었다. 그러다 점차 단어의 의미가 확대되어 포즈를 취하는 사람, 역할을
맡은 사람 등을 가리키는 말로도 쓰였다. 고전 헬라어에서는 이 단어에 지금
과 같은 부정적 의미가 없었다.

1세기에 세포리스라는 고을에 당시로서는 대형 극장이 지어졌다. 그곳은
나사렛에서 걸어서 한 시간도 걸리지 않는 거리였다. 요셉과 젊은 도제 예수
도 세포리스의 건축 사업에 가담했을 가능성이 충분히 있다. 예수는 어려서
부터 지금의 위선자라는 뜻으로 해석되는 무대와 배우에 익숙했을 것이다.

예수가 종교적 위선을 비판한 방식이 역사를 바꾸어 놓았다. 그는 종교적
가식을 언급할 때 바로 이 연극 용어를 쓰셨다. 키테이의 말대로 위선에 대한

우리의 사고를 가장 많이 형성한 것은 신약성경에 쓰인 이 단어의 의미이다. 겉모습에 불과한 행동과 대비하여 속사람의 상태를 유독 강조하기 때문이다.

"위선의 개념을 확립한 것은 두말할 것도 없이 기독교의 출현으로 가미된 도덕적 성격이다. 그래서 종종 자신의 눈에 보이지 않는 부분이 관심의 초점이 된다."

내 주변의 모든 사람에게 보이는 공적인 나가 있다. 나는 공적인 나의 이미지를 관리하는 데 많은 시간을 들인다. 하지만 세상의 눈에 보이지 않는 사적인 나도 있다. 사실 사적인 나의 심연은 나 자신도 모를 수 있다. 마음과 관계가 있기 때문이다. 예수가 말했듯이 인간의 마음을 온전히 아는 분은 하나님뿐이다. 마음이 가장 중요하다. 예수가 인간의 선에 대해 가르칠 때 가장 강조한 것이 바로 마음의 상태다.

좋은 사람은 마음 즉 속사람이 하나님의 사랑에 흠뻑 젖은 사람이다. 그래서 좋은 사람이란 단순히 좋은 일을 하는 사람이 아니라 진심으로 좋은 일을 하고 싶어 하고 실제로 하는 사람이다.

눈에 보이지 않는 마음은 하나님만이 아시는 영역이다. 남의 시선을 의식한 위선과 꾸밈과 연기(演技)가 그토록 흉하고 꼴사나운 것도 바로 마음의 중요성 때문이다.

마음의 상태에 대한 예수의 가르침은 매우 강경하여 아예 위선자, 즉 외식하는 자라는 단어가 인류의 윤리적 어휘에 편입되었다. 이 단어는 신약에 열일곱 번 쓰였는데 모두 예수의 입에서 나왔다. 이렇게 유독 그만이 쓴 다른 단어는 내가 알기로 별로 없다.

"위선이라는 단어와 그에 상응하는 인간 특성을 서구 세계의 도덕 용어로 끌어들인 사람은 예수 한 분뿐이었음을 문서 기록을 통해 분명히 알 수 있다."

여기 아이러니가 있다. 위선자들을 만들어 낸 교회는 비판을 받아 마땅하다. 하지만 우리에게 위선의 개념을 가르쳐 2천 년 후의 도덕 관념을 형성하신 이 사상가의 공로만은 널리 인정되고 있다.

위선과 진정한 선의 대비는 예수의 가르침에 단골로 등장한다. 그런데 오직 이 주제로만 강론을 펼친 적이 있다. 마태의 기록에 보면 그것은 예수께서 죽으시기 며칠 전의 일이었다. 당신도 종교적 위선자들이 눈에 거슬릴지 모른다. 위선자들 때문에 속이 뒤집혀 블로그에 신랄한 비판을 올리고 싶을지도 모른다. 그래도 당신의 비판은 예수를 앞지를 수 없다. 이보다 더 매서운 책망은 내가 알기로 없기 때문이다. 아무리 종교를 적대시하는 사람일지라도 그를 따라갈 수 없다.

예수는 "화 있을진저"라고 말문을 떼셨다. 여기 '화'는 그냥 문제가 닥친다는 뜻이 아니라 하나님의 심판이 닥친다는 뜻이다. 예수는 하나님이 위선을 용납하지 않으신다고 말씀하셨다.

이 가르침은 고대 세계에 하나의 혁명을 몰고 왔다. 좋은 사람이 되는 방법에 대한 관심은 인류에게 언제나 있었다. 그것은 기독교의 전유물이 아니며, 사람들의 무지나 교만을 통해서도 충분히 나타난다.

믿는 자들에게 성토한 사람

수메르, 이집트, 그리스 같은 사회에도 모두 도덕률이 있었다. 하지만 그들의 도덕은 종교에서 비롯되지 않았다. 신들은 인정과 위무를 받기 원했을 뿐 인생의 윤리 기준을 정하지는 않았다. "그리스의 신들은 법을 제정하지 않는다."

그들은 법을 제정할 수가 없었다. 그들 자신이 법을 가장 크게 어겼기 때문이다. 신들의 욕구나 결점도 인간과 동일했다. 역사가 메리 레프코위츠(Mary Lefkowitz)는 "신들의 삶은 인간이 불로장생할 경우에 누릴 법한 삶을 극도로 이상화한 형태였다"고 썼다. 호머의 신들은 놀랍게도 호머 심슨(Homer Simpson, 텔레비전 만화 시리즈 '심슨가족'의 주인공-역주)의 확대판처럼 행동한다. 로빈 레인 폭스는 이렇게 썼다.

"영국에서 시리아까지 이교들의 목표는 신들에게 잘 보여 재앙을 면하는 것이었다. 신들을 무시하면 신들이 재앙을 내릴 수 있다고 믿었기 때문이다. 신들의 힘은 전류처럼 사람을 이롭게도 하고 해롭게도 할 수 있는 큰 잠재력이 있었다. 하지만 전류와 달리 예측이 불가능했다. 인간이 할 수 있는 일이라고는 그 힘을 미리 다른 데로 돌리려고 애쓰는 것뿐이었다."

예수는 이스라엘의 위대한 가르침인 윤리적 일신론을 온 세상에 나누어 주었다. 하나님은 한 분이시며, 모든 선의 근원이자 재판장이시다.

하나님이 도덕을 명하시고 온 땅을 심판하신다는 개념은 결국 세상에 두루 퍼졌고, 그리하여 바로 그것이 우리 문화에서 하나님이라는 단어를 들을 때 떠오르는 존재가 되었다. 하지만 처음부터 그랬던 것은 아니다. 이런 개념은 이스라엘을 통해 발전해 오다가 주로 예수의 운동을 통해 세상 사람들의 의식 속으로 흘러들어 갔다.

예수가 선의 참 본질에 대해 아주 많이 가르친 대상은 바리새인으로 알려진 학자들이다. 우리 시대에는 바리새인이라는 말이 비하의 의미로 쓰인다.

우리는 흔히 우리가 그들보다 낫다고 생각한다. 하지만 사실 그들은 그 시대에 가장 존경받던 영적 지도자들이었다.

다시 말해서 예수가 말한 위선은 하나님을 진지하게 믿는 모든 사람과 불과 종이 한 장 차이다. 예수는 자신의 신앙 운동을 포함해 어떤 신앙 운동에나 위선이 침투할 것을 알았다. 토머스 카힐은 이렇게 썼다.

"자신이 도덕적으로 우월하다고 생각하는 그리스도인은 이후의 역사에서 기독교가 유대인을 박해한 일만 보면 된다. 그러면 그리스도인들이 어느 유대인보다도 훨씬 더 심하게 예수를 거부했음을 알 수 있다."

> "화 있을진저 외식하는 서기관들과 바리새인들이여 너희는 천국 문을 사람들 앞에서 닫고 너희도 들어가지 않고 들어가려 하는 자도 들어가지 못하게 하는도다"(마 23:13).

> "화 있을진저 외식하는 서기관들과 바리새인들이여 너희는 교인 한 사람을 얻기 위하여 바다와 육지를 두루 다니다가 생기면 너희보다 배나 더 지옥 자식이 되게 하는도다"(마 23:15).

> "화 있을진저 눈 먼 인도자여 너희가 말하되 누구든지 성전으로 맹세하면 아무 일 없거니와 성전의 금으로 맹세하면 지킬지라 하는도다"(마 23:16).

> "화 있을진저 외식하는 서기관들과 바리새인들이여 너희가 박하와 회향과 근채의 십일조는 드리되 율법의 더 중한 바 정의와 긍휼과 믿음은 버렸도

다"(마 23:23).

"화 있을진저 외식하는 서기관들과 바리새인들이여 잔과 대접의 겉은 깨끗이 하되 그 안에는 탐욕과 방탕으로 가득하게 하는도다"(마 23:25).

"화 있을진저 외식하는 서기관들과 바리새인들이여 회칠한 무덤 같으니 겉으로는 아름답게 보이나 그 안에는 죽은 사람의 뼈와 모든 더러운 것이 가득하도다"(마 23:27).

"화 있을진저 외식하는 서기관들과 바리새인들이여 너희는 선지자들의 무덤을 만들고 의인들의 비석을 꾸미며 이르되"(마 23:29).

"뱀들아 독사의 새끼들아 너희가 어떻게 지옥의 판결을 피하겠느냐"(마 23:33).

신앙인들에게 늘 설교하는 사람으로서 나는 그의 용기에 경악한다. 현장에 감돌았을 긴장을 가히 상상조차 할 수 없다. 그러니 그에게 적들이 많았을 수밖에 없다.

나는 또 심판과 지옥으로 경고한 그의 초강경 발언에 경악한다. 이 경고는 신앙 공동체 밖에 있는 사람들이 아니라 안에 있는 사람들을   향한 것이다.

예수는 당시의 흔한 은유와 논증을 사용하여 인간의 본성과 인간의 마음에 대한 자신의 이해를 전달하신다. 더러운 잔도 그중 하나다. 예수는 지금

일반적인 설거지의 원리를 말씀하시는 게 아니다. 정결 의식(儀式)은 종교의 중요한 부분이었다. 미쉬나(율법을 지키는 방법에 대한 가르침)에 그것이 아주 자세히 나와 있다. 그 가르침은 "모든 그릇은 겉과 속이 있다"는 말로 시작된다. 샤마이의 제자들과 힐렐의 제자들은 겉과 속을 씻는 정확한 순서에 대해 논쟁까지 벌였다.

이렇게 예수는 잘 알려진 의식을 활용하여 더 깊은 의미를 지적하신다. 모든 인간도 겉과 속이 있다. 하나님께 가장 중요한 것은 사람의 속이다.

"유대교와 기독교의 하나님이 계시하신 그분 자신은 겉모습에 불과한 행동에 속지 않고 양심을 꿰뚫어 보시는 분이다. 사실 이것은 인류 역사에 일대 혁명이었다."

예수에 따르면 위선이란 그저 실천이 바람에 못 미치는 상태가 아니다. 그거야 모든 사람이 그렇다. 위선의 핵심은 기만이다. 비열하고 이기적인 이 기만은 때로 무의식중에 이루어진다.

더러운 잔 속은 그냥 타락한 모습이다. 깨끗이 씻은 겉이 위선이다. 무덤에 회칠을 하려는 이유는 무엇인가? 사람들로 하여금 그 속에 죽음이 아니라 생명이 있다고 생각하게 만들려는 것이다. 종교적인 사람들은 정의와 긍휼과 믿음을 버리기만 하는 게 아니라 그에 더하여 박하의 십일조를 드린다. 경제생활이라는 작은 부분에서 자신이 굉장히 충실하다는 확신을 사람들에게 심어 주는 것이다.

나는 당신을 속여 나를 실제보다 낫게 생각하게 만든다. 당신을 싫어하면서 그것을 속에 숨기고 정중히 웃어 보인다. 당신이 실패하기를 바라면서 당신을 도와주는 척한다. 속에는 판단이나 이기심이 가득하면서 사랑이 많은 사람처럼 행동한다. 나 자신까지도 내가 신앙이 좋거나 사랑이 많거나 친절하다고 확신할 수 있다. 자신도 모르게 위선자가 될 수 있다. 우리가 우주의 외변(外邊)을 아직 찾아내지 못했듯이, 인간이 자기를 기만하는 역량의 외변도 아직 알 수 없다. 이것을 보여 주는 좋은 예가 있다.

"의대생의 85퍼센트는 정치가가 로비스트한테서 선물을 받는 것이 부적절하다고 보았다. 그러나 의사가 제약회사로부터 선물을 받는 것이 부적절하다고 본 의대생은 46퍼센트에 지나지 않았다."

선은 행동이 아닌 마음에 있다

선(善)은 바른 행동에서 시작하지 않는다. 그래서 예수는 마음을 강조한다. 선의 출발점은 내 더러운 속사람에 대한 진리에 마음을 여는 것이다.

> "너희가 내 말에 거하면 참으로 내 제자가 되고 진리를 알지니 진리가 너희를 자유롭게 하리라"(요 8:31~32).

진리가 우리를 자유롭게 한다. 하지만 진리는 먼저 우리를 비참하게 한다.

생각에 대한 실험을 하나 해 보자. 당신이 정비소에 맡긴 차를 찾으러 간다고 상상해 보라. 정비소 직원이 말한다.

"이 차는 상태가 아주 좋습니다. 이렇게 차를 잘 관리하시다니 당신은 정말 자동차 박사입니다."

그날 저녁 때 브레이크가 고장난다. 알고 보니 브레이크 용액이 바닥났다. 당신은 하마터면 죽을 뻔했다.

당신은 정비소에 다시 가서 따진다.

"왜 말해 주지 않았습니까?"

"그야 당신의 기분을 상하게 하고 싶지 않았습니다. 게다가 솔직히 당신이 나한테 화를 낼까 봐 두렵기도 했고요. 여기는 당신이 사랑과 수용을 느낄 수 있는 안전한 곳입니다."

당신은 격노하여 이렇게 말한다.

"그런 입발림으로 내 자존심이나 세워 달라고 여기 온 게 아닙니다! 내 차에 관한 한 나는 진실을 원합니다."

이번에는 당신이 병원에 검진을 받으러 간다. 의사가 말한다.

"당신은 흠잡을 데 없는 건강의 표본입니다. 몸 상태가 올림픽 선수 같습니다. 축하드립니다."

그날 오후에 계단을 오르던 중에 당신의 심장이 고장 난다. 나중에 알고 보니 동맥이 꽉 막혀 있다. 당신은 하마터면 삶을 마감할 뻔했다.

당신은 의사에게 다시 가서 따진다.

"왜 말해 주지 않았습니까?"

"당신의 몸이 최악의 상태라는 거야 나도 압니다. 하지만 사람들에게 그런 말을 해 주면 기분 나빠합니다. 영업에도 지장이 있고요. 사람들이 다시 오지 않거든요. 여기는 당신이 사랑과 수용을 느낄 수 있는 안전한 곳입니다."

당신은 격노하여 의사에게 말한다.

"내 몸에 관한 한 나는 진실을 원합니다!"

고대 세계에서 진실을 말하는 일은 철학자들의 소임이었다. 신전들은 신들을 달래기 위해 존재했다. 예수는 진실을 말하는 위력을 종교의 세계에 도입했다.

얼마 전에 집 근처 동전 빨래방에서 두 사람과 대화할 기회가 있었다. 둘 다 별로 부자가 아닌 게 분명했다. 또한 둘 다 인근 각기 다른 교회에 아주 열심히 다니고 있었다. 그래서 나도 내가 목사임을 밝혔다. 빨래방에서 그 말을 하니까 갑자기 내 위상이 올라갔다. 평소에는 그 말을 해도 위상이 올라가지 않는데 거기서는 그랬다. 그들은 내게 물었다. "어느 교회입니까?" 나는 교회 이름을 말해 주었다.

즉각적인 반응이 이렇게 나왔다. "부자들이 많이 다니는 교회네요." 갑자기 대화가 뚝 끊겼다.

그들은 내 기분을 상하게 할 마음이 없었는지라 그중 하나가 이렇게 말했다. "그래도 듣자 하니 교인들이 좋은 일을 많이 한다던데요." '그래도'라는 말이 심기에 거슬렸다. 문득 "성공한 사람들에게 사역하고 있다"는 사실에서 자연스레 내 정체를 찾고 있는 나 자신을 보았다. 빈곤하게 사는 사람의 눈을 통해 보면 갑자기 내 관점이 아주 달라진다. 내가 은근히 자랑하고 싶던 풍요 자체가 빈곤 앞에서는 부끄러워진다. 하지만 내가 그런 관점에서 볼 때는 그리 많지 않다. 사람의 마음이야말로 만물보다 거짓되기 때문이다.

그리스에서는 당당히 진실을 말하여 인간의 윤리적 결함을 지적한 사람들이 데모스테네스(Demostenes) 같은 연설가들이나 소크라테스 같은 철학자들이었다. 이스라엘에서는 예수를 통해 죄를 인식하는 방식이 달라졌다.

예수의 세상에서 인간의 죄란 도덕 원리의 위반이라기보다 우리의 창조주이자 친구이신 그분께 상처와 실망을 안겨 드리는 일이다. 그래서 죄는 무섭도록 무거워져 인간의 능력으로는 해결이 불가능하다.

"성 바울의 절규가 플라톤에게는 낯선 것이었다. '내가 원하는 바 선은 행하지 아니하고 도리어 원하지 아니하는 바 악을 행하는도다'"

그래서 치유에 대한 접근이 달라진다. 인간은 자기를 기만하는 타락한 피조물이므로 스스로를 치유할 수 없다. C. S. 루이스의 말대로, 우리는 자신의 삶에 어느 정도 '도덕성'이나 '반듯한 행실'이 필요함을 인정하면서도 그냥 이대로 본능적 삶을 고수하려 한다. 그러다 보니 삶이 가식적이 되거나 비참해진다.

"결국 당신은 착해지려는 노력을 포기하거나 아니면 '남을 위해 살되' 늘 불평불만에 찬 사람이 된다. 왜 남들이 나를 더 알아주지 않는지 늘 의아해하며 순교자 콤플렉스에 빠지는 것이다. 일단 그렇게 되면 당신은 차라리 솔직하게 이기적으로 살 때보다 훨씬 더 주변 사람들에게 골치 아픈 존재가 된다.

기독교의 방식은 다르다. 더 어렵고도 쉽다. 그리스도는 이렇게 말씀하신다. '나한테 전부를 넘기라. 내가 원하는 것은 네 시간이나 돈이나 삶의 일부가 아니다. 나는 너 자신을 원한다. 내가 온 것은 너의 본능적 자아를 괴롭히기 위해서가 아니라 죽이기 위해서다. 땜질로는 아무 소용이 없다. 나는 군데군데 가지치기를 하려는 게 아니라 나무를 통째로 쓰러뜨리려는 것이다. 네 본능적 자아를 전부 나에게 넘기라. 악한 욕심뿐 아니라 네가 보기에 순진한 욕심까지도 몽땅 다 넘기라. 대신 내가 너에게 새로운 자아를 주겠다. 사실은 나 자신을 주겠다. 나의 뜻이 곧 너의 뜻이 될 것이다.'"

결국 좋은 삶이란 좋은 사람만이 누릴 수 있다.

자신 안의 위선을 발견함으로써 희망을 보게 한다

4세기에 기독교가 로마의 국교가 되면서 이름뿐인 이교도가 되기보다 이름뿐인 기독교인이 되는 게 더 쉬워졌다. 그래서 예수를 따르는 사람들 중 일부는 사막으로 들어가 다시 한 번 자기 성찰과 투명한 고백을 실천할 수 있는 생활 방식을 찾았다. 이것을 〈베네딕트 규정집(The Rule of Benedict)〉 같은 지침들로 정리해 수세기 동안 사용했다.

그런 갈망은 곳곳에서 다르게 표출되었다. 20세기 초에 정직한 자기 성찰과 투명한 고백 같은 습성의 위력을 되찾고자 옥스퍼드 그룹이라는 운동이 일어났다. 알코올 중독으로 고생하던 미국인 사업가 롤런드 해저드(Rowland Hazard)는 스위스의 정신과의사 카를 융(Carl Jung)에게 치료를 청했다. 아버지가 목사였던 융은 해저드가 다른 알코올 의존자들처럼 거의 절망적인 상태라서 종교 단체에 귀의하는 신앙 외에는 희망이 없다고 말해 주었다. 해저드는 결국 옥스퍼드 그룹에 들어가 거기서 술 없이 살아갈 힘을 얻었다. 그것이 계속 연줄로 이어져 마침내 그는 '빌 W.'로 더 잘 알려진 윌리엄 G. 윌슨(William G. Wilson)을 만났고, 윌슨은 일부 해저드의 영향으로 알코올의존증자갱생회(Alcoholics Anonymous)의 공동 창시자가 되었다. 이 모임은 옥스퍼드 그룹의 원리들을 12단계라는 다소 비종교적인 형태로 다듬었다.

그렇다고 예수가 없었다면 아무런 회복 프로그램도 존재하지 않았을 거라는 말은 아니다. 다만 알코올의존증자갱생회의 12단계가 예수가 1,900년 전에 시작하신 물줄기에서 흘러나온 것만은 분명한 사실이다.

그와 비슷한 시기에 나온 멋진 이야기가 있는데, 인간이 새로운 생활 방식과 관계 방식에 들어설 때 변화가 가능함을 잘 보여 준다. 이 이야기를 쓴 맥스 비어봄(Max Beerbohm)은 제목을 〈행복한 위선자 : 지친 신사들을 위한 동화(The Happy Hypocrite: A Fairy Tale for Tired Gentleman)〉라고 붙였다.

조지 로드는 탐욕, 도박, 피상적 관계, 여자들에게 지키지 못한 약속, 과음 등으로 삶을 허송했다. 한번은 그가 애인과 함께 호화로운 식사를 즐기던 중에 어느 젊고 순진한 여자를 보고 즉각 사랑에 빠졌다. 그는 그녀와 결혼하고 싶은 마음이 간절했지만, 그녀는 성인(聖人)의 얼굴을 한 남자와만 결혼하기로 다짐한 상태였다. 머잖아 어느 가면 가게 앞을 지나던 그는 주인에게 부탁하여 정확히 자신이 바라는 형상대로 실물처럼 밀랍 가면을 만들었다. 그는 그 가면을 쓰고 자신의 마음을 빼앗은 여자에게 돌아갔고, 여자는 그의 청혼을 받아 주었다.

그 순간을 기점으로 도덕적 변화가 시작되었다. 그는 혼인 증명서에 자신의 이름을 조지 헤븐(천국)이라 서명했고, 많은 재산을 가난한 자들에게 기부했다. 그동안 사기를 쳤던 대상들에게 일일이 배상해 주었고, 전에는 눈길조차 주지 않던 사람들 앞에서 겸손해졌다. 성인의 생활 방식에 들어선 것이다.

얼마 후에 옛 애인이 그를 보고 그의 아내 앞에서 가면을 벗기려 했다. 실랑이 끝에 결국 가면은 바닥에 내동댕이쳐졌고, 옛 애인은 의기양양하게 웃었다. 조지는 고개를 돌려 아내를 대면하지 않을 수 없었다.

그런데 아내의 물음이 그를 충격에 빠뜨렸다.

"왜 당신의 얼굴과 똑같이 생긴 가면을 만들었나요?"

그가 성인처럼 살고 있는 동안, 눈에 보이지 않는 미지의 힘이 작용하고 있었던 것이다. 그는 자신의 얼굴처럼 되어 있었다.

기독교보다 더 많은 위선자들을 만들어 낸 종교는 아마 없을 것이다. 그것은 내게 아이러니다. 내 안에 위선이 가득하다는 사실도 나를 괴롭게 한다. 하지만 뜨끔하면서도 위로가 되는 사실이 있다. 기독교의 창시자보다 더 강력하게 위선을 진단하고 규탄한 사람은 일찍이 없었다. 그러면서도 위선자들 자신에게 그보다 더 큰 희망을 준 사람도 없었다.

10

열두 명으로 세상을
영원히 바꿔 놓은 한 사람

- 　　『호밀밭의 파수꾼(Catcher in the Rye)』의 내레이터인 홀든 코필드라는 청소년은 예수에게는 마음이 끌리지만 그를 따르는 사람들에게 상반된 감정이 든다고 썼다.

"나는 무신론자인 셈이다. 예수는 좋은데 성경의 다른 내용에는 별로 관심이 없다. 제자들의 예만 해도 그렇다. 솔직히 말해서 나는 그들을 보면 짜증이 나 죽을 지경이다. 그들은 예수가 죽은 뒤에는 괜찮아졌지만 그분이 살아계시던 동안에는 그분에게 전혀 무용지물이었다. 계속 그분을 실망시켰을 뿐이다. 나는 성경에서 누구보다도 제일 싫은 게 제자들이다."

홀든은 성경을 인용하는 아서라는 급우와 함께 예수의 제자들에 대해 논쟁을 벌이곤 했다.

"그 친구는 자꾸 그런다. 제자들을 좋아하지 않으면 예수도 좋아하지 않는 거라고, 제자들을 예수가 뽑았으니까 나도 제자들을 좋아해야 한다고 말이다. 그래서 나는 예수가 뽑은 거야 나도 알지만 무작위로 뽑은 거라고 말해주었다.

나는 예수가 유다를 지옥에 보내지 않았다는 데 1천 달러를 걸겠다. … 제자들이라면 하나같이 유다를 지옥에, 그것도 당장 보냈을 것이다. 하지만 무엇이든 다 걸겠는데 예수는 그러지 않았다."

예수는 어떤 사람들을 무작위로 뽑았고, 그들은 그에게 전혀 무용지물이었다. 성경은 이를 가리켜 선택이라 한다. 그리스도께서 자신의 신부로 선택하신 사람들은 우리를 짜증나게 한다.

사역 초기의 어느 날(마가복음 첫 장의 불과 몇 구절 만에 이 사건이 등장한다), 예수는 시몬과 안드레가 고기를 잡는 것을 보고 그들을 제자로 불렀다. 그러자 그들은 '곧' 그를 따랐다. 거기서 조금 더 가다가 야고보와 요한 두 사람을 또 보았다. 그가 부르자 그들도 '곧' 따랐다.

신비에 싸인 수수께끼 속의 수수께끼

랍비에게 제자가 있는 것은 특이한 일이 아니다. 제자가 없는 사람은 정말 랍비일 수 없다. 리더십에 대한 오랜 정의처럼, 앞장서 이끌어도 따르는 사람이 없으면 산책일 뿐이다.

정작 특이한 것은 예수 쪽에서 그 사람들을 모집하셨다는 점이다. 본래 지원(志願) 과정은 제자들 쪽에서 시작하는 것이 관례였다. 랍비가 먼저 나서는 것은 그만큼 처지가 다급하다는 표시였다. 하버드는 무명의 2년제 대학처럼 학생들에게 와 달라고 애원하지 않는다.

예수가 먼저 제자들을 모집하는 일은 유대인의 삶에 깊이 배어 있던 사상을 반영한 것일 수 있다. 하나님의 부르심은 그분 쪽에서 시작된다는 사상이다. 하나님이 이스라엘의 열두 지파를 택하셨듯이 예수도 열두 제자를 택하였다. 이것은 흔히들 생각하는 것처럼 하나님이 다른 민족들보다 이스라엘을 더 사랑하신다는 뜻이 아니다. 이스라엘을 천국에 들어가기에 더 유리하게 해 주신다는 뜻도 아니다. 그는 이스라엘을 세상 대신 택한 게 아니라 세상을 위해 택했다. 그래서 "땅의 모든 족속이 너로 말미암아 복을 얻을 것이라"

고 말했다. 하나님은 이스라엘이 배타적이거나 교만해지지 말라고 이 선택이 '무작위'임을 상기시키곤 하셨다. 그는 그들을 무작위로 택하였다.

하나님은 아무나 다른 사람을 선택하실 수도 있었다.

예수의 제자들은 3년 동안 함께 있었다. 함께 다니며 배우고 기도했다. 그들은 예수가 울고 피곤해하는 것을 보았다. 하지만 그를 따르는 일에 관한 한 그들은 뭔가 아는 듯싶으면서도 통 개념이 없었다. 제자들을 향한 그의 사역은 한결 쉬웠을 법도 하다. 그들이 자기 사람들이었으니 말이다. 하지만 그것도 우리 생각이다.

스캇 펙(Scott Peck)은 복음서의 예수야말로 기독교에서 가장 베일에 싸인 비밀일지도 모른다고 썼다. 대다수 사람들의 생각처럼 그는 아이의 등이나 두드려 주고, 인자한 미소를 지으며, 평온하고 한가롭게 걸어 다니는 인물이 아니다.

"나는 복음서에서 이 사람의 비범한 실체를 보고 완전히 벼락에 맞은 기분이었다. 내가 발견한 이 사람은 거의 항상 좌절에 빠져 있었다. 그분의 좌절감이 거의 한 페이지도 거르지 않고 튀어나온다. '내가 너희에게 뭐라고 해야 되겠느냐? 몇 번이나 말해야 되겠느냐? 도대체 어떻게 해야 내 말을 알아듣겠느냐?'"

예수가 죽은 뒤로 이 작은 무리는 흩어지는 게 지극히 당연했다. 그가 처형당한 뒤로 그들의 희망은 꺾이고 말았다. 그 운동을 이어 가려면 자신들의 목숨을 더 큰 위험 앞에 내놓아야 했다. 그런데도 역사에서 엄연히 보듯이 그들은 그 운동을 이어 갔다. 이 사실 하나에서 엄청난 결과가 초래되는 만큼, 여기에 대해서는 나중에 따로 살펴볼 것이다.

하지만 그것은 그들이 비범한 개인들의 단체여서가 아니었다. 초기에 그 중 둘이 성전에서 가르치는데 산헤드린 공회가 그들을 소환하여 심문했다. 최고의 지식인들이 두 어부를 심문하는 일은 마치 MIT 교수진이 두 명의 주차 요원을 불러다 양자역학에 대한 시험을 치르는 일과 흡사하다.

하지만 정작 당황한 쪽은 MIT 교수진이었다. 알고 보니 이 두 어부는 "본래 학문 없는 범인"인 데다 "전에 예수와 함께 있던" 부류였다.

예수를 따르는 작은 무리의 사람들은 대안 공동체를 이루고 생활 방식을 고쳤다. 그들은 날마다 함께 모여 제자들이 전수받은 예수의 가르침을 배웠다. 그들은 기도했고, 섬겼고, 함께 "기쁨과 순전한 마음으로 음식을 먹었다." 그리고 무엇이든 각자의 재산을 나누어 서로 도왔다. 유진 피터슨의 인상적인 번역처럼, 외부 "사람들은 그 모습을 좋게 보았다."

제자들은 자신들에게 사명 내지 부르심이 있음을 깨달았다. 흔히들 '부르심'을 받았다고 하는 말은 세상적 개념이 아니다. 그것은 예수의 이야기에서 왔으며, '부름'이란 나보다 큰 존재로부터 받는 것이라는 개념에서 왔다. 그들의 과제는 예수께 배운 하나님의 임재와 능력을 드러내 줄 공동체를 이루는 것, 이 공동체의 사랑을 모든 사람에게로 확장하는 것, 그리고 아무나 관심 있는 사람을 거기에 초청하여 합류시키는 것이었다.

박해가 일어나 흩어질 때에도 그들은 그것을 말씀을 전파하라는 명령으로 받아들였다.

로마는 이 운동을 어떻게 해석해야 할지 몰랐다. 다른 고대 민족들도 대체로 다 마찬가지였다. 그전에는 이런 것이 아예 존재하지 않았다. 당신이 옛 제국의 신민 입장이 되어, 어떤 범주에도 속하지 않는 한 집단을 이해하려 해 보라.

고대 세계에 국가, 가정, 민족 집단, 동업 조합, 부족 종교, 철학 학파 따위가 있었으나 교회는 그중 어느 것도 아니었다. 바울은 교회에 대해 이렇게 말한다.

> "거기에는 헬라인이나 유대인이나 할례파나 무할례파나 야만인이나 스구디아인이나 종이나 자유인이 차별이 있을 수 없나니 오직 그리스도는 만유시요 만유 안에 계시니라 그러므로 너희는 하나님이 택하사 거룩하고 사랑 받는 자처럼 긍휼과 자비와 겸손과 온유와 오래 참음을 옷 입고" (골 3:11~12).

로마는 기독교를 종교로 간주하지 않았다. 본질상 종교는 도시와 부족과 연계된 것이었기 때문이다. 새로운 도시로 이사한 사람은 자신의 신들도 가져가지만 또한 새로운 도시의 신들도 받아들인다. 종교는 사회적이고 정치적인 것이었다.

"사람들은 '신들을 믿는다'고 표현하지 않고 '나에게 신들이 있다'고 표현했다. 개인이 특정한 신조나 생활방식을 받아들이기로 의식적으로 내리는 결단인 회심은 고대인들에게 완전히 낯선 개념이었다."

회심이라는 개념 자체도 예수를 통해 세상에 들어왔다. 그 세상이 보기에 예수를 따르는 사람들의 운동은 처칠이 러시아를 묘사한 말처럼 "신비에 싸인 수수께끼 속의 수수께끼"였다. 로마는 그리스도인들이 신들을 무시한다는 이유로 오히려 그들을 무신론자라 불렀다.

그리스도인들은 서로를 '형제자매'라 불렀는데, 이 또한 고대 세계에 낯선 일이었다. 이런 표현 때문에 그리스도인들은 근친상간의 혐의를 받았다. 그런 가 하면 성찬을 먹는다는 이유로 식인이라는 죄명을 쓰기도 했다. 이런 죄목들을 로마의 어느 관리에게 보고했다. 그는 역사 속에 젊은 플리니우스로 알려진 사람이다. 이 운동을 도저히 이해할 수 없었던 그는 정보를 캐내려 두 여자 집사를 고문하다가 결국 '융통성 없는 옹고집'을 이유로 그들을 처형했다.

사실 로마인들은 교회를 장례 상조회로 보곤 했다. 로마제국의 가난한 사람들은 자신의 사후에 음식이라도 대접하고 자신을 잘 묻어 달라고 때로 상조회를 결성하여 소액의 돈을 냈다. 교회 사람들은 가장 가난한 교인들까지도 사후에 꼭 매장해 주었으므로 처음에는 그런 상조회로 비쳐졌다. 하지만 장례상조회가 이렇게 퍼져 나간 적은 없다.

성별, 국적, 신분을 가리지 않고 온 세상이 한 가족처럼 함께 모인다는 개념은 어디서 온 것인가? 국적, 민족, 신분, 수입, 성별, 도덕적 배경, 교육 등과 관계없이 모든 인간 개개인을 사랑과 변화의 대상으로 적극 포용하려 한 운동이 예수 이전에 과연 어디에 있었던가? 그전까지는 그런 공동체도 없었을 뿐더러 그런 공동체의 개념조차 없었다. 그것은 예수의 구상이었다. 그리고 그 일이 실제로 벌어지고 있었다.

"이교의 제사장들과 관리들은 '명예를 사랑하여' 서로 경쟁했으나 그리스도인들은 그것을 '허영심'이라 불렀다. … 그리스도인들은 빈민과 과부와 고아를 구제했다. … 이교도들은 빈민의 형편 속에서 영적 가치를 본 적이 없다. … 이교의 동업 조합들과 대다수 종교 단체들은 회원들을 남녀로 구분했으나 그리스도인들은 남녀를 똑같이 수용했다. 그리스 세계의 이교 집단들은 대개 노예를 받아들이지 않았으나 그리스도인들은 이교를 믿는 상전의 노예들까지 받아들였다."

터툴리안은 이렇게 말했다.

"많은 적들이 보기에 우리의 특징은 바로 힘없는 자들을 돌보며 사랑을 실천하는 모습이다. 사람들은 우리를 가리키며 '그들이 어떻게 서로 사랑하는지 보라. 그것만 보면 된다'고 말한다."

더 깊은 뭔가에 굶주린 사람들을 일깨우는 사람

오랫동안 교회의 가장 큰 문제는 박해였다. 그러다 갑작스러운 성공이 교회의 가장 큰 문제가 되었다.

4세기 말경에 기독교는 국법으로 부상했다. 로마가 기독교를 수용하면서 눈부신 성장을 거듭했는데, 역설적이게도 그것이 기독교의 성격을 바꾸어 놓았다. 박해가 종식되고 교회에 부가 흘러들었다. 사람들은 특혜를 누리려고 성직으로 몰려들었고, 우대나 일자리나 승진을 얻어 낼 목적으로 회심했다. 이제 옛 이교 신들을 숭배하는 사람들이 고생하기 시작했다. 박해받던 교회가 박해자로 변한 것이다. 자로슬라브 펠리칸의 말처럼 "이름뿐인 이교도가 되기보다 이름뿐인 기독교인이 되는 게 더 쉬워졌다."

하지만 이름뿐인 기독교보다 더 깊은 뭔가에 굶주린 사람들이 교회 안에 있었다. 그리하여 예기치 못한 새로운 운동이 태동했다.

안토니(Anthony)라는 젊은 그리스도인은 예수께서 부자 청년에게 모든 재산을 팔고 그분을 따르라고 하셨다는 이야기를 들었다. 그래서 안토니는 모든 것을 버리고 이집트의 사막으로 이주했다. 그전에도 수사들과 은자들이 있기는 했지만, 안토니는 "영혼의 씨름을 지리적 위치와 결부시킨" 최초의 사람이 되었다. 그는 아주 장수하다가 100세가 넘어 결국 로마에 순교 당했다. 그의 영향력은 어마어마했다. 부와 안락을 버리고 예수의 방식을 따르려는 그리스도인들이 수백 명씩 불어났다.

이집트에 생겨난 한 사막 공동체에는 2만 명의 여자들이 있는 것으로 알려졌다. 그래서 "사막의 수사들이 나머지 세상의 일반 신도들만큼이나 많다"는 말이 생겨났다. 그 말은 요기 베라(Yogi Berra)가 어떤 식당에 대해 "거기는 사람이 너무 많아 이제 아무도 가지 않는다"고 한 말의 전조가 되었다.

이런 수도원 공동체들을 통해 사람들은 다시 한 번 무엇보다 예수의 방식을 찾기 시작했다. 시간과 일과 기도와 재물을 하나님과의 연합이라는 더 큰 목표 밑에 두는 삶을 실험한 것이다. 그것이 결국 어거스틴과 베네딕트의 『규정집』으로 이어졌다. 일종의 '생활 방식'이라 할 수 있다.

물론 사막의 사람들에게도 나름대로 문제가 있었다. 그들은 종종 두 부류로 차등을 두어 영성을 조장했고, 그래서 보통 사람들에게는 영적으로 깊어지는 길을 막았다. 또한 영적 '운동선수'가 되려는 열망은 스스로 의롭게 여기는 태도와 멀지 않았다. 영적 훈련들도 점차 지혜나 목적을 잃었다.

기둥 위의 성자 시므온(Simeon Stylite)은 30년을 밧줄에 묶인 채 9미터 높이 기둥 위에서 살았다고 한다. 밧줄에 닿은 그의 살이 썩어 그곳에 벌레들이 꼬였다. 벌레들이 떨어져 나갈 때마다 그는 다시 벌레들을 살에 대 주며 "하나님이 주신 것이니 먹으렴" 하고 말했다.

하지만 긍정적인 관점에서 보면 사막의 사람들은 "공동선을 위한 대안 공동체들"이 되었다. 이런 단체들이 후에 도미니크회, 프란시스코회, 베네딕트회, 예수회로 알려지게 된다. 그런 단체에 속한 사람들은 하나같이 거룩한 삶을 뜨겁게 추구했고, 서구 세계의 정치와 교육 발전에 영향을 미쳤다. 그들이 만들어 낸 많은 공동체는 가난하고 불우한 사람들을 돌보는 일에 앞장섰다.

사명 의식은 패트릭(Patrick)을 아일랜드로 보낸 일로 시작하여 결국 수천 명의 사람들을 전 세계로 보냈다. 그리하여 A.D. 1000년쯤에는 기독교 공동체들이 그린란드부터 중국에까지 두루 퍼져 있었다.

"튜턴족과 슬라브족이 기독교를 받아들여 문명화된 이 엄청난 업적은 유럽 전역에서 수백 명의 수사들이 끊임없이 자신을 희생하며 과감히 수고한 덕분이다."

세상을 버리려 했던 작은 무리의 제자들이 이렇게 여러 모양으로 결국 세상을 새롭게 변화시켰다.

13세기에 기사가 되려 했던 어느 귀족 가문의 아들은 대신 이런 부르심을 받았다. "가서 망가진 내 교회를 고치라." 아시시의 프란시스코가 돈과 안정을 버리자 사람들이 따르기 시작했다. 세 명이 열두 명으로 늘어나더니 몇 년 사이에 3천 명이 되었다. 그는 단순한 삶과 큰 기쁨을 결합시켰다. 그가 지은 〈형제 태양의 노래(Canticle of Brother Sun)〉는 이탈리아 고유어로 된 최초의 비중 있는 작품으로 일컬어졌다. 창조 세계를 인하여 하나님을 찬양하는 찬송들 중에 그의 시를 개작한 것이 많다. G. K. 체스터턴은 마치 유럽이 여러 세기를 지나며 자연 숭배로부터 정화되어 다시 자연으로 돌아와 하나님을 경배하게 된 것 같다고 말했다.

17세기 영국의 조지 폭스(George Fox)라는 구두 수선공은 영적 좌절에 빠져 여러 종교를 전전했다. 그러다 "나는 음성을 들었다. '예수 그리스도께서 너의 문제를 해결하실 수 있다'는 말을 듣고 내 심장은 기뻐 뛰었다." 결국 조지 폭스는 모든 사람이 예수의 영이라는 내면의 빛을 통해 하나님께 직접 나아갈 수 있다고 가르쳤다. 역사가 도로시 배스(Dorothy Bass)는 내면의 빛의 교리가 "17세기에만 해도 … 혁명적 개념이라서 사회의 전통적 질서를 뒤집어 놓았다"고 말했다. 이를 계기로 교회에 여성 지도자들이 탄생했고, 평화를 이룩하려는 헌신이 깊어졌다. 식민지 미국의 퀘이커교는 노예제도로 존재하던 인종차별에 최초로 항거했다.

교회가 없는 세상을 상상해 보라. 노트르담 교회도 없고, 세인트 폴 교회도 없다. 가게를 개조해서 만든 흑인 교회도 없고, 중국의 가정 교회도 없다. 이번에는 교회의 사람들도 다 없다고 생각해 보라. 베드로도 없고, 바울도 없고, 디모데도 없다. 어거스틴도 없고, 아퀴나스도 없고, 아시시의 프란시스코도 없다. 테레사 수녀도 없고, 마틴 루터도 없고, 마틴 루터 킹 주니어도 없다. 디트리히 본회퍼도 없고, 잔 다르크도 없다. 존 밀턴, 존 위클리프, 존 웨슬리, 장 칼뱅, 세례 요한, 사도 요한, 교황 요한 23세, 조니 캐시도 다 없다.

도도새가 되어 버린 로마제국

하지만 홀든 코필드가 썼듯이 예수를 따르는 사람들은 그분께 전혀 무용지물일 때가 많았다.

내가 제일 좋아하는 학자 겸 작가 중 하나가 이에 해당하는 일종의 비유를 내놓았다. 성경을 『메시지(The Message)』로 풀어쓴 유진 피터슨은 아주 독실한 오순절 계통의 기독교 가정에서 자랐다. 그런데 초등학교 1학년 때부터 그는 그리스도인이 아닌 사람들과 더불어 살아야 하는 긴장을 느꼈다. 개리슨 존스라는 2학년 학생이 유진을 과녁으로 삼아 괴롭혔던 것이다. 피터슨은 이렇게 썼다.

"그때까지 내가 동네와 학교라는 넓은 세상에 대해 준비된 것이라고는 '너희를 박해하는 자를 축복하라' '다른 뺨도 돌려대라'는 말씀을 외운 것뿐이었다. 개리슨 존스가 나의 그 점을 어떻게 알았는지는 모른다. 아마 깡패들의 육감이리라. 그는 거의 날마다 방과 후에 나를 붙잡아 때렸다. 내가 그리스도인이라는 걸 알고는 '예수 믿는 계집애'라고 놀리기도 했다.

나는 거의 날마다 멍이 들어 집에 돌아왔다. 어머니는 세상의 그리스도인들이 늘 그랬다면서 나도 익숙해지면 된다고 했다. 그를 위해 기도해야 한다는 말씀도 하셨다. 하루는 내가 일고여덟 명의 친구들과 함께 있는데 개리슨이 방과 후에 우리를 따라와 나를 패기 시작했다. 일이 벌어진 건 그때였다. 뭔가가 번쩍 하면서 잠시 내 의식 속에서 성경 구절들이 증발했다. 나는 개리슨을 움켜쥐었다. 둘 다 놀랐지만 내가 그보다 힘이 셌다. 나는 그를 바닥에 쓰러뜨린 뒤 가슴에 올라타고 앉아 무릎으로 두 팔을 찍어 눌렀다. 그는 고양이 앞의 생쥐 꼴이었다. 너무 좋아 믿어지지 않았다. 주먹으로 그의 얼굴을 쳤다. 기분이 좋았다. 다시 쳤더니 코피가 확 뿜어 나왔다. 흰 눈밭을 적시는 빨간색이 멋있어 보였다.

내가 개리슨에게 '삼촌이라고 불러 봐' 했더니 그는 말하려 들지 않았다. 한 방 더 갈겼다. 피가 더 나왔다. 그때 내가 받은 기독교 교육이 다시 고개를 쳐들었다. 그래서 말을 바꾸었다. '나는 예수 그리스도를 내 주구와 주님으로 믿습니다! 그렇게 말해 봐.' 그는 말하려 들지 않았다. 다시 때렸다. 피가 더 나왔다. '나는 예수 그리스도를 내 주구와 주님으로 믿습니다라고 어서 말해 봐.' 결국 그는 따라했다.

개리슨 존스는 내가 최초로 그리스도인으로 회심시킨 사람이다."

이게 바로 『메시지』를 쓴 사람이다.

"그들은 예수께 전혀 무용지물이었다."

존 소머빌(John Somerville)은 교회가 저지른 가장 뻔한 죄들을 몇 가지 꼽았다. 예컨대 십자군, 종교재판, 1550~1650년의 종교 전쟁, 마녀 사냥, 노예 제도, 인종차별, 여성에 대한 압제, 반유대주의, 과학의 배척 등이다.

그리스도인들은 모든 인간이 교회 안에 있든 밖에 있든 죄에 깊이 물들어 있다고 지적할 것이다. 죄를 인정하는 것 자체도 어느 정도 겸손이 없으면 안 된다. 철저한 개혁주의 전통에서 자란 내 친구 하나가 즐겨 하는 말이 있다.

"인간의 전적인 타락을 인정하는 사람이라면 완전히 악할 수는 없다."

G. K. 체스터턴은 "교회가 의롭다 하심을 받는 이유는 교회의 자녀들이 죄를 짓지 않아서가 아니라 죄를 짓기 때문이다"라고 썼다. 맞는 말일 것이다. 하지만 의롭다 하심의 양이 엄청나다. 신앙이 없는 어떤 사람이 교회가 엉망으로 보인다고 말한다면, 내가 해 줄 수 있는 말은 이것뿐이다. "안에 들어와서 보셔야 합니다."

하지만 신기하게도 예수는 그 속에서도 계속 빛을 발한다. 예수는 작게 시작했다. 그분을 따르는 사람들은 작은 일에 가장 능할 때가 많다. 내가 아는 한 사람은 기발한 사역을 시작했다. 통신 기술의 첨단을 달리는 자원봉사자들, 즉 청소년들이 화상 채팅 장비를 밴에 싣고 양로원들을 방문하는 것이다. 덕분에 노인들은 멀리 떨어져 있는 가족들, 손자손녀들, 친구들을 보며 대화를 나눌 수 있다. 그 사람은 이 사역을 '이동식 만남의 광장'이라 부른다.

때로 사람들은 세상을 돌아다니기도 한다. 나는 댄 쇼(Dan Shaw)라는 선교사 겸 인류학자와 함께 저녁식사를 한 적이 있다. 열 살 때부터 인류학자가 되고 싶었던 그는 오랜 세월을 바쳐 파푸아뉴기니의 한 부족에게 성경을 번역해 주었다. 도중에 문제가 있었다. 그 사람들은 초자연적 세계도 믿고 여러 곳에서 영들과 신들을 보기도 하는데, 만물의 창조주요 통치자이신 크신 하나님에 해당하는 단어가 없었던 것이다.

댄이 여러 해 동안 그들과 친해지면서 알게 된 사실이 있다. 그들의 대가족에는 하이-요라는 인물이 있었다. 그는 분쟁을 중재하고, 온 가족을 보호하며, 공정함을 판정하는 아버지 인물이었다. 그래서 댄은 다음과 같이 창세기의 번역에 착수했다.

"조상들이 있기 오래전에 하이-요가 하늘과 땅을 창조하셨다."

사람들은 말했다.

"아, 몰랐습니다. 그분은 모든 것을 주관하시는 하이-요이십니다."

댄이 물었다.

"모든 사람까지도 주관하시는 하이-요이시라면 어떨까요? 당신들만 아니라 당신들의 적들, 저 강 건너 식인 부족까지도 말입니다."

"아, 그렇다면 어서 그들과 화해해야 되겠군요."

그래서 화해가 이루어졌다.

어느 날 예수가 베드로와 안드레와 야고보와 요한을 불러 자기를 따르게 했다. 그 일이 어떻게 벌어졌든 관계없다. 만일 그가 그들을 부르지 않았다면 세상은 지금 어떻게 되었을까?

그와 함께하던 세월이 끝나던 날, 그들은 세상을 떠들썩하게 하지 못했다. 그가 죽던 날 당신이 그 자리에 있었다고 하자. 로마제국의 팍스 로마나, 총 길이 40만 킬로미터의 도로, 아시아와 아프리카와 유럽으로 확장된 영토, 군림의 역사, 지중해 전역의 부러움을 산 사회적 지위 등을 당신의 눈으로 보았다고 하자. 아울러 당신은 어느 처형당한 목수를 한때 따르던 수십 명의 무리도 보았다. 실패자요 패배자인 그들은 겁에 질리고 사기가 떨어진 채 혼란에 빠져 있었다.

누군가 당신에게 둘 중 어느 집단이 2천 년 후에도 여전히 남아 있을지 내기를 하자고 했다면, 모든 돈이 로마제국 쪽으로 쏠렸을 것이다. 하지만 로마제국은 지금 도도새처럼 멸종되고 없다.

이 사람은 누구였는가?

'부르심'이란 나보다 큰 존재
로부터 받는 것이라는 개념에
서 왔다. 그들의 과제는 예수
께 배운 하나님의 임재와 능력
을 드러내 줄 공동체를 이루는
것, 이 공동체의 사랑을 모든
사람에게로 확장하는 것, 그리
고 아무나 관심 있는 사람을
거기에 초청하여 합류시키는
것이었다.

11

결혼에 신성을
부여한 독신남

• 우리 시대 사람들은 성적 친밀함을 결혼한 남편과 아내에게 국한시키는 개념을 구식이라 생각하는 경향이 있다. 하지만 사실은 정반대다. 결혼을 한참 벗어난 성생활이야말로 사회적으로 훨씬 오래된 제도였다. 성적 친밀함을 결혼에 국한시키려는 노력은 역사적으로 신출내기에 지나지 않는다.

이스라엘 바깥의 고대 세계에서는 섹스를 결코 도덕적 이유에서 결혼에 국한되는 활동으로 간주하지 않았다. 섹스는 종교와 거의 무관했다. 물론 어떤 다산의 종교들의 경우에는 신전에서 매춘을 행했다. 인간의 다산이 자연의 다산으로 이어진다는 믿음 때문이었다. 또한 일부 철학자들은 절제의 부족을 나쁘게 보았다. 하지만 대체로 고대 세계의 성적 모토는 "오늘 실컷 즐기라"였다. 적어도 남자의 경우는 그랬다.

대체로 로마의 법과 사회 규범은 유부남의 성적 모험을 보호하기 위해 제정되었다. 유사(類似) 데모스테네스로 알려진 1세기의 작가는 진짜 구식 결혼에 대해 이렇게 썼다.

"정부(情婦)들은 우리를 즐겁게 하고, 첩들은 우리의 필요를 채워 주고, 아내들은 적법한 자식을 낳아 준다."

래리 야브로(Larry Yarbrough)는 유사 데모스테네스의 부인이 그 말을 어떻게 생각했을지 생각하면 흥미롭다고 꼬집었다. 대부분의 증거 문헌은 재산과 지식을 갖춘 남성들의 산물이기 때문이다.

'성적 이중 잣대'라는 말이 현대인들의 귀에는 당연히 부당하게 들린다.

하지만 고대인들에게는 그렇지 않았다. 유부녀의 혼외 섹스는 간음죄가 되었지만, 유부남의 경우는 상대가 유부녀만 아니라면 죄가 없었다. 상대가 유부녀인 경우라도 위법의 대상은 상대 쪽 남편이었다. 범죄의 성격을 재산 침해로 해석한 것이다. 게다가 남자는 자기 아내의 간음을 눈감아 주지 못하게 법으로 금지되어 있었다.

결혼식 참석으로 공생애 시계가 시작되다

고대 세계는 성을 번식의 수단이자 채워야 할 욕구로 예찬했다. 먹고 마시려는 욕구와 비슷했다. 그리스의 의사들은 여자에게 '히스테리'라는 진단을 자주 내렸는데, 이는 '자궁'을 뜻하는 헬라어 단어에서 온 말이다. 그들은 히스테리의 원인이 허한 자궁에 있으며, 따라서 성교를 통해 치료될 수 있다고 보았다. 로마의 의사 루푸스(Rufus)는 우울증, 간질, 두통 등의 치료책으로 사춘기 아이들에게 섹스를 처방했다.

고대인들도 누구 못지않게 사랑, 애착, 성욕, 절제, 질투를 느낄 줄 알았다. 워낙 공공연히 가정의 평화를 칭송하다 보니 남편이 아내의 묘비에 '결혼 기간 30년 s.u.q.'라고 쓰는 일이 흔히 있었다. 그렇게만 써도 그것이 "전혀 불화가 없었다"(sine ulla querella)는 뜻임을 누구나 알았다.

"하지만 행인들이 비록 말뜻은 알았더라도 그 말을 그대로 믿었을까? 우리는 그대로 믿어야 할까?"

결혼의 의미는 넓은 주변 정황 속에 있었고, 그만큼 결혼은 정치적이고 경제적인 일이었다. 이집트의 부유층 가정에서는 가문의 재산을 보전하기 위해 남매간에 결혼했고, 웬만한 근동 지방에서도 마찬가지였다. 로마에서 가정은 도시의 기초이고 도시는 제국의 기초로 통했다. 그래서 초창기의 로마는 로마인들에게 의무적으로 결혼하여 자식을 낳게 했다. 제국을 확장하는 데 인구가 필요했기 때문이다. 결혼과 출산은 납세처럼 시민의 의무였다.

아우구스투스는 다른 계층 간의 결혼을 법으로 금했다. 앞서 보았던 키케로의 말처럼 "계층을 존속시켜야 했기" 때문이다. 나아가 노예에게는 사실상 결혼 자체가 허용되지 않았다. 로마제국 인구의 최고 절반까지가 노예였으므로 결혼은 상류층을 위한 제도였던 셈이다.

신들은 결혼에 대해 별로 말이 없었다. 버가모의 잘 알려진 한 이교의 규정에 따르면, 자기 아내와 섹스한 후에는 하루의 공백을 두어야 했지만 타인의 아내와 섹스한 후에는 이틀의 공백을 두어야 했다. 제우스의 성적 편력(어느 작가는 그를 '바람둥이의 지존'이라 불렀다)을 보아도 절제가 올림픽의 덕목은 아니었다.

섹스에 대한 신들의 침묵 때문에 아이들의 성의 세계까지 크게 달라졌다. 특히 그리스 문화에서 성인 남자와 소년(대개 12~16세 사이)의 성행위는 당연시되었다. 로마 황제 코모두스는 300명의 소년과 섹스를 즐겼다고 한다. 그리스도인 작가 타티안(Tatian)의 기록에 보면, 로마인들은 "소년과의 동성애를 남다른 특권으로 여겨 마치 초장의 암말 떼를 모으듯 소년들을 대거 모으려 했다."

노예 소녀들은 가부장의 결정대로 성적 목적에 쓰일 수 있었다. 자유인으로 태어난 소녀들은 대개 집안의 뜻대로 최대한 일찍 결혼했다. 비문들을 판독한 어느 연구에 따르면, 이교 소녀들의 20퍼센트는 13세 이전에 결혼했다. 기독교 공동체의 경우는 그것의 3분의 1쯤 되었다. 그래서 대체로 남편이 열 살이나 그 이상 연상이었다.

예수의 가르침은 결혼과 성을 이스라엘 바깥의 고대 세계와는 근본적으로 다른 틀 속에 두었다. 그것은 유대교의 가르침에서 와서 예수를 통해 온 세계로 전수되었다.

예수가 서른 살쯤 된 어느 날, 친구들과 함께 어느 결혼식에 참석했다. 이스라엘의 결혼식은 보통 7일 동안 계속되었다. 결혼하는 집은 수많은 사람들을 초대했고, 마을 사람 전체를 부를 때도 있었다. 랍비들은 하나님이 아담과 하와의 결혼식에 참석하신 사실이 결혼식의 중요성을 보여 준다고 말했다. 랍비들은 자기 제자들이 결혼식에 참석할 수 있도록 학교를 쉬기도 했다.

결혼식에 초대받고도 가지 않는 것은 주인에 대한 모욕이었다. 관례상 결혼식에는 음식이 남아돌 정도로 푸짐했다. 이웃을 결혼식에 초대해 놓고 대접이 소홀한 사람은 도둑 취급을 당했다. 따라서 결혼식에서 포도주가 떨어진 것은 심각한 문제였다.

가나의 결혼식 초청을 예수가 어떤 생각으로 수락하셨는지는 성경에 말이 없다. 예수는 결혼하지 않았는데, 이는 당시로서는 굉장히 보기 드문 일이었다. 랍비들은 토라의 첫 계명이 "하나님을 사랑하라"든지 "우상을 숭배하지 말라"가 아니라 "생육하고 번성하라"라는 사실에 경탄하곤 했다. 랍비들은 이 부분에서 친히 모범을 보여야 했다. 그런데 예수는 랍비였다.

예수가 자신의 결혼 가능성을 한 번이라도 생각해 본 적이 있는지 성경에는 나와 있지 않다. 랍비가 그런 생각을 하지 않는다는 것은 상상하기 어렵다. 그가 여자에게 끌린 적이 있는지도 성경에 말이 없다. 물론 그가 나머지 인류처럼 '모든 일에' 시험을 받았다는 말은 성경에 분명히 나온다. 따라서 예수는 호르몬과 욕구에 초연한 무념무상의 존재는 아니었다.

포도주가 떨어지자 예수의 어머니가 예수에게 도와 달라고 부탁했다.

그가 이렇게 대답했다.

"여자여, 나와 무슨 상관이 있나이까. 내 때가 아직 이르지 아니하였나이다."

필립 얀시(Philip Yancey)가 지적했듯이 만일 예수가 행동을 취한다면 이는 그의 때가 이르렀다는 뜻이다. 이 순간부터 그의 삶은 달라질 것이다. 기적을 행할 능력이 있다는 사실이 알려지면, 다친 사람과 가난한 사람과 병든 사람이 떼를 지어 그에게 몰려들 것이다.

"이때부터 시계가 재깍거리기 시작하여 갈보리에 가서야 멈출 것이다."

예수는 행동을 취했다. 주인은 한시름 놓았고, 잔치는 계속되었고, 무리는 즐거워했다. 그리고 시계가 재깍거리기 시작했다.

오직 예수만이 알았지만 이로써 연쇄적 사건들에 발동이 걸렸다. 결국 그는 적들과 부딪쳐 목숨을 잃는다. 평범한 삶이 영원히 사라진 것이다. 혹시 예수는 결혼식에서 자신의 결혼이 불가능함을 본 것은 아닐까?

결혼, 영과 육의 신비한 연합

어느 날 예수는 결혼에 대한 토라의 가르침을 해석했다.

"예수께서 대답하여 이르시되 사람을 지으신 이가 본래 그들을 남자와 여자로 지으시고 말씀하시기를 그러므로 사람이 그 부모를 떠나서 아내에게 합하여 그 둘이 한 몸이 될지니라 하신 것을 읽지 못하였느냐 그런즉 이제 둘이 아니요 한 몸이니 그러므로 하나님이 짝지어 주신 것을 사람이 나누지 못할지니라"(마 19:4~6).

예수는 결혼이 본질상 경제적 제도나 사회적 제도가 아니라고 말한다. 결혼은 하나님이 지시하신 언약이며, 그 속에는 자아를 초월하여 공동체를 이룰 수 있는 인간의 역량이 담겨 있다. 결혼은 영과 육의 연합이다. 결혼은 국가를 위해 존재하지 않는다. 결혼이 국가보다 먼저 있었다.

예수는 결혼을 창조와 연결시킨다. 창세기에 보면 하나님은 피조물을 선하게 지으시되 이것과 저것을 나누신다. 빛과 어둠을 나누시고, 마른 땅과 바다를 나누시고, 하늘과 땅을 나누신다. 그런데 남자와 여자에 와서는 오히려 나누어져 있던 것을 결합시키신다. 그래서 예수는 하나님이 결합시켜 주신 것을 사람이 나눌 수 없다고 말했다.

결혼이란 하나님의 창조 행위, 즉 '하나님이 짝지어 주신 것'에 들어서는 일이다. 결혼은 사실 영적인 실재이며, 성, 즉 한 몸이 되는 것은 그것의 가장 격렬하고 신체적인 표현이다.

로마의 결혼식은 대개 아무런 체계가 없었다. 게다가 결혼 이외에도 성생활의 장치가 많이 있었음은 물론이다. 교회에서 비로소 결혼식은 결혼의 기초를 중심으로 공식적인 틀을 갖추었다.

월터 왱어린(Walter Wangerin)의 말처럼 "결혼은 약속으로 시작된다." 한 남자와 한 여자가 교회당이나 예식장이나 뒷마당에서 서로 앞에, 증인들 앞에, 전능하신 하나님 앞에 선다. 그리고 서약한다. 결혼 생활은 바로 그 약속과 언약 위에 세워진다.

약속을 자발적으로 건네고, 온전히 받아들이고, 기쁘게 목격하고, 애써 지켜 가는 것, 결혼은 바로 그것으로 이루어진다. 때로 사람들은 "나는 종이쪽지 따위는 필요 없다"고 말한다. 처음부터 관건은 종이가 아니었다. 예수 시대에는 종이가 있지도 않았다. 관건은 "검은머리 파뿌리 되도록 해로하겠다"는 약속이다.

한 남자와 한 여자가 좋을 때나 궂을 때나, 부유할 때나 가난할 때나, 병들 때나 건강할 때나 함께하기로 약속한다. 모든 것이 변하는 불안정한 세상에서 이것 하나만은 확실히 의지할 수 있는 불가침의 영역이다. 젊고 섹시하고 향수 냄새가 가득할 때도, 늙고 이가 빠지고 파스 냄새가 가득할 때도, 이 약속만은 믿을 수 있다. 이것은 서로의 엄숙한 서약이다.

혼인 서약문이 그토록 멋있고 감동적이면서도 두려운 문장인 이유는 그것이 평생의 약속이기 때문이다. 혼인 서약은 서로의 매력과 실리를 초월한다. 예로부터 그것은 언약의 문맥 속에 들어 있었다. 하나님이 영원무궁한 사랑을 맹세하실 때와 약간 비슷하다.

예수에 따르면 이 약속은 단지 간음이나 이혼을 막기 위한 것이 아니라 신체적, 지적, 영적 차원에서 연합을 추구하기 위한 것이다. 이 연합은 서로의 개성을 잠식하는 게 아니라 오히려 마음껏 꽃피우게 한다.

예수에게서 감화를 받아 셰익스피어도 사랑을 이렇게 노래했다.

그리하여 그들은 사랑하였노라.

둘의 사랑이되 본질상 하나였고

각기 둘이되 나누이지 않았으니

사랑의 세계에서 숫자는 죽었노라.

각기 다른 두 사람이 연합하여 사랑으로 서로에게 헌신한다. 서로 다른 갈망과 욕구가 함께 결합한다. 결혼에는 초월적 요소가 있다. 사랑은 수학이 하지 못하는 일을 한다. 둘이 하나가 되고도 여전히 둘임을 즐거워한다.

"사랑의 세계에서 숫자는 죽었노라."

이제 섹스도 새로운 의미와 새로운 정황을 얻었다. 고대 세계에서 인간이 일차적 충절을 지켜야 할 대상은 부모였다. 그러나 이제 남자와 여자는 부모를 떠나야 하며, 일차적 충절의 대상도 바뀌어야 한다. 그것은 바로 서로의 연합이다. 이 연합을 부부는 성적 친밀함으로 표현하여 한 몸이 된다. 다시 말해 섹스는 일종의 성례다. 섹스는 내적 실체 즉 영적 상태를 보여 주는 외적 표시다.

신기하게도 성적 친밀함을 통해 둘은 영적으로 연결 내지 소통된다. 섹스에는 생물학적 기능 못지않게 영적 의미도 있다. 성적 친밀함을 나눌 때, 두 사람은 의도했든 그렇지 않든 몸으로 약속하는 것이다.

"아담과 그의 아내 두 사람이 벌거벗었으나 부끄러워하지 아니하니라"
(창 2:25).

나는 교회에서 자라면서도 이 본문을 한 번도 배운 적이 없다. 이 말씀에서 인간의 몸은 선한 것이며 구속(救贖)된 성이 자유로운 것임을 알 수 있다. 하지만 오랜 세월 동안 교회는 이 두 가지 진리로 씨름하곤 했다.

예수가 보여 준 하나님은 올림포스 산의 신들과 달리 인간의 성에 대해 분명한 생각을 가지고 있다.

> "아담이 그의 아내 하와와 동침하매 하와가 임신하여 가인을 낳고 이르되 내가 여호와로 말미암아 득남하였다 하니라"(창 4:1).

보다시피 하와는 아담을 언급하지 않는다. 남자로서 아담의 자존심이 약간 구겨지지 않았을지 모르겠다. "이봐, 나도 같이 한 일이라고."

여기 하나님을 언급한 것은 의도적이다. 정말 하나님이 개입되기 때문이다. 하와에게 성적 친밀함이란 남편과 연결되고 아들과 연결되고 하나님과 연결되는 풍성한 경험이었다. 예수의 가르침에 비추어 볼 때 섹스에는 늘 하나님이 개입된다. 하나님이 인간을 지으셨기 때문이다. 그러므로 하나님은 당연히 이 문제에 관심이 깊으시다. 하나님은 우리가 섹스를 그분이 고안하신 대로 표현하고 즐기고 향유하고 누리기를 원하신다.

특정한 문화가 섹스를 어떻게 생각하는지 아는 방법 중 하나는 성행위를 표현하는 말을 보면 된다. "성관계를 가진다"는 말에는 섹스가 소유하거나 통제할 수 있는 상품이라는 의미가 깔려 있다. "섹스를 한다"는 표현은 섹스에 대한 이해가 얄팍하거나 동물적임을 보여 준다.

예수가 가르쳤듯이 토라에 주로 쓰인 섹스에 대한 단어는 '야다'라는 히브리어 단어다. 야다는 대개 "알다, 관찰하다, 자세히 공부하다, 학생이 되다"로 번역한다. 야다는 건조하고 냉랭하고 추상적인 지식이 아니다. 야다는 인격적이고 체험적인 앎이며, 관계와 관심과 헌신을 내포한다.

호세아서에도 야다라는 단어가 나온다. 하나님은 자기 백성에게 영원히 장가들 것을 약속하시면서, 그러면 "네가 여호와를 알리라(야다)"고 말씀하신다.

G. K. 체스터턴은 성격 차이만으로 이혼해야 한다면 부부로 남아 있을 사람이 아무도 없다고 썼다.

"나는 행복한 부부를 많이 아는데 성격이 맞는 부부는 하나도 없다. 결혼의 목표 자체는 불가피한 성격 차이의 순간을 싸워 이기는 것이다. 남자와 여자는 본래 성격이 다르다."

결혼과 간음에 대한 예수의 가르침은, 그 가르침에 순종하지 않는 사람들에게도 이미 널리 알려져 있다. 하지만 이중 잣대가 아예 로마법 속에 성문화되어 있던 고대 세계에서 이 가르침을 들었을 사람들의 반응을 상상해 보라.

"또 간음하지 말라 하였다는 것을 너희가 들었으나"(마 5:27).

이스라엘에 살던 사람이라면 당연히 이 말씀을 들었을 것이다. 다른 곳에 살던 사람이라면 그런 말을 듣지 못했을 것이고, 별로 관심도 없었을 것이다. 하지만 이제 설상가상이 된다.

"나는 너희에게 이르노니 음욕을 품고 여자를 보는 자마다 마음에 이미 간음하였느니라"(마 5:28).

이 말씀을 기점으로 결국 성적 이중 잣대는 종말을 맞는다. 예수의 발언은 누군가를 보고 성적 매력을 느끼는 것이 잘못이라는 뜻이 아니다. 그는 좋은 사람이 된다는 것의 핵심 의미를 여러 곳에서 말했는데, 여기도 그중 하나다. 좋은 사람이 되려면 행동만 옳아서는 안 되고 마음이 선해야 한다. 좋은 사람이란 단지 간음을 피하는 사람이 아니다. 좋은 사람이란 여자를 성적 노리개로 대하지 않는 사람, 설령 무사히 벗어날 수 있다 해도 간음하지 않을 사람이다.

보다시피 예수는 남자의 성적 행동의 일차적 책임을 여자에게 두지 않았다. 그는 이렇게 말하지 않았다.

"여자들을 실내에 가두거나 천으로 가려서, 그 미모로 남자들을 유혹하지 못하게 하라. 그런 사회를 만들라."

남자든 여자든 각자 자신의 마음을 지켜야 한다.

결혼의 정의를 한 차원 높인 독신남

나오미 울프(Naomi Wolf)는 종교적 속셈이 없는 작가다. 그녀가 몇 년 전에 펴낸 글에 보면, 다수의 파트너와 얄팍한 섹스를 하며 살 때 영혼은 온갖 상처를 입을 뿐 아니라 평생 지속할 수 있는 충실한 사랑을 잃는다고 썼다. 내 친구 앤디 스탠리(Andy Stanley) 목사가 언젠가 한 여자에게 이렇게 물었다고 한다. 그녀는 예수가 섹스를 결혼에 국한시킨 것을 믿지 못하는 사람이었다.

"당신의 삶은 혼외 섹스 때문에 더 좋아졌습니까, 아니면 더 복잡해졌을 뿐입니까?"

영혼의 아픈 곳을 건드리는 질문이다.

넓은 의미에서 그런 문제는 고대 세계에도 늘 있었다. 그리스와 로마 문화에서 성적 친밀함이 결혼에 국한된다는 개념은 낡아빠진 구닥다리가 아니라 새로운 혁명이었다. 전체적으로 보아 이 개념은 아주 잘 정착된 적이 없다. 오늘까지도 이 문제로 씨름하지 않는 사람은 내가 알기로 없다.

그래도 예수가 가르친 틀은 장차 세상을 바꾸어 놓는다. 그 틀이란 결혼이 남녀 간의 언약 관계라는 개념, 섹스에 영적 요소가 있다는 개념, 여자의 정절만 아니라 남자의 정절도 중요하다는 개념, 아이들이 성적 착취의 대상이 아니라 보호의 대상이라는 개념 등이다.

고대 세계의 항구 도시인 고린도는 온갖 방법으로 섹스를 즐길 수 있는 곳으로 잘 알려져 있었다. 고린도에는 그리스의 사랑의 여신인 아프로디테에게 바쳐진 신전이 있었다. 한 작가에 따르면 그 신전에 1천 명의 창녀가 있었다. 아리스토파네스라는 그리스 작가는 성관계를 뜻하는 완곡한 표현으로 '고린디아조'라는 신조어를 지어내기까지 했다. 성경에 나오는 고린도가 바로 그런 곳이었다.

사도 바울은 그런 고린도에 있는 작은 교회에 "음행을 피하라"고 썼다. 바울의 독자들은 그 말뜻을 알아들었다. 성적 친밀함은 결혼한 사람들에게 국한된 것이다. 더 이상의 말이 필요 없다.

디오그네투스에게 보낸 편지에 보면, 그리스도인들이 식탁은 공유했지만 침대는 공유하지 않았다는 말이 나온다. 내가 전에 팀 켈러(Tim Keller)에게 들었던 말과 비슷하다. 고대인들은 돈에는 인색하고 몸에는 후했지만, 그리스도인들은 몸에는 인색하고 돈에는 후했다.

예수는 독신의 개념에도 영향을 미치셨다. 그분 자신도 독신으로 사셨다. 그분은 남자든 여자든 하나님께 헌신하는 마음에서 독신으로 남아 있을 수 있다고 말씀하셨다. 이는 대부분의 유대교 전통과 비유대교 전통에 역행하는 가르침이었다. 이로써 독신의 삶도 정상적 삶이 되었다.

긴 세월 동안 서구의 결혼은 단지 인류대사가 아니라 영적 제도로 존재했다. 영어로 현존하는 가장 오래된 혼인 서약문은 『공동 기도서(The Book of Common Prayer)』에 나온다. 바로 이 영적 차원 때문에 결혼은 최고의 장엄미를 띠게 된다.

"우리는 여기 하나님 앞에 함께 모여 이 남자와 이 여자를 거룩한 혼인으로 연합시키려 합니다. 결혼은 하나님이 낙원에서 제정하신 고결한 상태입니다. 이 자리의 두 사람은 이제 연합하여 그 거룩한 상태에 들어가려 합니다. 그러므로 누구든지 이들이 적법하게 연합할 수 없는 정당한 사유를 밝힐 수 있는 사람이 있거든 지금 말씀하십시오. 그렇지 않거든 모두 이제부터 영원히 평안을 누리면 됩니다.

이제 그대들 둘에게 청하고 묻나니 혹시 적법하게 혼인의 연합을 이루지 못할 결격 사유를 알고 있다면 어느 쪽이든 고백하십시오. 두려운 심판 날에 마음의 모든 비밀이 드러날 그때처럼 답변하십시오. 잘 알다시피 하나님의 말씀에 허락되지 않은 방식으로 결합하는 사람들은 하나님이 짝지어 주신 것이 아닙니다. 그런 혼인은 적법하지도 않습니다."

우리 시대에도 많은 이들이 계속 결혼식 장소로 교회를 선호한다. 대개 종교가 없는 사람들도 마찬가지다. 단지 경제적 문제 때문만이 아니라 결혼에 깊은 영적 요소가 있다는 개념을 교회가 잘 대변해 주기 때문이다. 우리 딸 로라(Laura)의 약혼 시절에 약혼자 잭(Zach)은 혼인 서약의 심오함을 살려 내려고 정성을 다해 청혼 과정을 준비했다. 드디어 그 순간이 왔다. 둘은 샌프란시스코가 한눈에 들어오는 어느 고층건물 꼭대기 층에서 단둘이 만났다.

문득 로라의 눈앞에 펼쳐진 식탁에 장미꽃잎과 샴페인과 딸기가 놓여 있었다. 로라는 그 특별한 순간의 주인공이 자기가 아니라 다른 사람인 줄 알아서 자리를 비켜 주어야겠다고 생각했다. 그래서 잭에게 나가자고 말하려고 돌아섰다. 로라가 돌아서니 잭은 손에 반지를 들고 한쪽 무릎을 꿇고 있었다.

잭이 말했다.

"로라 캐슬린 오트버그, 나와 결혼해 주겠소?"

로라가 말했다.

"이거 정말이에요?"

그래서 잭은 다시 말해야 했다. 그제야 로라는 "예, 그럼요. 당신과 결혼하겠어요"라고 말했다.

낸시와 내가 결혼식을 진행했는데, 결혼이라는 제도의 영적 장엄함에 다시금 놀랐다. 물론 엄숙한 말만 있었던 것은 아니다. 영화에서 많이 보았지만 내가 일부러 생략한 부분이 있었다. "혹시 누구든지 이 결혼이 성립되어서는 안 될 이유를 알고 있거든…." 그런데도 내 처남이 자리에서 일어나 로라의 감시관처럼 행세하며, 자기가 그런 이유를 많이 알고 있노라고 말했다. 신랑의 가족은 깜짝 놀랐다.

하지만 "혹시 누구든지"로 시작되는 그 오랜 경고의 말조차도 결혼에서 공동체의 역할을 강조해 준다. 혼인 서약의 사회적, 경제적, 성적 측면은 영적 실재와 하나로 맞물려 있다. 예수께서 시작하신 운동이 우리에게 남겨 준 예식과 대사는 2천 년이 지난 지금도 사람들의 마음에 감동을 준다. 결혼을 두 영혼 사이에 연합과 정절을 추구하겠다는 약속으로 보는 개념은 지금도 다분히 남아 있다.

성에 관한 한 교회에도 오류와 괴벽의 역사가 있다. 어떤 수사들은 정욕을 피하려고 여자를 마지막으로 본 것이 몇 년째인지 자랑스럽게 기록하곤 했다.

오리겐은 몸의 지체를 절단하라는 예수의 역설적 말씀을 영적 선을 이루는 수단으로 오해하여 스스로 거세했다. 오히려 예수의 요점은 몸의 지체를 절단하는 것이 선을 이루는 방법이 아니었는데도 말이다. 그렇게 해서는 마음이 변하지 않기 때문이다.

어거스틴은 자신의 성적 편력을 자신을 속박하는 '쇠사슬'이라 표현했다. 그는 마음이 나뉘어 있었다. 하나님을 따르고 싶으면서도 자신의 성적 행동을 고칠 능력이나 의향이 없었다. 한편으로 원하면서도 한편으로 원하지 않았다. 본인이 글에 썼듯이 그는 이렇게 기도하곤 했다.

"주여, 저를 순결하게 하소서. 하지만 아직은 아닙니다."

일부 저작에서 어거스틴은 몸 전반을 부정적으로 보았다. 듀에인 프리즌(Duane Friesen)의 글에 보면, 어거스틴에게 성욕은 지옥의 가장 생생한 징후 중 하나였다. 성욕을 느낄 때는 몸이 이성(理性)의 전적인 지배를 받지 않기 때문이다. 어거스틴은 타락 전의 인간은 성욕이 없이도 번식할 수 있었다는 이론을 내놓았다.

"물론 몸의 모든 지체는 정신에 똑같이 복종했다. 물론 남자와 그의 아내는 정욕의 음란한 충동질이 없이도 임신의 드라마에서 능동적 역할과 수동적 역할을 할 수 있었고, 그동안 영혼은 완전한 평온을 누렸다."

로마가 남자와 여자에게 적용한 이중 잣대는 약해졌지만, 때로 그것은 권력이 있는 사람과 없는 사람을 향한 이중 잣대로 대체되었다. 헨리 8세는 본래 종교개혁에 별로 관심이 없었다. 그런데 아내인 아라곤의 캐서린(원래 헨리의 죽은 형의 부인이었다)에게 아이가 생기지 않자 마음이 앤 볼린에게 끌리면서부터 달라졌다. 그는 레위기 20장 21절을 근거로 형의 미망인과 결혼한 죄를 소급하여 언급하면서, 교황에게 이혼을 승낙해 줄 것을 요청했다. 교황은 신성로마제국의 황제인 찰스 5세를 노엽게 하고 싶지 않았다. 찰스 5세가 마침 캐서린의 조카였던 것이다.

영국국교회는 개혁을 이루려는 많은 숭고한 씨름에서 태동했다. 하지만 위에 말한 사건만은 그것과 거리가 멀었다. 헨리 8세는 돈과 권력이 있었으므로, 결혼과 관련하여 기독교 세계의 대다수 사람들이 누릴 수 없는 '특혜'를 누렸다.

그리스도인들은 때로 '기독교 결혼'이 획일화된 제도이며 치밀한 각본이 짜여 있는 것처럼 말한다. 그러나 사실 로마 시대에 훌륭한 기독교 결혼으로 통하던 것이 중세 시대에 와서는 현격하게 달라졌다. 중세기에는 많은 그리스도인들이 결혼을 독신보다 열등한 길로 간주했다.

마틴 루터는 독신 서원이 상식에 어긋나며 70세가 넘은 남자들만 진실로 독신 서원을 할 수 있다고 역설했다. 비아그라가 나와 있는 지금은 그 연령 기준조차도 더 늦추어야 할 것이다. 루터는 결혼을 '정욕을 다스리는 병원'이라 부른 적도 있다.

루터가 수녀 출신의 캐서린 폰 보라와 결혼하면서 결혼에 대한 유럽의 이해는 다시 한 번 변혁을 맞았다. 루터는 수녀원에서 그녀를 납치하게 했고, 그녀는 생선 상인의 짐마차 뒤쪽에 놓인 청어 통들 사이에 실려 왔다. 종교개혁 전까지는 남녀가 회중석 맞은편에 따로 서거나 앉았으나, 종교개혁 후로는 가족끼리 함께 앉았다. 이제 가족이 교회를 구성하는 주된 영적 공동체가 된 것이다. 이로써 "신성한 세계에 대한 정의가 근본적으로 바뀌었다."

영성 생활을 다루는 작가들은 영의 죄가 육의 죄보다 위험함을 알았다. 하지만 정작 영의 죄에 교회의 치리를 적용하는 일은 드물다.

성적인 죄는 양과 염소를 가르는 최후의 리트머스'시험지가 될 때가 너무 많았다. 자녀들, 특히 딸들을 기를 때도 자신의 몸을 부끄러워하고 욕망을 두려워하도록 가르칠 때가 많았다. 지도자들은 성적인 죄가 용서받을 수 없는 죄라도 되는 냥 맹비난을 퍼붓기 일쑤였다. 그러면서 자기들은 높은 지위를 이용하여 몰래 죄를 짓기도 했다.

예수의 가르침은 그 모두와 얼마나 다른가. 그분께 마음이 끌린 사람들은 번번이 가장 수치스러운 죄인들이었고, 그중에는 성적인 죄인들도 있었다.

마태는 예수의 족보를 기록할 때 네 명의 여자를 포함시켰는데 이는 보기 드문 일이었다. 그중 둘은 이방인이었고, 셋은 성적 추문의 오명을 안고 있었다. 그가 언급한 다섯 번째 여인인 마리아는 동네 사람들의 말거리였다. 임신부터 하고 결혼했기 때문이다.

히브리서 11장은 믿음의 전당이라 하여 노아, 아브라함, 모세, 기드온, 다윗 등 성경의 쟁쟁한 영웅들이 쭉 열거되어 있다. 그러다 중간에 이런 말이

나온다.

"믿음으로 기생 라합은 정탐꾼을 평안히 영접하였으므로 순종하지 아니한 자와 함께 멸망하지 아니하였도다"(히 11:31).

히브리서 저자는 누구의 직업도 언급하지 않는다. 다윗과 사무엘과 아브라함과 기드온이 각각 왕, 제사장, 목축업자, 사사임을 밝히지 않는다. 그런데 왜 유독 라합의 직업만 밝힌 것인가? 은혜를 말하기 위해서다. 결혼 생활에 낙제한 성적인 죄인들이 자석에 끌리듯 예수에게로 이끌려 왔다. 그런데 바로 그 예수가 결혼의 정의를 한 차원 더 높였다.

"남편들아 아내 사랑하기를 그리스도께서 교회를 사랑하시고 그 교회를 위하여 자신을 주심 같이 하라"(엡 5:25).

여태까지 어느 누구의 이름보다도 그의 이름으로 거행된 결혼식, 그의 이름으로 주고받은 서약, 그의 이름으로 신혼부부에게 빌어 준 복이 가장 많다.

서구 세계의 결혼을 누구보다도 가장 많이 변화시킨 사람이 정작 자신은 평생 독신으로 살았다.

예수는 결혼을 창조와 연결시
킨다. 창세기에 보면 하나님은
피조물을 선하게 지으시되 이
것과 저것을 나누신다. 빛과
어둠을 나누시고, 마른 땅과
바다를 나누시고, 하늘과 땅을
나누신다. 그런데 남자와 여자
에 와서는 오히려 나누어져 있
던 것을 결합시키신다. 그래서
예수는 하나님이 결합시켜 주
신 것을 사람이 나눌 수 없다
고 말했다.

12

온 세상에 영감을
불어넣은 유대인

• 　　얼마 전에 세계 최대의 강사 알선소를 운영하는 여자를 인터뷰하는 내용을 들었다. 질문자가 그녀에게 물었다. "훌륭한 강사의 가장 중요한 자질은 무엇입니까?" 지성이나 달변이나 카리스마이려니 생각했는데 그게 아니었다.

그녀에 따르면 훌륭한 강사의 으뜸가는 자질은 단연 열정이다. 주제에 대한 열정이 있으면 그 열정이 겉으로 뿜어 나오게 마련이다. 당신에게 감화를 끼쳤던 교사를 생각해 보라. 가장 똑똑하거나 세련된 사람은 아니었을지 모르지만, 자기가 가르치는 과목이 정말 중요하다고 뜨겁게 믿었을 것이다. 그리하여 그 열정이 알게 모르게 전염되었을 것이다.

감화를 끼치지 못하는 강연이야말로 모든 강사의 악몽이다. 내가 처음 설교를 시작했을 때, 10분도 안 되어 누군가 곤히 잠든 모습이 보였다. 마음이 철렁 무너져 내렸다. 집에 오는 길에 낸시에게 말했다.

"여보, 오늘은 당신 먼저 자리에 누워야겠소."

그 너머의 삶을 가져오는 감화의 사람

우리는 감화에 반응하도록 지어졌다. 모든 사람은 눈에 보이지 않는 이런 표지판을 목에 걸고 다닌다.

"나에게 감화를 끼쳐 달라. 내 인생의 중요성을 일깨워 달라. 나를 불러내 최선의 인간이 되게 해 달라. 무엇이 됐든 내 내면의 가장 고결하고 훌륭한 부분을 끄집어내 달라. 나를 무사안일의 내리막길로 치닫도록 그냥 두지 말라. 내 인생이 돈이나 성공을 얻는 데서 그치지 않도록 도전해 달라."

반면에 감화가 없는 삶은 세상의 큰 비극이다. 그런 삶은 그냥 타성에 젖어 있고, 너무 힘들다는 이유로 좋은 일도 하지 않고, 하루하루를 대수롭지 않은 듯 살아간다. 좋은 부모가 되어 자녀를 위해 온갖 수고를 아끼지 않을 가치가 있건만, 감화가 없는 삶은 그것마저 망각한다.

감화는 우리 자신 안에 있지 않고 바깥에서 온다. 히브리어, 헬라어, 라틴어, 영어에서 감화(inspiration)라는 단어는 외부에서 들어와 우리를 살리는 호흡과 관계가 있다. 사회학자 피터 버거(Peter Berger)는 이렇게 썼다.

"현대의 특징이 있다면 그것은 바로 초월의식을 상실했다는 것이다. 우리는 일상을 에워싸고 있는 일상 너머의 실재를 놓치고 산다."

우리는 원대한 도덕적 비전을 품은 정치 지도자나 개혁가를 원한다. 다시 의욕에 불을 붙이고 싶어 자기 계발에 대한 강연을 듣는다. 더 높은 경지에 올라서고자 아름다움과 특히 예술을 갈망한다. 누군가 미키 하트(Mickey Hart)에게 그가 속한 록밴드 그레이트풀 데드(Grateful Dead)가 티베트 라마 승들의 여러 음이 섞인 영창(詠唱) 소리에 그토록 매료되어 있는지 이유를 물었다. 그러자 그는 "우리도 그들처럼 다른 세상을 지향하기 때문"이라고 답했다.

일순간 감화를 끼칠 수 있는 뛰어난 강사들의 말을 우리도 다 들어 보았다. 그들은 능란한 언변의 마력으로 우리 마음을 움직인다. B.C. 4세기의 그리스에 두 명의 연사가 군중의 환성을 이끌어 냈다고 한다.

"이소크라테스(Isocrates)가 말하면 사람들은 '정말 달변이다!'라고 했지만, 데모스테네스가 말하면 사람들은 '행진하자!'며 나섰다."

훌륭한 기치를 내세워 사회를 개혁하려면 감화가 필요하다. 예술가가 아름다움을 창조하려면 감화가 필요하다. 개인이 무기력이나 무감각에서 벗어나 다시 살아나려면 감화가 필요하다. 우리는 누군가 자신을 행진으로 불러내 주기를 기다린다.

하루는 예수께서 베드로와 야고보와 요한을 데리고 기도하러 산에 올라가셨다. 성경에서나 다른 책들에서나 산은 사람들이 하나님을 경험하는 곳일 때가 많다. 산은 비전의 장소다. 산은 물리적 하늘과 땅이 서로 가장 가까운 곳이다.

성경에 보면 기도 중에 예수의 얼굴이 변화되어 빛을 발했다. 대개 우리는 감화를 빛과 연관시킨다. 만화에서도 어떤 아이디어가 떠올랐을 때 흔히 이를 상징적으로 표현하는 방법은 인물의 머리 위에 전구를 그리는 것이다. 신부(新婦)들은 빛을 발한다고 한다. 연구 결과에 따르면 사랑에 빠진 사람은 피부 바로 밑의 모세혈관에 혈류가 증가한다. 그래서 사랑은 말 그대로 사람을 "빛나게" 한다. 비전에 철저히 사로잡힌 강사를 가리켜 "뜨겁게 불이 붙었다"고 말한다.

예수와 함께 산에 올라간 세 제자는 비전을 보았다. 그 신비롭고 영광스러운 비전 속에서 하나님이 초월적 감화와 메시지를 가지고 임하셨다. 베드로는 자기들이 거기 있는 것이 좋다며 초막 셋을 짓고 거기서 살자고 했다. 본문에 보면 "그가 무슨 말을 할지 알지 못함이더라"(막 9:6)고 그 이유를 밝혀 놓았다. 침묵은 그에게 대안으로 보이지 않았던 모양이다.

예수는 거부하며 그들이 내려가 할 일이 있다고 했다. 그런 비전으로 감화를 준 목적은 잠시 황홀경에 취하라는 뜻이 아니라 사역에 필요한 능력을 주기 위해서였다. 일명 변화산에서 예수가 변형된 일은 그의 비전이자 일관된 메시지를 가장 생생히 표현해 주었다.

그 메시지란 바로 초월적 실체가 존재한다는 사실이다. 초월적 실체는 생각보다 우리와 가까이 있다. 이런 감화는 우리가 하는 일에 육안으로 보이지 않는 중대한 의미를 불어넣어 준다.

이 땅에 하나님의 사랑을 감화시킨 사람

예수는 삭개오라는 부자 사기꾼에게 감화를 끼쳐 재산의 태반을 나누어 주게 했다. 예수는 사마리아 여인에게 감화를 끼쳐 전도자가 되게 했고, 그녀는 다시 많은 동네 사람들에게 감화를 끼쳤다. 그리하여 그들은 유대인 랍비인 예수를 꼬박 이틀 동안 사마리아 동네에 머물게 하며 그에게서 가르침을 받았다. 그는 베드로에게 감화를 끼쳐 배에서 나오게 하셨다. 또 요안나라는 여인에게 감화를 끼쳤는데, 그녀의 남편 구사는 헤롯의 신하로 헤롯은 세례 요한을 죽였을 뿐만 아니라 예수마저 죽이려 했다. 요안나는 헤롯 밑에서 번 돈으로 예수의 사역을 후원했다. 예수는 중풍병자의 네 친구에게 감화를 끼쳐 지붕에 구멍을 뚫고 친구를 자기 앞에 달아 내리게 했다. 그는 12년 동안 피를 흘리던 여자에게 감화를 끼쳐 끝내 무리를 헤치고 그의 옷자락에라도 손을 대고 싶게끔 했다.

예수는 그렇게 온 세상에 감화를 끼쳤다. 그가 감화를 끼친 메시지는 곧 초월자 하나님이 존재하시며 그 하나님의 성품은 사랑이라는 사실이다. 고대 세계는 영적 세계가 실존한다고 보았을 뿐, 그 세계에 도덕적 초월성이 있다고 보지는 않았다. 아리스토텔레스는 "제우스를 사랑한다는 말은 해괴한 소리가 될 것이다"라고 했다. 아무도 다음과 같은 노래를 쓰지 않았다. "제우스 사랑하심은 … 날 사랑하심. 일리아드에 쓰여 있네." 대체로 동양 종교의 신봉자들은 아예 인격적인 신을 믿지 않았다. 누군가가 "나는 사랑의 하나님을 믿는다"라고 말할 때마다 우리는 나사렛 예수의 메아리를 듣는 셈이다.

예수는 인류가 간절히 듣고자 하는 말을 세상에서 가장 명료한 목소리로 말했다. 소설가 레이놀즈 프라이스(Reynolds Price)는 이를 이렇게 표현했다.

"만물의 창조주께서 나를 사랑하시고 원하신다. … 인간의 기본적 필요가 이보다 더 명확히 표현된 것은 우리 문화에 다시없다."

예수의 친구 요한은 이것을 한 문장으로 놀랍게 압축했다.

"하나님은 사랑이시라"(요일 4:16).

어머니라는 단어처럼 하나님이라는 개념 자체에도 깊은 감정이 듬뿍 실려 있다. 작가 오스틴 파러(Austin Farrer)는 엄마가 살아 있을 가능성을 생각하는 고아의 상황을 하나님이 존재할 가능성을 생각하는 개인의 상황에 비유했다.

"인간의 마음은 하나님께로 끌리게 되어 있다. 하다못해 하나님의 가능성에라도 끌리게 되어 있다."

예수에게 이 하나님은 단지 가능성이 아니라 실체이며, 강하실 뿐 아니라 선하신 분이다. 하나님이 선하신 분이라는 이 비전이 사람들을 다른 세계로, 사랑에 기초한 우주로 데려갔다. 파러는 어거스틴의 말을 인용하면서 이렇게 말했다.

"인간이란 곧 사랑하는 존재다. … 우리를 빚어 낸 거푸집이 사랑이다. 우리는 운명적으로 사랑하기 위해 태어났다. 사랑하는 것이 우리의 본성이다. 사랑의 대상은 선택할 수 있어도 사랑할지 여부는 우리의 선택권 밖이다.' 스토아철학의 신이 우리가 동조해야 할 우주의 이성(理性)이라면, 어거스틴의 하나님은 우리가 사랑해야 할 인격체이시다."

고대 세계는 '진, 선, 미'라는 세 가지 가치를 숭상했다. 이 셋이 영속적 감화의 원천이었다. 예수는 그런 욕구가 선한 것임을 인정했을 뿐 아니라 진선미를 한 인격 안에 품었다. 그래서 그는 고대 세계에 감화를 끼칠 수 있었다. 그의 비전은 매우 심오하면서도 누구나 이해할 수 있게 피부에 와 닿았다.

"하나님은 참새를 먹이시고 예쁜 꽃을 기르시고 우리의 머리털까지 세시는 아버지이시다. 하나님은 잃어버린 동전을 찾는 여인이시고, 잃어버린 양을 추적하는 목자이시며, 빗나간 아들에게 달려가는 아버지이시다."

인간의 가장 실존적인 질문은 언제나 이것이었다.

"하나님은 존재하시는가? 하나님은 어떤 분인가?"

오래된 이야기 중에 이런 것이 있다. 어느 교사가 어린 소녀에게 무엇을 그리고 있느냐고 물었다. 아이가 "하나님을 그리고 있어요"라고 대답했다. "하지만 하나님이 어떻게 생겼는지 아무도 모르잖아"라고 교사가 말했다. 그러자 소녀가 대답했다.

"제 그림이 끝나면 다들 알게 될 거예요."

대개 고대인들은 만물을 통치하는 최고의 신이 하나 있고 그 밑에 많은 신들이 존재한다고 보았다. 하지만 로마의 포르피리(Porphyry)가 썼듯이 "첫째 가는 신은 무형이자 눈에 보이지 않는 부동의 존재다. … 입술의 말로도 내면의 언어로도 이 최고의 신을 표현할 길이 없다." 최고의 하나님은 너무 멀어 도저히 알 수 없는 존재였다.

예수의 메시지는 곧 그 하나님이 자신을 알리기 원하신다는 것이다. 예수를 따른 노르위치의 줄리안은 이렇게 썼다.

"하나님의 모습이 우리에게는 부분적인 것 같아 보여도, 그럼에도 그분의 뜻은 우리가 당신을 늘 뵙고 있다고 믿는 것이다. 이 믿음을 통해 하나님은 우리로 언제나 더 큰 은혜를 입게 하신다. 하나님은 우리가 당신을 보기 원하시며, 찾기 원하시며, 기대하기 원하시며, 믿기 원하신다."

그러나 예수는 말로만 사람들을 감화한 게 아니라 자신의 메시지를 삶으로 체화했다. 역사가 폴 존슨(Paul Johnson)은 이렇게 썼다.

"예수는 사람들을 개개인으로 사랑했는데, 어떤 면에서 그것이 그의 가장 두드러진 특징이었다. 그는 지칠 줄 모르고 사람들에게 말을 걸었고, 그들의 은밀한 곳을 꿰뚫어 봤다. 사람들은 그런 그에게 마음이 끌렸고, 아주 자발적으로 마음을 털어놓았다. 그의 삶을 보면 일련의 공적인 모임들 사이로 즉석 만남이 끼어들곤 하는데, 그런 만남이 결국 중대한 사건들이 되었다. 예수는 그런 만남을 부추겼을 뿐만 아니라 소중히 여겼다. … 비록 짧막할 때가 많았지만 이런 일화들이 인간적 측면에서 신약성경의 핵심을 이룬다. 그리고 독자들에게 어디서도 얻을 수 없는 만족을 가져다준다. 성과 속을 통틀어 고대 세계의 다른 어떤 문헌에서도 이런 것을 볼 수 없다."

평범한 인간의 비범한 의미를 알아 준 사람

윌리엄 월리스(William Wallace)는 진군하는 군대를 향해 "자유!"를 외쳤고, 올림픽 육상 선수 에릭 리델(Eric Liddell)은 자기가 빨리 달릴 때 하나님이 기뻐하시는 게 느껴진다고 말했고, 헨리 5세는 성 크리스핀 축일에 "우리 행복한 소수, 우리 형제의 무리는 …"이라고 연설했고, 어느 네 살배기 아이는 '빙판의 기적'을 이룬 아이스하키 팀에게 허브 브룩스 코치처럼 유튜브에서 "당신들의 때가 왔다"고 격려의 말을 했다. 이런 것들을 듣거나 볼 때도 나는 깊은 감화를 받을 수 있다. 하지만 나는 그들처럼 스코틀랜드를 해방시키거나 올림픽에서 달리거나 프랑스를 막아 내거나 러시아 팀을 이기지는 않을 것이다.

훗날 마틴 루터 킹 주니어는 "목숨을 바칠 만한 일을 찾지 못한 사람은 헛된 삶을 사는 것이다"라고 말했다. 예수의 비전은 평범한 사람들에게 목숨을 바칠 만한 일을 가져다주었다.

고대 세계에서는 목숨을 값싸게 취급했다. 오죽하면 죽음은 피를 보는 스포츠 정도에 지나지 않았다. 우리 시대에는 잘 상상이 가지 않지만, 검투사들이 싸우다 죽는 일은 로마제국의 풋볼리그에 해당되었다. 어느 한쪽이 죽지 않으면 관중들이 실망했다. 심마쿠스라는 로마의 귀족은 29명의 색슨족 포로를 검투사로 쓰려고 샀는데, 경기장에서 싸우다 죽어야 할 그들이 미리 자

살해 버리는 바람에 푸념을 늘어놓았다.

그런데 어떻게 해서 이런 일들이 끝이 났는가? 왜? 키루스의 테오도레투스(Theodoret of Cyrus)에 따르면 A.D. 404년에 호노리우스 황제가 검투사들의 싸움을 최종 폐지시켰다. 결정적 계기는 다음과 같았다. 텔레마쿠스(Telemachus)라는 수사가 군중을 따라 경기장에 갔다가 유혈 참상에 기겁하여 살육을 막으려 했다. 군중은 이미 광란의 상태였다. 군중은 체격이 왜소한 수사에게 달려들어 그를 죽여 버렸다. 무방비 상태의 수사가 혈혈단신으로 죽자 군중은 피에 흥건히 젖은 그의 시체 앞에서 숙연해졌다. 결국 그들은 말없이 경기장을 떠났다.

이 이야기의 세밀한 상황까지 정확히 알 수는 없다. 하지만 예수를 따르던 많은 사람들이 이웃 이교도들과 달리 검투 현장을 섬뜩하게 여긴 것만은 분명하다. 많은 그리스도인들이 경기장 안팎에서 자신의 목숨을 버렸다.

몇 세기 전에 살았던 그의 삶과 가르침에 감화되었기 때문이다. 그리스의 전쟁 신인 마르스는 사람을 감화시켜 경기장에서 남을 죽이게 할지 모르지만, 예수는 남녀 인간들을 감화시켜 거기서 죽게 했다.

역사가 마이클 그랜트(Michael Grant)에 따르면 "종교 역사만 아니라 세계 역사를 모두 통틀어 가장 영향력 있는 인물은 예수 그리스도다. 그가 이룬 혁명은 여태까지 살아남은 몇 안 되는 혁명 중 하나다. 고금을 막론하고 무수히 많은 남녀들이 그의 삶과 가르침에서 불가항력적인 의미와 감화를 얻었다."

예수는 평범한 인간의 비범한 의미를 보는 비전을 제시했던 것이다.

예술적 영감을 불어넣은 유대인

예수의 비전은 세월이 가면서 예술가들의 상상을 사로잡았다. 종교적 비전은 으레 예술, 즉 음악이나 시 또는 드라마나 춤을 통해 드러나게 마련이다. 예술은 인간의 머리만 아니라 가슴까지도 더 깊은 세계로 불러들일 수 있기 때문이다. 예술가도 성인처럼 외부에서 오는 감화에 의존한다. 예술은 영감의 언어요 초월의 신호다. 아름다움을 기뻐할 때 우리는 하나님께 한걸음 더 다가서는 것이다.

『더 컬러 퍼플(The Color Purple)』의 주인공인 고민 많은 셀리는 그것을 좀 더 현실감 있게 표현했다. 마침 그녀는 아름다움이 주는 기쁨을 통해 하나님께 돌아오던 중이었다.

"하나님은 네가 사랑하는 모든 것은 물론 네가 사랑하지 않는 지저분한 것들까지도 사랑하신다. 하지만 무엇보다 하나님은 우리의 감탄을 사랑하신다. 네가 들판의 자주색 꽃을 눈여겨보지 않고 그냥 지나치면 하나님은 속이 상하실 거야."

이스라엘은 하나님의 형상을 만들지 못하게 금했고, 눈으로 볼 수 있는 어떤 예술품도 제작하지 않았다. 그래서 우리는 예수가 우세해질수록 예술이 위축될 줄로 생각하기 쉽다. 하지만 사실은 그 반대다.

예일대학교 교수 자로슬로프 펠리칸은 이렇게 썼다.

"4세기에 예수 그리스도가 그리스와 로마의 신들을 이기면서, 아군도 적군도 종교예술이 쇠퇴하리라 예상했겠지만 결과는 정반대였다. 오히려 이후 15세기 동안 엄청난 창의력이 대거 쏟아져 나왔다. 아마 전체 예술사를 통틀어 유례없는 일일 것이다."

예수를 따르는 사람들은 이 새로운 비전을 표현하려고 그가 떠난 지 몇
십 년밖에 안 되어서부터 시와 찬송을 짓기 시작했다. 예술이자 기도의 행위
로 성상도 등장했다. 물론 성상을 두고 수세기 동안 갑론을박이 있었고, 성상
파괴자(iconoclast)라는 단어도 생겨났다. 하지만 다마스쿠스의 요한(John of
Damascus)은 "본래 하나님 자신이 우주에서 최초로 형상을 만드신 분이다"
라고 역설했다. 회화와 조각과 스테인드글라스에 예수가 어찌나 단골로 등장
했는지 지금까지도 그는 세상에서 가장 쉽게 알아볼 수 있는 인물이다. 그의
실제 외모를 아무도 모르는데도 말이다.

영화에서 예수는 대체로 영국 억양으로 말하며, 깎아 놓은 듯한 조각 미남
으로 등장한다. 하지만 2세기의 로마 작가 켈수스는 오히려 예수를 "키도 작고
못생겼다"고 묘사했다. 초기의 기독교 전통도 이와 맥을 같이하는데, 이는 하
나님의 고난당하는 종이 "고운 모양도 없고 풍채도 없다"고 한 이사야 53장 말
씀에 일부 기초한 것이다. 볼품없이 생긴 예수가 몸이 불편한 주변 사람들에
게 특히 더 민감했을 수 있다고 생각하면 가슴이 찡해진다.

예수의 이야기는 예술가들에게 감화를 끼쳐 미추(美醜)의 본질에 천착하
게 했다. 4세기에 어거스틴은 예수가 "어려서도 아름다웠고, 땅에서도 아름
다웠고, 하늘에서도 아름다운 분이 틀림없다"고 역설했다.

어거스틴은 예술 특히 음악을 통해 영혼에 감화를 끼칠 수 있다고 썼다.
그의 『참회록(Confessions)』에는 시가 수시로 등장한다.

"저는 너무 늦게 주를 사랑하였나이다. 예로부터 계셨고 지금도 늘 새로우
신 아름다우신 주여, 저는 너무 늦게 주를 사랑하게 되었나이다."

예수 운동은 다른 예술뿐 아니라 문학에도 변화를 가져왔다. 어거스틴이 직접 그것을 보여 주었다. 그의 『참회록』은 내면을 성찰하는 자서전인데, 그 전까지는 세상에 그런 것이 없었다. 자신의 영적 여정을 이야기로 풀어냄으로써 "어거스틴은 자아의 중요성을 최초로 인정했다."

예수 운동은 언어에도 혁신을 일으켰다. 예수가 없었다면 단테도 없었을 것이다. 그의 『신곡(Divine Comedy)』은 현대 이탈리아어를 형성시킨 주요 원동력이다. 예수가 없었다면 마틴 루터도 없었을 것이다. 그가 번역한 독일어 성경은 독일어를 발전시킨 주요 원동력이다. 예수가 없었다면 흠정역(KJV) 성경도 없었을 것이다. 이 성경은 셰익스피어와 더불어 영어를 발전시킨 가장 중요한 원천이 되었다. 예수가 없었다면 십자가의 요한(John of the Cross)도 없었을 것이다. 많은 역사가들과 문학 평론가들이 그를 스페인어로 저작한 가장 훌륭한 시인으로 꼽고 있다.

사실 펠리칸의 지적대로 라틴어가 세계 일류급 언어의 반열에 오른 것은 제롬이 성경을 라틴어인 벌게이트역으로 번역하고 나서였다. "마찬가지로 종교개혁을 계기로 성경을 여러 자국어로 번역하면서 … 그것이 각 언어의 전환점이 되었다. 이후로 그 과정이 반복되면서 계속 다른 언어로 퍼져 나갔다." 다시 말해 유럽의 언어와 문맹 퇴치의 발전사는 역사상의 다른 어떤 인물보다도 예수께 가장 힘입은 바 크다.

예수의 행적을 담은 복음서 자체도 문학을 바꾸어 놓았다. 토머스 카힐은 이렇게 썼다.

"문학적 관점에서 볼 때 복음서가 다른 모든 작품과 구별되는 점이 있다. 선한 인간에 대해 썼다는 점이다. 작가라면 누구나 알 듯이 그런 인물을 지면에 담아낸다는 것은 불가능에 가깝다. 선하면서 영원히 잊지 못할 인물은 모든 문학을 통틀어 극소수에 지나지 않는다."

최고의 대사는 언제나 악당들의 몫이다. 네로나 한니발 렉터(토머스 해리스의 공포 소설에 나오는 가상 인물-역주)나 가룟 유다를 누가 잊을 수 있겠는가? 그런데 복음서 저자들은 복음서라는 단 하나의 작품 외에는 글쓰기를 시도했다는 흔적이 전혀 없는데도 거의 모든 사람들이 실패하는 부분에서 대성공을 거두었다. 카힐은 "작가의 눈으로 볼 때 이런 위업은 죽은 사람을 살리는 것에 버금가는 기적이다"라고 말했다.

예수의 삶에서 음악을 언급한 것은 한 번뿐이다. 그는 죽기 전날 밤 친구들과 함께 찬송을 불렀다. 그러나 그레고리 교황은 "영혼을 하나님께 올리는" 데 음악을 사용해야 함을 강조했고, 그리하여 그레고리안 성가는 중세의 로큰롤이 되었다. 현대 음악의 악보 표기법을 창안한 사람은 음악을 쉽게 보급하고 싶었던 중세의 수사들이다. 혹시 궁금했다면 '도레미파솔라시도'는 라틴어의 한 찬송에서 일종의 기억 장치로 따온 것이다. 음표를 배워 예배를 보강하기 위해서였다.

마틴 루터는 "주님을 예배하는 데 모든 예술 특히 음악이 쓰이는 것을 보고 싶다. 예술을 주고 지으신 분이 그분이다"라고 말했다. 그리하여 루터 교회합창곡은 "종교개혁의 주된 문화적 기념비의 하나"가 되었다.

루터는 작곡가 요한 세바스찬 바흐에게도 깊은 영향을 미쳤다. 앞에서도 말했듯이 바흐는 작업을 시작할 때마다 악보에 'J.J.'라고 썼다. "예수여, 나를 도우소서"(Jesu, Juva)라는 뜻이다. 또한 모든 악보의 끝에는 S.D.G.라는 세 글자를 썼다. "오직 하나님께 영광을"(Soli Deo gloria)이라는 뜻이다.

나탄 쇠데르블롬(Nathan Soderblom)은 이렇게 썼다.

"수난곡은 교회 안에서 창작되어 16세기에 새로운 심도와 새로운 농도와 새로운 강도에 이르렀다. 여태까지 계시의 원천인 신구약 성경에 더해진 가장 중요한 작품이 바로 이 수난곡이라 할 수 있다. 혹시 제5복음에 대해 묻는다면 주저 없이 나는 요한 세바스찬 바흐를 통해 정점에 오른 이 구속사의 해석을 꼽는다."

조지 프리데릭 헨델은 바흐와 같은 해에 태어났다. 그의 누이의 장례식에서 있었던 설교 제목이 "내가 알기에는 나의 구속자가 살아 계시니"였다. 그것이 헨델의 가장 유명한 아리아 중 하나가 되었다.

대학 시절에 나의 급우였던 수잔 버그먼은 재능이 뛰어난 작가이자 예술가였는데, 뇌종양 때문에 너무 일찍 세상을 떠났다. 수잔의 장례 예배가 있기 얼마 전에 나는 수잔과 그녀의 남편 저드와 함께 마지막 대화를 나누었다. 그녀는 말하기가 무척 힘들어 자꾸 말이 끊겼다. 내가 그녀에게서 마지막으로 들은 완전한 문장은 이것이었다.

"내가 알기에는 나의 구속자가 살아 계시니."

〈할렐루야 합창곡〉도 없고 〈메시아〉도 없고 모차르트의 〈진혼미사곡〉도 없는 세상을 상상해 보라. 신학자 카를 바르트는 방대한 『교회 교의학(Church Dogmatics)』을 쓸 때 모차르트의 음악을 들었다. 그는 모차르트 자신이 사실상 하나의 비유에 상응한다고 말했다.

예수의 영향력이 소위 고급문화에만 국한된 것은 물론 아니다. 죄인들, 노예들, 시골 사람들과 동화한 사람이 엘리트층의 음악에만 영향을 미친 것으로 기억된다면 아이러니일 것이다. 그래미상에 '가스펠 음악'이라고 자기만의 분야를 따로 가지고 있는 사람은 오직 예수뿐이다.

예수는 애팔래치아 산지의 선율 속에서도 기억되고 있다. 내 친구 하나는 여러 해 동안 아버지와 소원하게 지냈다. 그녀의 아버지는 외팔이 바이올린 주자로 유명했는데, 신들린 연주로 애팔래치아 전역의 청중을 감동에 빠뜨렸다. 활을 두 무릎 사이에 끼우고 연주했다. 그런데 그는 하나님을 떠난 지 오래였으므로, 애팔래치아 유일의 외팔이 바이올린 주자만이 아니라 가스펠 음악을 연주하지 않는 애팔래치아 유일의 바이올린 주자이기도 했다. 부녀는 결국 화해했다. 그녀가 아버지의 병상에서 마지막 밤을 함께 보낼 때, 그가 바이올린을 달라고 하더니 〈나 천국으로 날아가리(I'll fly away)〉라는 오래된 가스펠 음악을 연주했다. 그는 바이올린을 내려놓고 딸을 바라보며 엷은 미소를 짓고 고개를 끄덕였다. 하나님과 화목하게 되었던 것이다. 그는 그것을 말로는 불가능한 방식으로 고백했다.

작품 하나 남기지 않고도 예술의 중심이 된 사람

예수는 모든 분야의 예술가들에게 영향을 미쳤을 뿐 아니라 그들이 창작해 내는 작품의 성격에도 영향을 미쳤다. 고대 그리스인들은 인체의 아름다움에 심취했다. 하지만 예수의 아름다운 이야기는 그보다 더 강한 감화를 끼쳤다. "초기 기독교 미술에 나오는 홀쭉한 체구의 선한 목자가 근육질의 헤라클레스와 싸워 이겼다."

사실 매사에 소신이 분명했던 마틴 루터는 중세기의 화가들을 비판했다.

그들이 그린 동정녀 마리아를 보면 "멸시받을 만한 초라한 모습은 전혀 없고 고결한 모습만 있다"는 것이었다. 루터는 하나님이 초라한 사람들에게도 임재하심을 화가들이 담아내야 한다고 생각했다.

알브레히트 뒤러(Albrecht Durer)는 루터의 영향을 받았다. 그래서 그 자신의 미술에는 아름다움을 보는 새로운 시각이 점차 반영되었다. 뒤러의 가장 유명한 작품 중 하나인 〈기도하는 손〉과 얽힌 확인되지 않은 일화가 있다. 뒤러는 가난한 대가족에서 열여덟 자녀 중 셋째로 태어났다. 그의 친구 하나가 광산에서 일하여 한동안 뒤러를 뒷바라지해 주기로 했다. 일찍부터 스승들보다 뛰어난 실력을 보인 뒤러는 몇 년 만에 돈을 충분히 벌었고, 그래서 이제 그의 친구도 화가로 활동할 수 있게 되었다. 하지만 뒤러가 그 소식을 전하러 고향에 돌아가 보니 친구의 손은 광산 일로 너무 못쓰게 되어, 더 이상 정교하게 그림을 그릴 수 없는 상태였다. 친구가 두 손을 모으고 기도하는 모습을 여러 번 보았던 뒤러는 그 기도하는 손의 아름다움을 그림으로 담아냈다.

그 그림의 손을 보노라면 기도의 신비와 아름다움과 겸손을 생각하지 않을 수 없다. 우리가 누구의 '이름으로' 기도하는 인간의 이름은 오직 예수뿐이다. 이 그림을 보면 그 이름도 생각하지 않을 수 없다. 시스틴 성당의 천정, 다빈치의 〈최후의 만찬〉, 렘브란트의 〈탕자의 귀환〉, 〈피에타〉 등이 없는 세상은 가히 상상하기 어렵다.

교회는 카타콤에서도 모였고 예나 지금이나 오두막, 주택, 개조한 가게, 시장에서도 모이고 있다. 역사상 가장 수려한 건축물 중 일부는 세상의 수많은 채플, 교회, 바실리카, 선교 지회, 수도원, 성당 중에 있다. 지금도 런던의 스카이라인을 압도하는 세인트 폴 성당을 보아도 그렇고, 거대한 암벽 위에 아슬

아슬하게 자리하고 있어 좁다란 다리를 통해서만 들어갈 수 있는 그리스의 루사누 수도원을 보아도 그렇다. 지난 2천 년에 걸친 건축 발전에서 기독교의 영향이야말로 단연 최대 요인으로 꼽혀 왔다. 이 모든 건물이 여우도 굴이 있고 새도 집이 있으되 자신은 머리 둘 곳이 없다 하신 그 사람 덕분에 지어졌다.

화가 한스 홀바인(Hans Holbein)은 십자가에 달린 후의 그리스도를 그렸는데, 그 그림이 어찌나 사람들의 마음을 사로잡았던지 여러 세기 후에 도스토예프스키는 그것을 며칠 동안이나 응시했다. 그의 책 중 하나는 거기서 일부 영감을 얻었다. 그는 이렇게 썼다.

"이 그림을 보니 더없이 소중하고 위대하신 분을 죽음이 어이없이 잡아 난도질하여 삼켜 버렸다. 그분은 자연 만물과 모든 법칙만큼이나 소중하고, 온 세상만큼이나 소중하신 분이다. 세상은 아마도 오직 그분이 오실 때를 위해 창조되었을 것이다."

파블로 피카소의 가장 유명한 그림은 아마 〈게르니카〉일 것이다. 이 그림은 스페인의 프랑코 장군이 나치의 폭격기로 게르니카 시를 폐허로 만든 데 대한 피카소의 항변이었다. 작품의 내용이 잔인하다. 한 여자가 죽은 아이를 안고 절규하고 있고, 한 남자가 고문당하고 있고, 말 한 마리가 살육되고 있다. 온통 잔인함과 어두움뿐이다. 나를 가르친 한 교수에게서 들은 말인데, 파시스트 당원인 군인 하나가 이 그림을 보고 피카소에게 물었다고 한다. "맙소사! 당신이 이렇게 했소?" 그러자 피카소는 "아니오. 당신이 그랬소"라고 대답했다. 예수의 비전은 악의 정체까지도 예술 속에 담아내게 했다.

그렇다고 서구의 중요한 예술가들의 전부나 대다수가 신자였다는 말은 아니다. 다만 예수의 이야기와 가르침이 그들의 예술에 영향을 미쳤다는 것 뿐이다.

빅토르 위고는 교회가 가난한 사람들을 외면하는 데 깊은 환멸을 느껴 거의 한평생을 회의론자로 살았다. 『레미제라블』에 보면 한 신부가 절망적인 죄수 장발장에게 호의를 베푼다. 그런데도 그는 신부의 은제품을 훔친다. 경찰에 붙잡혀 다시 신부에게 돌아온 그는 유죄 선고만 기다리고 있다. 대신 신부는 "맞소, 그 은제품은 내가 그에게 준 것이오. 그런데 장발장, 내가 준 가장 좋은 선물은 두고 갔더군요"라고 말하면서 은촛대까지 내준다. 이를 계기로 장발장은 새 삶을 살게 된다. 이어 신부는 경찰이 듣는 데서 "내가 하나님을 위해 당신의 영혼을 샀소"라고 말한다.

나와 함께 〈레미제라블〉을 뮤지컬로 보던 날, 낸시는 마지막 소절에서 흐르는 눈물을 주체하지 못했다. 참고로 아내는 평소에 잘 울지 않는 사람이다.

"다른 사람을 사랑하면 그 사람에게서 하나님의 얼굴이 보인다오."

아내는 "왜 하나님은 이 말을 성경에 넣어 놓지 않으셨을까요?"라고 물었다. 나중에 나는 야곱이 에서와 재회했을 때 한 말을 아내에게 보여 주었다.

"내가 형님의 얼굴을 뵈온즉 하나님의 얼굴을 본 것 같사오며"(창 33:10).

"하나님이 내 말을 들어 주셔서 다행이에요"라고 낸시가 말했다.

예수의 비전은 사람들에게 감화를 끼쳐 아직 변화가 가능함을 믿게 한다. 레오 톨스토이의 『전쟁과 평화』는 역사상 전쟁에 관한 가장 유명한 책일 것이다. 그는 이렇게 썼다.

"인간들이 그리스도의 가르침을 믿고 순종하기만 하면 이 땅에 평화가 올 것이다."

단테는 지옥문 위에 이 한마디가 붙어 있다고 했다. "여기 들어오는 사람은 모두 희망을 버리라." 그는 또 우리가 마침내 하나님을 뵐 때 "해와 달과 별을 운행하시는 사랑"을 보리라고 했다. T. S. 엘리엇은 이 시구야말로 지금까지 시가 도달했거나 앞으로 도달할 수 있는 최고의 정점이라 했다.

에릭 메타사스(Eric Metaxas)는 디트리히 본회퍼의 훌륭한 전기를 썼다. 본회퍼는 세상적인 관점에서 보면 많은 것을 잃었다. 약혼한 상태로 생의 마지막 2년을 옥중에서 보내다가 죽었다. 아버지가 되어 보지도 못한 채 아직 30대의 나이에 교수형에 처해졌다. 하지만 그는 그 희생을 충분히 가치 있는 희생이라 여겼다. 사형장으로 떠나는 그에게서 동료 재소자가 마지막으로 들은 말은 이것이다.

"이렇게 끝나지만 내 삶은 지금부터 시작이다."

하지만 그도 당신과 나처럼 내면에는 인간의 모습이 온통 뒤섞여 있었다. 다음은 본회퍼가 처형되기 한 달 전에 쓴 시다.

> 나는 누구인가? 남들은 종종 내게 말하기를
> 감방에서 나오는 나의 모습이
> 어찌나 침착하고 명랑하고 확고한지
> 마치 성에서 나오는 영주 같다는데
> 나는 누구인가? 남들은 종종 내게 말하기를
> 불행한 나날을 견디는 내 모습이

어쩌나 한결같고 벙글거리고 당당한지

늘 승리하는 사람 같다는데

남들이 말하는 내가 참 나인가?

나 스스로 아는 내가 참 나인가?

새장에 갇힌 새처럼 불안하고 그립고 병약한 나 ….

숨을 쉬려고 버둥거리는 나 ….

기도에도, 생각에도, 일에도 지쳐 멍한 나

풀이 죽어 작별을 준비하는 나인데

나는 누구인가? 이것이 나인가? 저것이 나인가?

으스스한 물음이 나를 조롱합니다.

내가 누구인지 당신은 아시오니

나는 당신의 것입니다, 오 하나님.

예수는 머리 둘 곳도 없었지만 건축을 발전시킨 주요 원동력이 되었다. 또한 예수의 실제 외모를 아무도 모르지만, 그는 세상에서 가장 쉽게 알아볼 수 있는 인물이 되었다. 그는 "고운 모양도 없고 풍채도 없은즉 우리가 보기에 흠모할 만한 아름다운 것이 없었지만"(사 53:2) 누구보다도 많은 그림과 조각의 주인공이 되었다.

그는 단 한 권의 책도 쓴 적이 없지만 세상 책들에서 가장 많이 다루어졌고, 세계적으로 언어의 발달에 가장 큰 감화를 끼쳤다. 그가 불렀다는 노래는 알려지지 않은 곡 하나뿐이지만, 그는 세상 누구보다도 많은 노래와 음악의 주제가 되었다.

그는 혼자 죽었다. 하지만 사람들은 지금도 그를 위하여 죽고 있다.

스스로에게 사형선고를 내린
유대인의 왕

who is this man?

금요일에 예수가 십자가에서 죽었다.

오늘날 예수는 위대한 스승이자 모범적 인간으로 평판이 나 있다. 그 점을 생각한다면 당연히 떠오르는 의문이 있다.

"어떻게 이런 일이 벌어졌는가? 예수는 왜 죽었는가? 죄인들의 친구이며 어린아이들을 축복한 이 온유하고 겸손한 사람이 왜 결국 국가의 적이 되어 처형되었단 말인가?"

알고 보면 이 금요일은 복잡한 동기, 이상한 동맹, 은밀한 회합, 냉소적 여론 조작, 정치적 음모, 폭발적 감정 등이 뒤섞인 날이었다.

신기하고 특이하게도 죽음은 예수 이야기의 핵심을 이룬다. 대개 유명인들의 전기를 읽어 보면, 설령 죽음의 이야기가, 예컨대 에이브러햄 링컨, 마하트마 간디, 마틴 루터 킹 주니어의 경우처럼 특별했다 해도 죽음은 전기의 작은 일부에 지나지 않는다. 하지만 예수가 떠난 지 몇 십 년 내로 그에 대해 네 편의 전기가 기록되었는데, 넷 다 죽음의 이야기가 절대적으로 많은 분량, 즉 3분의 1 가량을 차지한다.

예수는 왜 죽었는가? 금요일 저녁의 십자가형으로부터 시작해서 그날의 사건들을 역순으로 더듬어 올라가 보자. 십자가까지 가는 길에 벌어진 일을 예수가 어떻게 봤을지 알아보자.

늦은 오후, 언덕 위 비어 있는 가운데 십자가

금요일 늦은 오후, 예루살렘 성문 밖에 세 개의 십자가가 서 있다. 바깥쪽의 두 십자가에는 두 강도의 몸이 달려 있는데, 가운데 십자가는 비어 있다. 거기에 달렸던 사람은 이미 죽어 시신이 내려졌다. 가운데 십자가 위에는 히브리어(또는 아람어), 라틴어, 헬라어로 쓰인 "나사렛 예수 유대인의 왕"이라는 팻말이 붙어 있다. 놀랍게도 이 팻말이 예수의 죽음의 핵심이다.

많은 강력한 세력들과 인물들이 개입하여 결국 예수를 제거한다. 하지만 이해하려 해도 확실하지 않은 것이 있다. 그 금요일에 스스로 주관자라고 생각하던 사람들은 정말 주관자였을까? 물론 그들은 저마다 속셈이 있었다. 그들은 모두 무엇을 원했던 것일까? 누구의 속셈이 이겼나? 예수는 왜 죽어야 했는가?

가장 명백한 세력은 로마다. 로마에 따르면 예수는 로마를 위협하는 인물이므로 죽어야 한다. 무엇이든 로마에 위협이 되는 것은 죽어야 한다. 하지만 이 사람이 왜 로마에 위협이 되는가? 그가 예수 그리스도이기 때문이다. 사람들은 그리스도가 예수의 성(姓)인 줄로 착각하지만 그것은 성이 아니라 호칭이다. "기름을 붓는다"라는 뜻의 헬라어 단어(chrio)에서 왔다. 그러므로 이 단어는 기름 부음을 받으신 분 즉 메시아라는 뜻이다.

또 다른 세력은 예루살렘의 군중이다. 사람들은 지도자를 기다리고 있다. 그 지도자는 로마에 반역하여 로마를 전복시킬 사람이다. 로마의 권세 아래서 더럽혀진 성전을 온전히 정화시킬 사람이다. 이스라엘을 해방시켜 세상의 꿈이요 만국의 선망의 대상인 그 땅을 차지하게 할 사람이다.

1세기에 메시아가 되려던 사람들이 많이 있었다. 메시아를 보는 관점도 다양했다. 선지자적 측면을 강조한 사람들도 있었고, 메시아가 새로운 모세나 새로운 다윗일 거라고 생각한 사람들도 있었다. 그러나 메시아가 로마에 골칫거리가 되리라는 점만은 모두의 생각이 일치했다.

메시아 지망생들 중 일부는 신약성경에 언급되어 있다. 예컨대 사도행전 5장 36절에 보면 "이 전에 드다가 일어나 스스로 선전하매 사람이 약 사백 명이나 따르더니 그가 죽임을 당하매"(행 5:36)라고 쓰여 있다. 역사가 요세푸스(Josephus)에 따르면 드다는 메시아로 불렸다("드다 그리스도"를 생각해 보라). 그는 자기가 요단강을 가를 수 있고 예루살렘 성벽을 무너뜨릴 수 있다고 주장했다. 현대판 여호수아인 셈인데 여호수아라는 이름을 아람어로 표기하면 예수가 된다. 하지만 결국 그는 로마 당국에 붙잡혀 예루살렘의 군중이 보는 앞에서 참수되었다.

사도행전에는 갈릴리의 유다도 언급되어 있다. 호적할 때에 일어나 반란을 주도한 인물인데, 역시 요세푸스에 따르면 열심당을 결성한 사람이 바로 그였다. 그는 자기를 따르던 2천 명의 무리와 함께 십자가에 달렸다. 로마는 그 십자가들을 갈릴리 산지에 모두 그대로 두었다. 분명한 메시지를 보내고 싶었던 것이다. 누구든지 머리를 굴려 백성의 납세를 막으려 한다면 로마에는 아직도 십자가가 많이 있었다.

유다의 일은 예수가 어렸을 때 일어났다. 갈릴리의 유다는 갈릴리 지역 출신이었고, 예수는 갈릴리의 나사렛 고을에서 자랐다. 따라서 예수는 로마가 자칭 메시아의 추종 세력을 달아 죽인 그 십자가들을 봤을 것이다.

누가 진짜 메시아인지 어떻게 알 수 있을까? 이는 아서 왕의 전설과 약간 비슷하다. 바위에 꽂힌 검을 뽑아낼 수 있는 사람이 잉글랜드의 진짜 왕이다. 누군가가 시도하기 전까지는 아무도 알 수 없다. 유일하게 아서가 그 일을 할 수 있었고, 그래서 왕이 되었다.

사람들이 생각한 메시아는 로마를 무찌를 수 있는 사람이었다. 누구든지 메시아가 되려면 그 일을 시도하는 수밖에 없었다. 실패하면 십자가라는 벌을 받는다. 일단 십자가에 못 박혔으면 그 사람은 메시아가 아니다. 예수 시대에 메시아 후보자들이 우리가 아는 것만도 최소한 열여덟 명이 있었다. 그들은 모두 동일한 운명을 맞이했다.

그들은 추종 세력과 함께 종종 이스라엘에 있는 로마의 무기고나 왕궁을 약탈했다. 자신들이 의적 로빈후드라도 된다고 생각했던 것이다.

"원래 우리 것이다. 로마는 소유권이 없다. 우리가 가져야 한다."

로마는 그들을 강도로 취급했다. 이 약탈자들을 헬라어로 레스테스(lestes)라 하는데, 그중 하나는 십자가의 강도로 역사 속에 알려져 있다. 그러나 유다와 그의 추종 세력은 상점에서 물건이나 털다가 십자가에 달린 게 아니다. 로마는 분명한 메시지를 보내려고 그를 십자가에 못 박았다.

예수도 십자가에 못 박혔다. 하지만 그는 사람들이 고대하던 메시아, 즉 군사 지도자나 정치적 왕이 아니었다. 물론 그가 메시아가 할 법한 일들을 한 것은 분명하다. 그는 새로운 나라를 선포했고, 신기한 능력을 보여 주었고, 큰 권세를 주장했다. 하지만 예수는 그의 운명처럼 보이던 세상적 메시아의 길을 일부러 번번이 거부했다. 요한복음에 보면 예수가 기적적으로 무리를 먹인 후에 사람들이 와서 억지로 그를 왕으로 삼으려 했다. 물고기 몇 마리와 빵 몇 개로 5천 명을 먹일 수 있을 정도면 검 몇 자루와 전차 몇 대로도 무슨 일을 할 수 있을지 알 수 없지 않은가. 하지만 그는 홀로 산으로 피했다. 로마에 대항하여 손가락 하나 까딱하지 않은 것이다. 그는 군사적 위협 요소가 아니었다.

그렇다면 그는 왜 결국 십자가에 달려야만 했는가?

금요일 오전, 빌라도는 십자가형을 원하지 않았다

금요일 오전의 장면으로 거슬러 올라가면, 대제사장들이 본디오 빌라도 앞으로 예수를 끌고 온다. 흔히 빌라도의 역할을 손을 씻는 수동적이고 중립적인 행위 정도로 오해하곤 한다. 따라서 여기서 잠시 그를 살펴보는 것도 도움이 될 것이다.

빌라도의 직임은 여간 골칫거리가 아니다. 그쪽 분야 인물치고 중동을 임지로 원할 사람은 아무도 없다. 그는 야심찬 사람이지만 절묘한 숙제가 있다. 대제사장들의 협조를 계속 끌어내면서도 그들과 적당한 거리를 유지해야 한다. 그래야 로마에 대항하는 군중이 계속 대제사장들의 권위를 인정할 수 있다. 빌라도는 열심당의 독립투사, 민족주의의 바리새파, 고립주의의 에세네파를 단속해야 한다. 그들은 서로 싸울 때도 많지만 로마를 미워하는 마음만은 모두 똑같다. 빌라도는 이 아수라장을 어떻게든 단속해야 한다. 그는 잔인한 시대에 살고 있다. 여기서 살아남는 통치자는 누구나 후대에 잔인한 인물로 보일 것이다.

누가복음 13장에 보면 사람들이 예수에게 이런 말을 전한다. 갈릴리에서 온 순례자 무리가 예배하고 있는데 빌라도가 그들을 죽였다. 빌라도는 그들이 제단에 드리던 제물에 그들의 피를 섞었다. 성전은 신성한 곳이었고, 민족 정체성의 주된 상징이기도 했다. 이는 성전이 곧 반역의 진원지라는 뜻이다. 성전은 위험한 곳이었다. 그러므로 통치자도 위험한 인물이 되어야 했다. 그 사건의 피해자들은 갈릴리 출신이었다. 예수도 갈릴리 출신이었다. 빌라도는 위험한 인물이었다.

그런가 하면 빌라도는 성전의 돈을 압수하여(이스라엘 입장에서 보면 "훔쳐") 수로를 건설한 적도 있다. 한 무리의 애국지사들이 항의하자 빌라도는 그들을 처형시켰다. 결국 예수가 죽은 후 얼마 뒤에 황제는 빌라도를 해임했다. 그가 처형시킨 사람이 너무 많아 민심이 걷잡을 수 없이 불안해졌기 때문이다. 필로(Philo)라는 고대 작가에 따르면 빌라도의 통치는 뇌물, 모욕, 강탈, 잔인무도함, 재판 없는 처형, 광포한 분노, 복수심 따위로 점철되었다.

그래서 대제사장들은 예수를 빌라도에게 끌고 온다. 이미 그들은 예수에게 덮어씌울 죄목을 치밀하게 꾸며 두었다.

> "우리가 이 사람을 보매 우리 백성을 미혹하고 가이사에게 세금 바치는 것을 금하며 자칭 왕 그리스도라 하더이다"(눅 23:2).

내막을 보면 이렇다. 지금 대제사장들은 어떻게든 황제를 도와 이스라엘에서 돈을 한 푼이라도 더 쥐어짜 내게 하려는 게 아니다. 그들은 그런 일에 일말의 관심도 없다. 미국심장협회는 담배 회사들의 기금 조성을 후원하지 않는다. 대제사장들 자신도 황제에게 세금을 낼 마음이 없다. 이들은 그저 빌라도에게 자기들이 시키는 대로 하라고 압력을 가하고 있을 뿐이다.

"이 예수는 로마의 문젯거리다. 황제는 그를 좋아하지 않을 것이다. 그러니 당신이 조치를 취해야 하지 않겠는가?"

빌라도는 대제사장들에게 저항한다. 예수를 동정해서가 아니라 원래 그들이 저항의 대상이기 때문이다. 빌라도는 그들이 시키는 대로 할 마음이 추호도 없다. 그들이 강해질수록 자신은 약해지는 게 그 바닥의 생리였다.

빌라도는 예수가 갈릴리 출신이라는 말을 듣고는 헤롯에게 일을 떠넘기려 한다. 실제로 갈릴리는 헤롯의 관할 구역이다. 하지만 헤롯은 미끼를 물지 않는다. 결국 빌라도는 군중과 마주 선다. 그는 그들에게 유월절에 죄수 하나를 풀어 주는 관례를 상기시키며, 악의 없는 예수와 바라바 사이에서 택일하게 한다. 마가와 누가가 공히 말해 주듯이 바라바는 폭동에 연루된 인물이다. 로마를 대적하는 운동에 가담한 것이다. 요한은 앞서 말한 약탈자라는 의미의 레스테스라는 단어를 썼는데, 이로 미루어 보아 군중은 바라바를 애국지사이자 독립투사로 여겼을 것이다.

그러므로 군중은 "바라바를 우리에게 놓아 주소서"라고 외칠 만한 이유가 있었다. 바라바는 살인자일지 몰라도 적어도 로마인을 죽일 의향이 있었다. 수동적인 메시아보다 그를 풀어 주는 게 더 낫지 않겠는가.

결국 그 유명한 장면에서 빌라도는 손을 씻는다. 이는 빌라도의 양심이 민감하다거나 예수를 걱정해 주어서가 아니다. 예수의 죄목이 날조된 것임을 그도 알고 있다. 하지만 그에게는 싸구려 메시아의 운명보다 더 큰 문제들이 있다. 대제사장들과 성전을 누르고 계속 우위를 유지하는 것이 그의 숙제다. 적어도 이론상으로는 빌라도가 주관자다.

하지만 비장의 패는 대제사장들이 쥐고 있었다.

> "이 사람을 놓으면 가이사의 충신이 아니니이다 무릇 자기를 왕이라 하는
> 자는 가이사를 반역하는 것이니이다"(요 19:12).

> "가이사 외에는 우리에게 왕이 없나이다"(요 19:15).

그렇다면 황제가 원하는 것은 무엇인가? 묘하게도 황제가 원하는 것은 곡물이다. 그는 제국을 먹여 살려야 한다. 이집트와 중동의 곡물에 대한 제국의 의존도는 갈수록 높아지고 있었다. 당시 중동의 곡물은 지금의 중동의 석유에 해당된다. 민중이 들고 일어나지 않도록 일을 차질 없이 진행시켜 제국의 운영에 필요한 식량을 댈 사람, 그런 사람이 황제에게 필요했다.

예수는 왜 죽었는가? 실제적 의미에서 그는 옥수수 때문에 죽었다. 황제의 제국을 떠받치는 데 필요한 식량 때문에 죽은 것이다.

빌라도의 상황은 그보다 더 절묘하다. 로마에서 빌라도의 뒤를 봐 주던 사람은 황제의 수석 부관이었던 세자누스였다. 그런데 얼마 전에 황제가 반역의 혐의로 세자누스를 체포하여 처형했다. 세자누스의 일부 측근들까지도 처형했다. 빌라도에게 "가이사의 충신이 아니니이다"라는 말보다 더 위험한 죄목은 있을 수 없다. 황제의 친구가 아니면 바로 황제의 시체가 된다.

빌라도는 그런 위험을 무릅쓰면서까지 황제에게, 자기가 로마에 대항하는 테러리스트들을 살살 다룬다는 인상을 줄 수 없었다. 그래서 그는 예수를 보며 묻는다. "네가 유대인의 왕이냐." 긴장이 극에 달한 순간이다. 이제라도 예

수가 아니라고만 대답하면 풀려날 수 있다. 자신이 황제를 위협하는 존재가 아님을 빌라도에게 확실히 보여 주기만 하면 된다.

그 질문은 예수가 사역하는 내내 그를 쫓아다녔다. 여기 아이러니가 있다. 하루 전까지만 해도 예수는 "맞다, 내가 메시아다"라고 딱 한 번만 말하면 되었다. 그러면 모든 또는 상당수의 이스라엘 백성들이 무기를 들고 일어나 예수를 위해 목숨을 바쳤을 것이다. 불과 며칠 전인 종려주일에만 해도 그에게 기회가 열려 있었다. 그런데 그는 한사코 그 호칭을 내세우지 않았다.

그런데 지금은 그에게 집결할 군중이 주위에 없다. 그는 빌라도의 손안에 있다. 군대가 일어나 그를 옹호할 가망성도 없고, 그가 군사 지도자로 오해받을 가망성도 없다. 그를 살려 내기에는 이미 너무 늦었다. 그런데 이제야 예수는 말씀하신다.

"네 말이 옳도다. ⋯ 네가 말한 대로다. 내가 바로 그들이 고대하던 사람이다. 내가 그들의 왕이다."

예수는 자신에게 무슨 일이 벌어질지 알았다. 빌라도는 사형을 선고할 권한이 있지만 사형을 선고할 마음이 없다. 시종일관 빌라도의 동기에는 아마 자신의 안위와 공공의 안전에 대한 우려가 섞여 있었을 것이다. 정치적 묘책과 생존 자체가 교차했을 것이다. 하지만 자신이 엄연히 합법적 주관자임에도 그는 십자가형이 벌어지기를 원하지 않는다.

그렇다면 누가 이 일을 벌어지게 한 것인가?

금요일 동트기 전, 스스로에게 사형선고를 내리다

시간을 되돌려 앞으로 거슬러 올라간다. 대제사장들은 왜 빌라도가 행동
에 나서기를 원했는가?

그동안 백성 중에는 예수를 추종하는 무리가 많아졌고, 그들은 언제 폭발
할지 모르는 상태가 되었다. 사람들은 모였다 하면 그에 대한 이야기를 나눴
다. 바리새인들과 대제사장들이 회의를 소집했다. 그중 하나가 말했다.

> "이 사람(예수)이 많은 표적을 행하니 우리가 어떻게 하겠느냐 만일 그를
> 이대로 두면 모든 사람이 그를 믿을 것이요"(요 11:47~48).

다음에 핵심 관심사가 나온다.

> "그리고 로마인들이 와서 우리 땅과 민족을 빼앗아 가리라"(요 11:48).

이것은 근거 없는 두려움이 아니었다. 실제로 A.D. 70년에 정확히 그 일
이 벌어졌다. 반역도 너무 잦았고 메시아도 너무 많았다. 로마인들은 예루살
렘을 폐허로 만들고 성전을 파괴하고 백성을 유린했다. 여러 면에서 이스라
엘의 고생은 그날 이후로 지금까지도 중단되지 않고 있다.

대제사장들도 빌라도처럼 예수가 군사적 위협 요소가 아님을 알았다. 그
들은 그가 다른 부류의 위협 요소임을 알았다. 그는 만인이 고대하던 하나님
나라가 지금 이 땅에 임했다고 주장했다. 그런데 그 나라는 성전이나 제사에

있지 않았다. 그 나라는 예수라는 한 사람을 통해 임했다. 그가 하신 말, 그가 살고 사랑하는 방식을 통해 임했다. 그는 하나님의 임재가 지금 자신을 통해 세상에 임했다고 만인에게 공포했다. 여태까지 그렇게 한 사람은 아무도 없었다. 그런 것을 생각조차 해 본 사람도 없었다. 그냥 둘 수 없는 일이었다.

그래서 빌라도의 심문이 있기 전에 산헤드린의 심문이 또 있었다. 산헤드린은 대제사장들과 바리새인들로 이루어진 대법원 같은 기구였다. 성경에 보면 이 일은 은밀히 진행되어야 했으므로 그들은 동트기 전에 모였다. 그만큼 그것은 절묘한 숙제였다. 그들은 군중을 조종하여 예수를 미워하게 해야 했고, 로마와 빌라도를 조종하여 예수를 십자가에 매달게 해야 했다.

빌라도를 조종해 예수를 십자가에 매달게 하는 가장 빠른 방법은 그에게 예수가 로마와 황제에게 위협 요소라고 말하는 것이었다. 하지만 그 말을 군중에게 한다면 군중은 예수께 집결할 것이었다. 그래서 그들은 두 가지 죄목을 짜내야 했다. 결국 그들은 군중 앞에서는 예수에게 신성모독죄를 씌워 그에게 등을 돌리게 했고, 빌라도 앞에서는 반역죄를 씌워 그를 죽이게 했다. 이는 굉장히 어려운 일이었고, 사실 첫 재판에서는 실패로 돌아갔다. 마가는 이렇게 기록했다.

> "대제사장들과 온 공회가 예수를 죽이려고 그를 칠 증거를 찾되 얻지 못하니 이는 예수를 쳐서 거짓 증언 하는 자가 많으나 그 증언이 서로 일치하지 못함이라"(막 14:55~56).

이번에도 예수는 묵비권을 행사하고만 있으면 되었다. 그런데 그는 침묵

하지 않았다. 거짓 증언들을 바로잡아주려 하지도 않았다. 그들이 조롱할 때
는 묵묵부답이던 그가 "네가 메시아냐"라는 물음에는 "내가 그니라"라고 답했
다. 그뿐 아니라 "인자가 권능자의 우편에 앉은 것과 하늘 구름을 타고 오는
것을 너희가 보리라"는 말을 덧붙였다.

그는 "내 몸이 공중에 붕 떠서 내려오는 것을 너희가 보리라"고 하지 않았
다. 그는 잘 알려진 구약의 이미지를 빌려 "하나님이 내 안에 임재하여 독특
하게 역사하고 계심을 너희가 지금 보고 있다"고 말했다.

이렇듯 예수에게 사형선고를 내린 사람은 다름 아닌 그 자신이었다. 그들
이 온갖 거짓 증언으로도 얻어 내지 못하던 것을 그가 스스로 내주었다. 그들
의 일을 대신 해 준 것이다.

왜 그랬을까? 답을 알려면 한 번 더 거슬러 올라가야 한다. 십자가 이전으
로, 빌라도를 대면하기 이전으로, 대제사장들의 재판 이전으로 가야 한다.

금요일로 넘어간 자정 이후, 스스로 십자가를 선택했다

인류의 이야기는 아담이라는 사람과 더불어 동산에서 시작되었고, 둘째
아담인 예수의 이야기는 동산에서 끝난다. 겟세마네 동산에 있을 때도 예수
에게는 아직 많은 방법이 있었다. 그는 열심당처럼 싸울 수도 있었다. 그는
젊고 카리스마가 있었다. 죽기까지 그를 따를 군중도 있었다. 이것도 그에게
하나의 방법이었다.

그는 에세네파처럼 물러날 수도 있었다. 사막으로 들어가 작고 안전한 공

동체를 시작할 수 있었다. 그를 따를 사람이 많이 있었다.

그는 대제사장들과 손을 잡을 수도 있었다. 그가 성전에 기반을 두고 가르친다면 어떤 개혁이 이루어질지 상상해 보라.

그는 빌라도와 흥정을 벌일 수도 있었다. 내부에서 로마제국에 영향을 미친다고 상상해 보라. 그러면 세상이 어떻게 되겠는가?

그는 하나님께 구해 달라고 부르짖을 수도 있었다. 이 일을 면하게 해 달라고 구할 수 있었다. 천사들의 군단을 부를 수 있었다. 한 번만 기적을 더 행하면 모두가 그를 도우러 모일 것이었다.

하지만 예수는 이중 어느 것도 하지 않았다. 그의 신성과 정체에 관한 문제들일랑 일단 제쳐 두자. 그가 한 일은 바로 이것이다. 이 버림받고 연약한 한 외로운 인간은 이렇게 결심했다.

'나는 내가 해야 할 일을 안다. 나는 싸우지 않을 것이다. 달아나지 않을 것이다. 흥정하지 않을 것이다. 현혹하지 않을 것이다. 나는 죽을 것이다.'

그래서 그는 "나의 원대로 마시옵고 아버지의 원대로 하옵소서"(막 14:36)라고 기도했다. 진정한 메시아의 운명과 사명은 정복하는 게 아니라 사람들을 사랑하여 죽는 것임을 그는 믿었다. 그래서 그 길을 갔다.

온갖 이론과 신학일랑 제쳐 두라. 예수는 반역자들이 로마에게 죽임 당한다는 것을 알았다. 그가 죽지 않으면 바라바라는 반역자가 죽을 것이다. 예수는 바라바 대신 십자가에서 죽었다.

예수는 지금이라도 자신의 입에서 한 마디만 떨어지면 군중이 로마에 맞서 진군할 것을 알았다. 많은 로마 병사들은 로마 정부를 위해 일하는 인근 시리아 출신의 소년들에 불과했다. 하지만 예수는 그 한마디를 내뱉지 않았다. 대신 십자가로 가서 죽었다. 덕분에 대부대의 로마 병사들이 살게 되었다. 예수의 죽음이 그들을 구원했다.

예수는 자신이 달아나면 제자들이 일망타진되어 처형될 것을 알았다. 그런 일은 전에도 있었고 이번에도 마찬가지일 터였다. 제자들도 로마의 생리를 알았다. 사랑하는 랍비를 두고 그들이 겁에 질려 달아난 유일한 이유가 그거였다. 도피한 메시아의 공범들에게는 언제나 처형이라는 운명이 기다리고 있었다. 그래서 예수가 죽었다. 그의 죽음이 제자들의 목숨을 구했다.

예수는 자신이 선동하고 군중이 따르면 로마가 내려와 예루살렘을 짓밟을 것을 알았다. 그래서 그는 예루살렘을 구하려고 죽었다. 그는 이 모든 사람들을 위해서 죽었다. 예수에게 실망한 그들, 예수를 이해하지 못하는 그들, 좌절과 고통에 겨워 그를 십자가에 못 박아야 한다고 부르짖는 그들을 위해서 말이다.

마치 그가 이렇게 말하는 것과 같다.

"이해하지 못하는 사람들을 위해 내 목숨을 버리겠다. 그들은 잠시 시간을 벌 수 있다. 잠시 기회를 얻을 수 있다. 한 공동체가 이루어질 수 있다. 그 공동체가 희생적 사랑으로 세상을 변화시킬 수 있다."

단순한 역사적 사실로 볼 때, 예수를 십자가에 못 박은 것은 인류의 죄였다. 모든 인간의 어두운 실상이 그 죽음을 불렀다. 하지만 그가 믿었듯이, 사랑을 통해 십자가는 단지 죄와 죽음의 상징만이 아니라 그보다 더 강력한 구속(救贖)적 사랑의 상징이 되었다. 예수에 대해 각자 어떻게 믿거나 믿지 않거나 관계없이 실제로 벌어진 일은 정확히 그것이다. 그가 죽었다.

인간의 어떤 노력으로도 죄 문제를 해결할 수 없었으나 예수는 신기한 지혜와 놀라운 용기와 설명할 수 없는 사랑으로 그 문제를 해결했다. 그는 구속을 이루는 데 필요한 것이 정확히 무엇인지 알았다. 바로 그의 목숨이었다.

2천 년이 지난 지금도 그의 죽음은 세계 역사상 가장 중요하고 가장 널리 기념되는 죽음이다.

그토록 황제의 충신이 되고 싶었던 빌라도는 결국 "나사렛 예수 유대인의 왕"이라는 문구를 썼다. 온 세상이 읽을 수 있도록 하나님의 백성의 언어인 히브리어로, 문명 세계의 언어인 헬라어로, 그리고 로마제국의 언어인 라틴어로 썼다.

예수는 수명과 묘책과 사고에서 모든 집단과 모든 권세를 앞질렀다. 하지만 그 정도가 아니다. 무엇보다 그는 사랑에서 모두를 앞질렀다. 겟세마네 동산의 예수에게는 한 가지 속셈밖에 없었으니 곧 사랑이다.

"나는 금요일에 죽으리라."

그것이 다른 모든 사람들의 속셈을 몰아냈다. 금요일에 예수는 사랑으로 죽었다. 그의 말대로 그것은 자신의 선택이었다. 빌라도나 헤롯이나 황제나 대제사장들이나 군중의 선택이 아니었다. 그는 이렇게 말했다.

"나는 양을 위하여 목숨을 버리노라"(요 10:15).

"이를 내게서 빼앗는 자가 있는 것이 아니라 내가 스스로 버리노라 나는 버릴 권세도 있고 다시 얻을 권세도 있으니"(요 10:18).

십자가는 세상에서 가장 널리 알아보는 상징이 되었다. 묘지에나 장신구에나 종교 시설의 지붕 위에나 다른 어떤 문양보다도 십자가가 가장 많다. 십자 성호를 긋는 사람을 성당에서만 아니라 야구장에서도 볼 수 있다. 좋은 로고를 찾는 일이 큰 사업이 되었지만, 어떤 기업이나 국가나 운동도 이렇게 오래가거나 널리 퍼진 이미지를 만들어 내지는 못했다.

이렇게 십자가가 도처에 널려 있다 보니 그것이 얼마나 해괴한 상징인지 곧잘 망각한다. 십자가는 로마에 존재했던 가장 치욕적인 처형 수단이다. 전기의자나 교수대나 단두대를 뭔가의 상징물로 선택한다고 상상해 보라.

인간 제국의 권력을 상징하던 십자가가 이제 하나님의 고난당하는 사랑의 상징으로 바뀌었다. 극한의 위협의 표현에서 극한의 희망의 표현으로 바뀌었다. 어떤 의미에서 십자가의 기능은 원래 목적과 정반대가 되었다. 자발적 희생의 위력이 강요의 위력보다 크다는 것을 보여 주기 때문이다.

어떻게 이렇게 되었는가? 예수가 그것을 선택했다. 그가 자원하여 십자가에서 죽었다. 이 금요일이 지나면 십자가도 세상도 결코 이전 그대로일 수 없다.

'나는 해야 할 일을 안다. 나는 싸우지 않을 것이다. 달아나지 않을 것이다. 현혹하지 않을 것이다. 나는 죽을 것이다.'

그래서 그는 "나의 원대로 마시옵고 아버지의 원대로 하옵소서"(막 14:36)라고 기도했다. 진정한 메시아의 운명과 사명은 정복하는 게 아니라 사람들을 사랑하여 죽는 것임을 그는 믿었다. 그래서 그 길을 갔다.

토요일

무덤과 사망과 지옥 속에
누운 하나님의 아들

who is this man?

우리가 아는 한, 예수가 살아났다고 믿은 사람이 단 한 명도 없었던 날이 지난 2천 년 동안 딱 하루가 있었다.

예수가 십자가에서 죽은 후의 토요일 아침, 이틀 동안 잠을 자지 못한 제자들이 잠에서 깨어난다. 피를 보려고 부르짖던 전날의 도시는 고요하다. 군중은 흩어졌다. 예수는 시신이 되었다.

토요일에 무엇을 할 것인가? 묘하게도 토요일 전후의 두 날은 늘 집중 조명을 받는다. 세상 최고의 석학들이 혼신을 다해 주로 그 두 날을 공부했다. 고금을 통틀어 이 두 날은 역사상 가장 많이 연구되는 이틀이다. 그 전날인 예수가 죽던 날에 벌어진 일은 성경에도 가득하다. 이튿날인 일요일은 신자들의 말마따나 세계 역사상 최고의 기쁨을 가져온 날이다. 그 기쁨은 죽음을 이기고 무덤을 물리치고 두려움을 멸하고 희망을 자아내는 초월적 기쁨이다. 이날을 두고 오순절파는 지금도 함성을 지르고, 카리스마 계열은 지금도 춤추고, 침례교는 지금도 "아멘!"으로 화답하고, 장로교는 지금도 공부하고, 성공회는 지금도 축배를 든다. 이 일요일을 밝고 따뜻한 희망의 은유로 생각하는 사람들도 있는가 하면, 논리와 이성과 죽음을 이기는 위험한 적(敵)으로 생각하는 사람들도 있다. 하지만 일요일은 일단 접어 두자.

지금은 일요일도 아니고 금요일도 아니고 토요일이다. 뭔가의 다음 날이면서도 뭔가의 전날이다. 전날에 기도를 드렸지만 응답이 없다. 전날에 영혼이 완전히 쓰러졌지만 바닥에서 다시 일어날 가망이 없다. 토요일은 중간에 낀 이상한 날이다. 절망과 기쁨의 중간이다. 혼란과 규명의 중간이다. 나쁜 소식과 좋은 소식의 중간이다. 어둠과 빛의 중간이다.

토요일에 대한 기록은 성경에도 없다. 경비병을 세워 무덤을 지키게 했다는 지엽적인 내용이 하나 있을 뿐이다. 토요일은 이름 없는 날이요 아무 일도 없는 날이다.

이제 남은 거라곤 손에 꼽을 정도의 제자들뿐이다. 금요일은 악몽의 날이었다. 공포에 치를 떨던 날이요 아드레날린이 솟구치던 날이었다. 토요일에 예수의 제자들이 잠에서 깨어난다. 적어도 당장은 공포가 가셨다. 아드레날린도 가라앉았다. 토요일은 계속 살아가야 함을 깨닫는 날이다.

예수를 믿는 사람들이 모인다. 아마도 다들 말이 없었을 것이다. 그들은 기억한다. 그게 사람들이 하는 일이다. 그들은 그가 남긴 말과 가르침과 행적을 기억한다. 그가 만졌거나 고쳐 준 사람들을 기억한다. 그의 부름을 받던 때 자신들의 기분이 어땠는지도 기억한다. 세상을 변화시키려던 자신들의 희망과 꿈을 기억한다.

하지만 지금은 토요일이다. 그들은 무엇이 잘못되었는지 되짚어 보았을지도 모른다. 도대체 어쩌다 이렇게 되었단 말인가? 아무도 선뜻 입에 올리지 않지만, 그들이 마음속으로 씨름하고 있는 불가해한 생각이 하나 있다. 예수가 실패했다는 생각이다. 예수는 결국 실패자가 되었다. 시도는 고상했지만 그는 추종 세력을 충분히 끌어모으지 못했다. 대제사장들을 설득하지 못했다. 로마를 자기편으로 만들어 화친하지 못했다. 더 많은 평민들에게 자신의 메시지를 이해시키지 못했다. 제자들만이라도 제대로 훈련시켜 일대 위기의 순간에 용기를 발휘하게 했어야 하는데 그러지도 못했다.

누구나 다 토요일을 알고 있다. 토요일은 당신의 꿈이 이미 죽은 날이다.

깨어 보니 당신은 아직 살아 있다. 계속 살아가야 하지만 방도를 알 수 없다. 아니, 계속 살아가야 할 이유조차 알 수 없다.

이 이상한 날은 의문을 불러일으킨다. 토요일은 왜 있는 것일까? 토요일에 이야기의 줄거리가 더 진행되는 것 같지는 않다. 어차피 예수가 십자가에서 죽고 부활할 거라면, 하나님이 그 일을 곧바로 속행하실 만도 하지 않은가. 하나님이 두 사건을 사흘에 걸쳐 늘어놓으신 게 이상해 보인다.

하지만 어쩌면 토요일도 금요일과 일요일 못지않게 나름대로 세상에 흔적을 남겨야 하는지도 모른다.

사흘간의 이야기, 그 가운데 하루

고대 이스라엘의 달력에서 사흘은 중요한 의미가 있었다. 예수의 죽음과 부활이라는 사건도 '사흘간의 이야기'이며, 따라서 이 금요일과 토요일과 일요일은 그 개념에 중대한 의미를 부여한다.

사도 바울은 이렇게 썼다.

> "내가 받은 것을 먼저 너희에게 전하였노니 이는 성경대로 그리스도께서 우리 죄를 위하여 죽으시고 장사 지낸 바 되셨다가 성경대로 (바울이 다시 덧붙인다) 사흘 만에 다시 살아나사"(고전 15:3~4).

구약성경에는 이른바 '사흘간의 이야기'들이 가득하다. 예컨대 아브라함이 이삭을 제물로 드려야 하는 난감한 순간에 아들의 목숨을 구해 줄 제물이 눈에 띄었는데, 그때가 사흘째였다. 요셉의 형들이 감옥에 갇혔다가 풀려난 것도 사흘째였다. 라합은 이스라엘의 정탐들에게 적을 피해 숨어 있으라고 했는데, 그들이 무사히 벗어난 것도 사흘째였다. 에스더는 자기 민족이 살육 당하리라는 말을 듣고 가서 금식하며 기도했는데, 왕이 그녀의 청을 들어 준 것도 사흘째였다.

이런 틀이 하도 반복되다 보니 선지자 호세아는 이렇게 말한다.

> "오라 우리가 여호와께로 돌아가자 여호와께서 우리를 찢으셨으나 도로 낫게 하실 것이요 우리를 치셨으나 싸매어 주실 것임이라 여호와께서 이틀 후에 우리를 살리시며 셋째 날에 우리를 일으키시리니 우리가 그의 앞에서 살리라"(호 6:1~2).

모든 사흘간의 이야기에는 공통된 구조가 있다. 첫째 날에는 문제가 있고 셋째 날에는 해방이 있다. 둘째 날에는 아무것도 없다. 문제가 지속될 뿐이다.

사흘간의 이야기의 문제점은, 막상 사흘째가 되기 전에는 그것이 사흘간의 이야기임을 아무도 모른다는 것이다. 우리가 알기로 금요일과 토요일에는 결코 해방이 오지 않는다. 이야기는 그냥 하루의 연속일 수도 있다. 금요일의 문제가 평생 계속될 수도 있다.

나는 샌프란시스코에 살고 있다. 2010년에 샌프란시스코 자이언츠 야구 팀은 성적이 매우 부진했다. 팬들은 신경이 파열되거나 머리가 터질 지경이었고 손톱을 질근질근 물어뜯어야 했다. 오죽했으면 그해 그 팀의 비공식 모토가 "자이언츠 팀의 야구는 고문이다"였을까. 하지만 자이언츠 팬들은 결국 웃을 수 있었다. 월드시리즈에서 우승했기 때문이다.

사흘간의 이야기였다. 일요일이 오고 있었다. 나는 시카고 컵스 팀의 팬이다. 컵스는 백 년이 넘도록 우승을 못하고 있다. 컵스 팬에게는 금요일뿐이다. 어제도 금요일이었고, 오늘도 금요일이고, 내일도 금요일일 것이다. 컵스 팀을 사랑하는 사람에게는 항상 금요일이다. 컵스 팬이 살아남을 수 있는 비결은 사춘기 자녀를 기르는 비결과 같다. 기준을 낮추면 된다. 그래야만 끝까지 견뎌 낼 수 있다.

금요일에 예수가 죽었다. 그리고 토요일이 왔다.

인생은 사흘간의 이야기인가? 아니면 그냥 하루의 문제가 계속 되풀이되는 것인가?

고대 세계에는 시간을 보는 두 가지 관점이 있었다. 하나는 다수의 견해였고 또 하나는 소수의 의견이었다. 다수의 견해란 역사가 끝없이 순환된다는 것이었다. 지나간 것이 또다시 돌아온다. 우주는 시작도 없이 늘 존재했다. 아리스토텔레스는 "존재하지 않는 것에서는 아무것도 나올 수 없다"고 썼다.

고대인들이 보기에는 모든 징후가 이 견해를 확증해 주는 듯 보였다. 해와 달과 계절은 모두 일정한 주기를 순환한다. 한 세대가 가고 다음 세대가 온다. 문명은 흥하고 망한다. 번영은 차고 기운다. 고대인들은 진보나 삶의 발전을 기대하지 않았다. 우리가 종종 실시하는 설문 조사에, 다음 세대의 삶이 지난 세대의 삶보다 더 나아지리라고 보느냐는 질문이 있다. 고대인들은 그런 설문 조사를 하지 않았다. 설령 했다 해도 긍정의 답변을 기대하지 않았을 것이다. 오히려 반대로 플라톤은 "고대인들이 우리보다 더 나았다. 신들과 더 가깝게 살았기 때문이다"라고 썼다.

하지만 소수 의견이 있었다. 창세기는 "태초에 하나님이 천지를 창조하시니라"라고 시작된다. 사람들은 그전에 무슨 일이 있었는지 궁금해 한다. 하나님이 천지를 창조하시기 전에 무엇을 하고 계셨느냐는 질문에, 어거스틴은 그런 질문이나 하는 사람들을 위해 지옥을 창조하고 계셨다고 답했다고 한다. 그는 또 알면서도 막상 설명하기 힘든 실체 중 하나로 시간을 꼽았다. 그래도 어거스틴은 소수 의견을 설명하는 일에 아주 심혈을 기울였고, 그래서 크리스토퍼 도슨(Christopher Dawson)에 따르면 그는 "기독교 역사 철학의 창시자일 뿐 아니라 실제로 시간의 의미를 발견한 세상 최초의 인물"이었다. 이 소수 의견을 이런 식으로 생각해 보라. 하나님이 크신 사랑으로 천지를 창조하시고 인간을 동산 안에 두셨다.

이 이야기에는 시작이 있다. 동산에 생명나무라는 나무가 있다. 이 나무는 하나님이 인간의 필요를 채워 주시는 선하신 분임을 보여 준다. 이 이야기에는 중간이 있다. 타락을 통해 우리는 동산을 잃고 말았다. 이야기가 삐끗 어긋난 것이다. 하지만 복음의 이야기에는 결말이 있다. 성경의 마지막 책인 요한계시록에 생명나무가 다시 등장한다. 그런데 이번에는 장소가 동산이 아니다. 이상하게 동산이 도시로 변해 있다. 유진 피터슨의 말마따나 이것은 이야기의 놀라운 반전이다.

"도시라면 지상에서도 겪을 만큼 겪지 않았는가? 그래서 많은 사람들의 경우, 천국에 가기 원하는 마음은 플로리다에 가기 원하는 마음과 비슷하다. 날씨가 온화하고 사람들이 점잖으려니 생각하는 것이다. 하지만 성경이 말하는 천국은 … 지상의 도시에 침투한 천상의 도시다."

창세기의 생명나무와 요한계시록의 생명나무는 인류 역사의 이야기를 열고 닫는 휘장과 같다.

예술과 교육과 경제와 모든 건설 활동은 마침내 철저히 하나님의 능력을 통해 하나님을 영화롭게 할 것이고, 그리하여 하나님의 모든 창조 질서가 마침내 본연의 모습으로 만개할 것이다. 그래서 창세기의 생명나무와 요한계시록의 생명나무는 인류 역사의 이야기를 열고 닫는 휘장과 같다. 이야기의 시작에도 그 나무가 있고, 이야기의 절정에도 그 나무가 있다. 우리는 우연히 생겨난 우주의 한 파편이 아니다. 우리에게는 이야기가 있다. 현재 우리는 랍 벨(Rob Bell)의 멋진 표현처럼 "나무와 나무 사이에" 살고 있다. 창세기 나무의 이후이자 요한계시록 나무의 이전인 두 나무 사이에 살고 있는 것이다.

시작과 중간과 결말이 있다. 창조와 타락과 구속이 있다. 성부와 성자와 성령이 있다. 어제와 오늘과 내일이 있다. 금요일과 토요일과 일요일이 있다. 우리는 나무와 나무 사이에 살고 있다.

하지만 하나님은 영원하시다. "나는 알파와 오메가라." 이 호칭은 "이제도 있고 전에도 있었고 장차 올 자"라는 말로 되풀이된다. 알파는 그리스어 알파 벳의 첫 글자다. '태초에' 하나님이 계셨다. 상상력을 최대한 동원하여 뒤쪽으로 무한대로 뻗어 나가면 거기에 태초가 있다. 오메가는 마지막 글자다. "산이 생기기 전, 땅과 세계도 주께서 조성하시기 전 곧 영원부터 영원까지 주는 하나님이시니이다"(시 90:2).

하나님은 지금 우리를 한 나무에서 다른 나무로 옮겨 가시는 중이다.

고대 세계의 견해는 그렇지 않았다. 물론 헬라인들도 영원한 세계를 믿었다. 적어도 그중 일부는 전능한 불변의 신이 시간을 초월하여 끝없이 존재한다고 믿었다. 하지만 그 신은 인간과 접촉이 없었다. 보이지도 않고 알 수도 없는 저자로서 각본을 써 놓았을 뿐, 각본을 실연(實演)하는 데서는 손을 뗀 존재였다.

지금은 그런 견해가 다분히 사장되었다. 적어도 서구 세계에서는 그렇다. 하나님을 믿지 않는 사람들도 진보 비슷한 것을 믿는다. 계몽주의 시대에 일부 사상가들은 신이라는 개념을 폐기했지만, 차마 미래의 희망마저 버릴 수는 없었다. 그래서 그것의 이름을 '진보'로 바꾸고는 교육이나 기술이나 과학이 진보를 가져다줄 거라고 말했다. 하지만 여전히 그들은 역사에 궁극적 지향점이 있다고 믿은 이스라엘 백성의 세속적 후예였다. 작은 이스라엘에서 시작된 그 개념이 어떻게 넓은 세상으로 퍼져 나갔을까?

어느 날 예수라는 사람이 사역을 시작하면서 지금이 어느 때인지를 한마디로 이렇게 표현하셨다. "때가 찼고."

이것은 그 자신에 대한 진술이자 시대에 대한 선언이었다. 역사는 끝없는 순환이 아니다. 우주는 신인 선수를 선발할 때의 프로 팀처럼 '시시각각 흘러가고' 있다. '이전의 시간'이 있어 그때는 세상이 준비되고 있었다. '이후의 시간'이 있어 그때는 세상이 완성될 것이다. 중간인 지금은 "때가 찼다." 놀랍게도 예수는 자신이 옴으로써 이 순간이 도래했다고 말했다. 겸손하신 예수가 자신이 역사의 분기점이라고 단언한 것이다.

때가 찼다.

토요일, 침묵이 있었다

어거스틴은 예수가 세상에 옴으로써 이스라엘의 역사뿐만 아니라 전 세계의 역사가 전환점을 맞이했다고 말했다. 그는 말하기를 그동안 제사장과 제사와 성막 등으로 이루어진 이스라엘의 역사가 길을 예비했지만, 길을 예비한 것은 그것만이 아니라고 했다. 하나님은 모든 역사의 하나님이시며, 역사는 처음부터 이 순간을 향하여 진행되어 왔고, 나머지 인류 역사는 여기서부터 흘러나간다는 것이다. "그 순서와 때가 우리에게는 숨겨져 있지만 하나님은 훤히 다 알고 계신다."

어거스틴은 역설하기를 역사가 되풀이된다는 이론, 즉 "동일한 한시적 사건이 동일한 주기적 순환을 통해 재현된다"는 이론은 영원히 오류로 입증되었다고 했다. "그리스도께서 단번에 우리 죄를 위하여 죽으셨기" 때문이다.

예수는 역사에 대해 생각하는 방식을 바꾸어 놓았다. 한 해의 시작점도 달라졌다. 옛날 이스라엘에서는 생후 8일째에 아기를 성전에 데려가 이름을 지어 주었다. 1월 1일은 12월 25일로부터 8일째 되는 날이다. 1월 1일이 새해의 시작인 까닭은 그날이 예수의 이름이 세상에 들어온 날이기 때문이다. 우리가 알든 모르든 해마다 1월 1일은 바로 그날이다. 누가는 예수가 태어난 시기를 독자들에게 알릴 때, 아우구스투스 황제와 구레뇨(퀴리니우스)가 각각 황제와 시리아의 총독으로 재위할 때였다고 표기했다.

이렇듯 황제의 연호로 모든 사건의 시기를 표기했다. 하지만 역대 황제의 권력과 그것이 인간의 상상력을 지배하던 힘도 세월과 함께 시들해지고 새로운 관점이 부상했다. 옛날 로마의 일주일은 8일이었는데, 3세기 말에 7

일을 일주일로 하는 이스라엘과 교회의 역법으로 그것을 대체했다. 예수가 떠난 지 600년 후에 스키티아의 수사인 디오니시우스 엑시구스(Dionysius Exiguus)는 로마의 창건이라는 이교 신화가 아니라 예수의 출생을 구심점으로 한 새로운 연대 표기법을 제창했다(그의 계산 착오는 교회가 얼마나 자주 오류를 범하는지 잘 보여 주는 사례다. 결과적으로 예수는 아마 B.C. 4년에 태어났을 것이다).

현재 우리가 쓰는 역법은 단지 논리적 편의성 때문에 생겨난 것이 아니다. 그 안에는 우주의 삶이 우연이나 임의적 순환이 아니라 하나님의 이야기라는 선언이 담겨 있다. 이 역법을 탄생시킨 결정적 사건은 예수라는 유대인 목수가 세상에 들어온 일이다. 사실 예수는 제한된 지역에서 제한된 삶을 살다가 죽었다. 그의 존재는 어느 황제에게도 조금도 전해진 적이 없다. 그런데 제자 요한은 1세기에 예수를 만왕의 왕이요 만주의 주라 불렀다. 1세기에만 해도 아직 예수 운동이 소규모(수천 명 정도)였으므로 그런 주장이 우스워 보였을 것이다.

하지만 그 목수가 태어난 지 2천 년이 지난 지금도 여전히 변함없는 사실이 있다. 지구상의 어느 곳의 누구라도 달력을 넘기거나 신문을 펴거나 컴퓨터를 켤 때마다 상기할 수밖에 없듯이, 예수 그리스도가 정말 인류 역사의 분기점이 되었다는 사실이다. 네로 황제는 A.D. 즉 우리 주의 해 68년에 죽었다. 천하를 제패했다는 나폴레옹 황제는 우리 주의 해 1821년에 죽었다. 조셉 스미스(모르몬교의 창시자–역주)는 우리 주의 해 1953년에 죽었다. 설령 예수가 만왕의 왕이요 만주의 주가 아니었다 해도, 역사 속에 존재했던 모든 통치자들의 시기를 표기할 때 예수의 생애를 기준으로 삼아야 한다는 것은 얼마나 신기한 일인가.

역사를 읽고 공부하는 방식도 점차 달라졌다. 역사 속에 가경자 비드(Venerable Bede)로 알려진 노섬브리아의 수사 겸 학자는 8세기에 『영국 민족 교회사』를 썼다. 영국인의 민족 정체성은 누구보다도 비드에게 힘입은 바 크다고 한다. 그의 책에 보면 에드윈 왕의 모사(謀士)가 인생을 참새에 비유하는 대목이 나온다. 비유 속의 참새는 환한 연회장 안으로 잠시 휙 날아들었다가 다시 캄캄한 밖으로 나간다. 그 모사는 왕에게 기독교로 회심할 것을 권유하면서, 그래야 인생이 "잠시 연회장 안에서 퍼덕이다 가는 것" 이상이 된다고 말한다. 인생이란 짧고 허망한 것이다.

하지만 예수의 이야기는 더 인격적인 차원에까지 가 닿는다. 나에게 중요한 것은 우주의 기간만이 아니라 바로 나의 시간, 나의 이야기다.

앞서 나는 토요일이 아무 일도 없는 날이라 했다. 하지만 그것은 틀린 말이다. 토요일에는 침묵이 있다. 금요일에 문제와 괴로움이 닥치면 우리는 하나님께 부르짖는다.

"제 말을 들어 주소서! 귀 기울여 주소서! 응답하소서! 어떻게든 해 주소서! 뭐라고 말씀 좀 하소서! 구해 주소서!"

그런데 아무 일도 없다. 금요일의 고통으로도 모자라 토요일에는 하나님의 침묵과 부재라는 고통이 더해진다. C. S. 루이스는 자신이 예수를 믿게 된 과정을 글로 쓰면서 회고록의 제목을 『예기치 못한 기쁨』(Surprised by Joy)이라 붙였다. 책에 나와 있듯이 그는 기쁨이 좋아서 예수를 믿게 되었다. 실제로 책 제목은 윌리엄 워즈워드의 시구에서 딴 것이다. 그 책을 쓸 때 루이스는 57세의 독신이었다. 조이(Joy)라는 여자를 만나고 있던 그는 책이 출간된 후에 결국 그녀와 결혼했다. 친구들은 그가 정말 예기치 못한 기쁨(Joy)을 만났다며 그를 놀리곤 했다.

평생을 기다린 끝에 사랑을 알았지만 루이스의 사랑은 짧게 끝났다. 조이는 결혼한 지 얼마 안 되어 암으로 죽었다. 아주 고통스럽게 질질 끄는 죽음이었다. 그래서 루이스는 다시 『헤아려 본 슬픔』이라는 책을 썼다. 토요일의 책이다.

"행복할 때는 행복에 겨워서 하나님이 필요하다는 생각조차 하지 않는다. 너무 행복해서 그분이 우리를 주장하시는 것이 간섭으로까지 여겨지는 그때, 우리가 스스로의 잘못을 깨닫고 그분께 감사와 찬양을 드린다면 두 팔 벌려 환영받을 것이다. 그러나 모든 도움이 헛되고 절박할 때 하나님께 다가가면 무엇을 얻는가? 면전에서 쾅하고 닫히는 문, 안에서 빗장을 지르고 또 지르는 소리. 그리고 나서는, 침묵. 그때는 돌아서는 게 낫다. 오래 기다릴수록 침묵만 뼈저리게 느낄 뿐. … 지금 그분의 부재는 무엇을 의미하는가? 왜 그분은 우리가 번성할 때는 사령관처럼 군림하시다가 환난의 때에는 이토록 도움을 주는 데 인색한 것인가?"

남편이자 아빠인 한 남자가 있다. 세상 무엇보다도 간절한 그의 소원은 아내와 갈라서지 않는 것이다. 그런데 아내는 듣지도 않고 돕지도 않는다. 그는 결코 완벽하지는 않지만 정말 최선을 다하고 싶다. 하지만 아내가 왜 무반응인지 알 도리가 없다. 이런 상황이 자녀에게 미치는 영향도 견디기 힘들다. 하늘은 침묵할 뿐이다.

사랑하는 딸이 불치병에 걸린다. 엄마와 아빠는 간절히 기도로 매달리지만 들려오는 것은 침묵뿐이다. 딸의 병세는 오히려 악화된다.

당신은 직장을 잃는다. 친구를 잃는다. 건강을 잃는다. 자녀에 대한 꿈이 금요일에 죽는다. 토요일에 당신은 어찌할 것인가? 당신은 절망을 선택할 수도 있다. 그래서 바울도 "너희 중에서 어떤 사람들은 어찌하여 죽은 자 가운데서 부활이 없다 하느냐"(고전 15:12)고 썼다. 다시 말해서 반드시 이렇게 말하는 사람들이 있다.

"일요일은 영영 오지 않는다. 금요일뿐이다. 그러려니 하고 살면 된다. 어차피 삶이란 실망스러운 법이다. 그나마 더 악화되지 않으면 다행이다."

어떤 사람들은 남몰래 말없이 그렇게 살아간다. 그런가 하면 당신은 부정(否定)을 선택할 수도 있다. 단순논리식으로 둘러대고, 조바심치고, 즉답을 바라고, 인위적인 낙을 찾는다. 인간답지 않은 태연함, 억지스러운 낙천주의, 진부한 공식, 엉뚱한 승리주의 등에 빠진다.

바울은 디모데에게 "부활이 이미 지나갔다 함으로 어떤 사람들의 믿음을 무너뜨리는"(딤후 2:18) 사람들이 있다고 썼다. 다시 말해서 반드시 이렇게 말하는 사람들이 있다.

"지금이 이미 일요일이다. 우리 모두에게 이미 부활이 이루어졌다. 그러므로 아직도 문제가 있거나 병이 낫지 않거나 기도가 응답되지 않는다면, 당신의 믿음이 부족해서 그런 거다. 상황 파악을 제대로 하라."

하지만 세 번째 방안이 있다. 당신은 기다릴 수 있다. 하나님이 멀게 느껴질 때도 그분과 함께 일할 수 있다. 쉬면서 질문할 수 있다. 우는소리를 하며 하소연도 할 수 있다. 신뢰할 수 있다.

묘하게도 시편에 가장 흔한 시는 하소연의 시다. 토요일의 시다.

"하나님, 왜 듣지 않으십니까?"

유진 피터슨의 글에 그가 어느 수도원을 방문했던 이야기가 나온다. 점심을 먹으러 수사들과 함께 식당으로 가는 길에 묘지를 지나가는데, 파 놓기만 하고 덮지 않은 무덤이 하나 있었다. 그는 한 수사에게 수도원에서 최근에 죽은 사람이 누구냐고 물었다. 그러자 수사는 "아무도 죽지 않았습니다. 저 무덤은 다음번에 죽을 사람의 것입니다"라고 말했다. 그 공동체의 가족들은 매일 세 차례씩 식사하러 갈 때마다, 우리가 하루 종일 잊어버리려 하는 사실을 상기하고 있다. 그들 중 하나가 다음 차례가 될 것이다.

우리는 죽음에 대한 생각을 별로 좋아하지 않는다. 연예인 우디 앨런(Woody Allen)이 이런 말을 했다고 한다. "죽음을 생각하는 것까지야 괜찮지만 나에게만은 죽음이 닥쳐오지 않았으면 좋겠다."

하지만 하나님은 인간에게 영원을 사모하는 마음을 주셨다. 그래서 우리는 죽음 너머의 세계를 알기를 원한다. 예일 대학교의 칼로스 아이어(Carlos Eire) 교수는 『영원의 간략한 역사』라는 책을 썼다. 그는 인생이란 우주적 관점에서 한없이 유의미할 수도 있지만, 영원은 고사하고 우주 역사에만 비교해도 너무 짧기 때문에 한없이 무의미할 수도 있다고 했다. 그에 따르면, 지구의 역사 전체가 자정에서 자정까지 24시간이라면 호모사피엔스가 등장한 시점은 밤 11시 59분 59.3초쯤 될 것이다.

그것이 인류가 존재한 기간이다. 기록된 역사는 그보다 훨씬 짧다. 사진 찍을 때 플래시가 터지는 순간보다 짧다. 당신의 일생은 길이를 잴 수 없을 만큼 짧다.

토요일의 기적, 성자 하나님이 죽어 누워 있다

언젠가 나는 딸과 함께 알카트라즈 섬(한때 흉악범의 유배지로 쓰였던 샌프란
시스코 만의 작은 섬으로 지금도 옥사(獄舍)가 그대로 남아 있다-역주)에서 공연되는
〈햄릿〉을 본 적이 있다. 실제로 1막은 섬으로 건너가는 배 안에서 시작되었
다. 배가 도착하자 100여 명의 관객이 걸어서 섬 안의 무대를 여기저기 옮겨
다녔다. 오후에 시작된 연극은 날이 어두워져서야 끝났다.

땅거미가 어스름할 무렵, 햄릿의 살해된 아버지의 망령이 감옥의 망루 위
에 나타났다. 바다 위의 부표들에서 고적한 종소리가 울리고, 감옥의 황량한
뒤편에서 배우들의 목소리가 그 소리에 섞여 어둠을 타고 건너왔다. 햄릿의
삼촌의 목소리는 감옥 안의 비밀 통로에서 새어 나왔다. "더러운 내 죄악이
여, 악취가 하늘을 찌르는구나."

이윽고 한 감방에서 햄릿의 명대사가 시작되었다. "사느냐 죽느냐, 그것이
문제로다. 어느 쪽이 더 고상한가? 가혹한 운명의 돌팔매와 화살을 견뎌야
하는가, 아니면 노도 같은 고난과 맞서 싸워야 하는가? … 죽어서 잠들면 꿈
을 꾸겠지. 아, 괴로운 일이다 …."

나는 왜 이 자리에 있는가? 고난은 가치가 있는가? 죽음이 평안을 가져다
줄 것인가?

바로 그때 휴대전화가 울렸다. 알카트라즈의 음향 효과 때문에 소리가 굉
장히 크게 들렸다. 퍼뜩 이런 생각이 들었다. '정말 대단하다. 이것도 연극의
일부이겠지. 전화를 거는 것처럼 해서 이 위대한 질문에 답하려는 거야.'

하지만 바로 뒤를 잇는 생각이 있었다. '내 전화 같은데!' 정말 내 전화 소

리였다.

인류의 이야기는 우리가 보기에는 아주 광대하지만 우주에 비하면 짤막하다. 그 이야기 속에 예수를 통해 정말 놀라운 순간이 도래했다. 저자가 연극 속으로 직접 들어오신 것이다.

고대의 한 설교에 이 이상한 토요일을 이렇게 표현했다.

"오늘 이 땅에 무슨 일이 벌어진 것입니까? 온통 침묵뿐입니다. 침묵과 정적뿐입니다. 왕이 주무시기에 온통 침묵뿐입니다. 하나님이 육체로 죽으시니 지옥이 두려워 떱니다. 그분은 잃어버린 양을 찾으시듯 우리의 첫 조상을 찾으러 가셨습니다."

사도신경에 보면 예수는 지옥에까지 내려가셨다. 당신이 겪는 고통치고 예수께서 당신을 구원하고자 견디지 못하실 고통은 없다.

인간적 관점에서 우리는 일요일을 기적의 날로 생각한다. 그날은 인간 예수께서 죽음에서 부활하신 날이다. 하지만 천국의 관점에서 보면 정작 위대한 기적의 날은 토요일이 아닐까? 예수가 태어나셨을 때 천군천사가 하늘 가득히 나타나 하나님을 찬송했다. 그 아기는 임마누엘, 즉 우리와 함께하시는 하나님이시기 때문이다. 신기하게도 하나님이 이 땅에, 마구간에, 구유 안에 오셨다.

그런데 토요일에 천사들이 내려다볼 때는 무엇이 보였을까? 무덤 속에 계신 하나님이었다. 일요일의 기적은 죽은 사람이 살아난 일이다. 토요일의 기적은 영원하신 성자 하나님이 죽어 누워 계신 일이다.

이렇듯 예수 그리스도는 우리의 대적(大敵)인 죽음을 무찌르시되, 자신이 무적의 존재임을 과시하신 게 아니라 오히려 친히 죽음을 받아들이셨다. 무덤과 사망과 지옥 속에서도 예수를 찾을 수 있을진대 어디에선들 그분을 찾을 수 없겠는가? 그분이 모습을 드러내지 않으실 곳이 어디이겠는가?

약속대로 죽음을 이기고
돌아온 그리스도

who is this man?

일요일에 뭔가가 세상에 등장하여 아직도 퇴장하지 않고 있다. 그것은 무엇인가?

다른 종교들과 달리 기독교만의 독특한 점 중 하나는, 실제로 그 기원을 역사 속의 어느 한 날 한순간의 한 특정한 사건으로 추적해 올라갈 수 있다는 것이다. 유대교나 불교나 이슬람교나 무신론은 그렇지 않다. 그러나 교회라는 것은 어제까지도 없다가 하룻밤 사이에 갑자기 생겨났다.

마태복음에 보면 그 일요일 아침에 여자들은 빈 무덤을 보았고 예수께서 살아나셨다는 말을 들었다. 가서 제자들에게 그 소식을 전하라는 명령도 받았다. 잠시 후에 그들은 부활하신 그리스도를 만났는데, 그때 오간 대화가 놀랍도록 짧다.

"그 여자들이 무서움과 큰 기쁨으로 빨리 무덤을 떠나 제자들에게 알리려고 달음질할새 예수께서 그들을 만나 이르시되 평안하냐 하시거늘 여자들이 나아가 그 발을 붙잡고 경배하니"(마 28:8~9).

예수에 대한 묘사가 어째 너무 빈약한 것 같지 않은가? 여자들은 참담한 상태였다. 그들은 그분을 사랑해서 무덤에 갔다. 그런데 돌이 굴려져 있고 번개처럼 빛나는 천사가 그 위에 앉아 있었다. 갑자기 그들이 사랑하는 랍비가 나타나셨다. 죽어서 장사된 그분이 다시 살아나신 것이다. 그렇다면 우리는 의당 이런 생각이 들 만하다.

"부활하신 예수께서 이 순간을 기하여 얼마나 심오한 발언과 놀라운 설명을 해 주실 것인가?"

그런데 그분이 하신 말씀은 "평안하냐"가 전부였다. 이 단어는 당시의 가장 흔하고 격의 없는 인사말로 "어이, 어떤가? 날 참 좋군. 별일 없나?" 정도에 해당한다. 데일 브루너의 훌륭한 주석에는 그것이 "보라! 예수께서 그들을 만나 '안녕!' 하고 말씀하셨다"라고 옮겨져 있다.

다시 말해서 "무얼 기대했는데?"

다시 말해서 "내가 그랬잖아!"

스킵 비오(Skip Viau)라는 목사는 아이들에게 이 이야기로 설교한 적이 있다. 그는 "예수께서 죽음에서 살아나신 후에 제자들에게 맨 먼저 하신 말씀은 무엇일까요?"라고 질문을 던졌다. 그러고 나서 마태의 대답을 들려주려는데 미처 그럴 새도 없이 한 어린 소녀가 손을 흔들었다. 그가 말할 기회를 주자 소녀가 말했다. "짜잔! 그러셨겠지요." 정말 손색없는 번역이다. 예수는 이어 그들이 할 일을 재확인해 주셨다.

"가서 내 형제들에게 갈릴리로 가라 하라."

희생이 없으면 수확도 없다

일요일은 모든 것을 바꾸어 놓았지만, 많은 사람들이 생각하는 방식대로는 아니다.

2천 년이 지난 지금, 우리의 관점에서 부활절을 다음과 같은 위로의 이야기로 생각하는 사람들이 많이 있다. "봄은 반드시 오고 꽃은 피어난다. 삶은 영원하다. 모든 게 다 잘 될 것이다."

하지만 복음서의 첫 부활절을 보면, 부활에 대한 반응에 일관되게 두려움이 공존한다. 사실 사람들은 부활 이전보다 이후에 더 두려워했다. 그뿐 아니라 예수나 천사들이 "이제 너희는 더 이상 죽음에 대해 염려하지 않아도 된다"고 말하는 대목은 복음서의 어디에서도 찾아볼 수 없다.

정작 예수께서 제자들에게 하신 말씀은 앞으로 할 일이 있다는 것이다. 이런 말씀이나 같다.

"십자가는 나를 무너뜨리지 못했다. 내 운동을 막으려던 그들의 계획은 수포로 돌아갔다. 내 운동은 계속될 것이다. 사실 너희의 원수까지도 사랑하려던 내 계획이 옳았음을 내 아버지께서 입증해 주셨다. 사랑 때문에 기꺼이 희생하고 고난당하고 죽기까지 한 내 방법이 옳았다.

이제 그들은 정말 노할 것이다. 빌라도와 대제사장들은 이 소식을 입막음하려고 이미 음모를 꾸미고 있다. 격노하여 필사적으로 나오고 있다. 나는 곧 떠날 것이다. 그러니 너희가 가라. 너희 여자들, 너희 제자들이 가라. 가서 그들 모두에게 십자가가 실패했고, 황제가 실패했고, 빌라도가 실패했고, 대제사장들이 실패했다고 말해 주라. 이제 그들은 너희와 싸울 것이다."

일요일에 그들의 삶은 더 안전해지지 않았다. 오히려 훨씬 더 위험해졌다. 일요일에 등장한 것은 위로가 아니었다. 일요일에 등장한 것은 내세에 대한 확신도 아니었다.

지금처럼 고대에도 내세에 대한 의견이 아주 분분했다. 삶이 촛불처럼 꺼진다고 믿은 사람들도 있었다. 고대에 라틴어와 헬라어로 공히 애용되던 다음과 같은 비문이 있었다.

"나는 없었다가, 있었다가, 도로 없어진다. 아무려면 어떤가."

반면 사후에 영혼이 육체를 떠나 특정한 장소로 간다고 믿은 사람들도 있었다. 그곳을 때로 하데스(Hades)라고 불렀다. 영혼은 그곳에 그림자처럼 존재하지만, 다시 이 세상으로 돌아오지는 않는다. 하데스로 가는 길은 일방통행이었다.

그와 달리 이스라엘에는 부활이라는 믿음이 출현했다. 이 단어는 예수께서 오시기 오래전부터 있었고, 헬라인에게도 있었다. 헬라인은 부활이 실제로 발생할 것은 믿지 않았지만, 그 개념에 대해서는 알았다. 하지만 부활이란 그림자처럼 애매한 내세와는 달랐다.

부활을 믿는다는 말은 곧 위대하신 하나님이 우주를 창조하신 것과 장차 그것을 치유하고 구속하실 것을 믿는다는 뜻이다. 그 일이 다 완성될 때 그분은 자기 백성의 죄를 용서하시고, 정의를 이루시고, 고난을 종식시키시고, 창조세계를 치유하시고, 의인을 죽음에서 다시 살리실 것이다. 따라서 부활은 극적이고, 명백하고, 부정할 수 없으며, 대규모로 이루어진다. 하나님의 모든 자녀에게 동시에 이루어지며, 이로써 역사는 종말을 맞는다.

그런 믿음이 있었기 때문에 역사의 중간에 한 개인이 부활했다는 주장은 이스라엘의 어느 누구도 생각할 수 없는 일이었다. 그렇게 주장하는 사람이 있다면 당연히 이런 반응이 나왔을 것이다.

"질병이 다 사라졌는가? 정의가 이루어졌는가? 고난이 끝났는가? 그런 허튼소릴랑 집어치우라."

이는 마치 조지 워싱턴이 영국으로부터 독립을 쟁취했는데 나머지 식민지는 여전히 조지 왕의 휘하에 있다는 주장과 같다. 전쟁이나 스퀘어댄스나 풋볼처럼 부활도 개인 종목이 아니다.

예수를 따르는 사람들은 그분이 메시아이며 로마를 무너뜨리고 하나님 나라를 들여 오실 것을 믿었다. 그런데 그분이 죽으셨다. 그분의 예언대로 된 일인데도 그들 중에 "모든 일이 계획대로 진행되고 있다"고 말한 사람은 아무도 없다. 예수께서 죽으신 후의 일을 사복음서에서 보면, 상황을 미화하는 표현을 조금도 찾아볼 수 없다. 제자들은 낙심하고, 용기를 잃고, 실망하고, 환멸에 빠지고, 사기를 잃었다. 그러다 갑자기 정반대로 변했다.

그들은 빈 무덤을 보았다. 이는 그들의 눈에 보이는 예수가 환영(幻影)이 아니라는 뜻이었다. 그들은 엄연히 살아 계신 그분을 보았다. 이는 빈 무덤이 누군가 시신을 빼돌린 결과가 아니라는 뜻이었다. 그들은 예수께서 죽으시기 얼마 전에 하신 말씀을 떠올렸다.

> "예수께서 대답하여 이르시되 인자가 영광을 얻을 때가 왔도다 내가 진실로 진실로 너희에게 이르노니 한 알의 밀이 땅에 떨어져 죽지 아니하면 한 알 그대로 있고 죽으면 많은 열매를 맺느니라 자기의 생명을 사랑하는 자는 잃어버릴 것이요 이 세상에서 자기의 생명을 미워하는 자는 영생하도록 보전하리라"(요 12:23~25).

그들은 이제야 조금씩 이해가 되었다.

예전에 내게 설교를 가르친 이언 피트-왓슨(Ian Pitt-Watson) 교수는 인류 역사에 위대한 혁명이란 둘뿐이었다고 말하곤 했다. 지구상의 인간의 삶을 돌이킬 수 없게 영원히 변화시킨 일은 둘뿐이었다는 것이다. 그에 따르면 첫 번째 혁명은 누군가가 농경을 시작했을 때 벌어졌다. 그전까지만 해도 인간은 여기저기 옮겨 다니며 하루 단위로 살았다. 집이라는 것이 없었다. 그러다 누가 알아차리게 되었다. 땅에 씨앗을 떨어뜨렸는데 나중에 와 보니 뭔가 일이 벌어진 것이다. 본래 떨어뜨린 물건은 결국 없어지게 마련이다. 그런데 이번은 달랐다. 흙 속의 무엇이 씨앗 속의 무엇을 불러낸다. "이보게 씨앗! 깨어나게! 나한테 작은 뿌리를 보내야지."

이어서 흙 위의 무엇이 씨앗에게 말한다. "작은 새싹을 올려 보내게." 씨앗은 새싹을 올려 보내고, 그리하여 식물이나 나무가 되어 열매를 맺는다. 자신의 운명을 성취하는 것이다.

하지만 씨앗이 일단 죽지 않으면 그런 일은 결코 있을 수 없다. 어느 날 어떤 사람이 그것을 알아차렸다. 하도 오래전의 일이라 그 천재가 누구였는지 아무도 모른다. 먹을 수 있는 것을 일부러 버리는 일은 미련해 보였다. 하지만 누군가가 그렇게 했고, 그러자 생명이 출현했다. 인간은 더 이상 하루 단위로 살아갈 필요가 없게 되었다. 그리하여 결국 마을과 도시와 공예와 예술과 건축과 연장과 문명이 생겨났다. 집도 생겨났다.

> "한 알의 밀이 땅에 떨어져 죽지 아니하면 한 알 그대로 있고 죽으면 많은 열매를 맺느니라"(요 12:24).

이언에 따르면 인간의 모든 문명은 이 하나의 사실 위에 건설된다. 이것은 명령이 아니라 그냥 세상의 순리다.

두 번째 혁명이 있다. 이번에는 우리가 혁명가의 이름을 안다. 그분이 어디서 어떻게 사셨고, 무엇을 가르치셨으며, 어떻게 죽으셨는지도 안다. 예수는 이것이 삶의 순리라고 말씀하신다. 무엇이든 본연의 상태로 돌아가려면, 당신이 기꺼이 뭔가를 희생해야 한다. 희생이 없으면 수확도 없다.

다만 이번에는 씨앗이 아니다. 이번에는 당신이다.

죽음으로 부르는 희망

일요일에 등장한 것은 희망이다. 하지만 삶이 잘 풀리리라는 희망은 아니고, 심지어 내세가 있다는 희망도 아니다. 오히려 이것은 사람들을 죽음으로 부르는 희망이다. 이기심과 죄와 두려움과 탐욕에 대해 죽으라는 부름이다. 대아(大我)가 태어날 수 있도록 소아(小我)의 작은 삶에 대해 죽으라는 부름이다. 많은 사람들이 실제로 그렇게 했다.

이 희망이 많은 변화를 몰고 왔다. 젊은 플리니우스는 예수를 따르는 사람들이 예전처럼 안식일에 모이지 않고 일요일에 모이기 시작했다고 말했다. 요한은 한 주간의 첫날을 '주의 날' 즉 주일이라 불렀다. 예수를 따르는 사람들은 자신들이 부활의 공동체임을 점차 깨달았다. 일찍이 생명을 창조하셨던 하나님이 생명을 재창조하기 시작하셨다. 예수를 통해 하나님이 다시 "삶이 있으라"고 말씀하고 계셨다.

고대 세계에서 죽음을 정복하는 길은 위대한 영웅적 업적을 세워 자신의 삶에 대한 기억이 지워지지 않게 하는 것이었다. 지금 들으면 허영심이나 이기심처럼 들릴 말들이 그 사회에서는 칭송으로 통했다. 명예를 통해서만 불멸의 자리에 이를 수 있었기 때문이다. 젊은 플리니우스는 자신의 친구인 역사가 타키투스에게 이렇게 썼다.

"자네가 쓰는 역사는 불멸의 작품이 되리라 믿네. 분명히 정확한 예언으로 입증될 것이네. (솔직히 말해서) 그래서 나도 그 속에 꼭 등장하고 싶다네."

그런데 예수의 공동체 안에 다른 종류의 책에 대한 소문이 싹텄다. 그것은 가장 하찮은 이름들도 적힐 수 있고, 가장 가난한 사람들도 영영 지워지지 않는 책이다. 그 책에 이름이 오를 수 있는 자격 요건은 딱 하나였다. 일단 죽어야 했다.

고대 세계에서는 쟁쟁한 사람과 초라한 사람이 생전처럼 사후에도 갈렸다. "생전에 내로라했던 부자들은 죽을 때도 표가 났다." 그들의 장례식은 공공행사가 되었고, 그들의 무덤은 시민 묘원에서 큰 자리를 차지했다. '아주 특별한 고인'은 본인의 기부금으로 마련된 기념식에서 공공 훈장을 수여받았다. 가난한 사람들은 장례 상조회에 속해 있지 않은 한 따로 무덤도 없고 공식 장례식도 없었다.

그런데 교회는 고인이 비용을 부담했든 아니든 최후의 안식처를 제공해 주었다. 교인들은 예수 안에서는 죽음이 일종의 잠이며 그 잠을 통해 우리가 참 생명으로 깨어난다고 믿었다. 그래서 그들은 고인의 안식처를 표현할 때 헬라어의 합숙소라는 단어를 사용했다. 묘지는 합숙소 즉 사람들이 잠자는 곳이다. 그래서 묘지라는 말을 입에 올릴 때마다 그 말이 죽은 자의 부활에 대한 믿음을 상기시켰다.

가장 오래된 로마법에 보면 "(로마)시 안에서는 시신을 매장하거나 화장할 수 없다"고 규정되어 있다. 시체는 무서운 존재로 통했다. 그래서 실제로 시체들만의 도시인 '사자(死者)들의 도시'라는 뜻의 네크로폴리스가 따로 있었다. 공포와 두려움 때문에 죽은 자와 산 자를 갈라놓았던 것이다. 초대교회에서 거기에 극적인 변화가 나타났다. 교회 경내에 묘지가 조성되었다. 어떤 성인들은 교회 마루 밑에 묻히기도 했다. 말 그대로 산 자와 죽은 자가 함께 모여 예배한 것이다.

"시체를 가까이하지 않으려던 혐오감이 초대 그리스도인들 사이에서 금세 사라졌다. … 이것은 굉장한 변화다. 사자에 대한 기존 이교의 자세와 신흥 기독교의 자세가 근본적으로 다름을 보여 주기 때문이다. … 산 자들이 더 이상 죽은 자들을 두려워하지 않았다. 두 집단이 같은 장소, 같은 건물 안에 공존했다."

사람들이 이전의 혐오감에서 새로운 친근감으로 이렇게 신속히 옮겨 간 이유는 무엇일까? 몸의 부활을 믿었기 때문이다. 일요일 때문이다.

세월이 가면서 내세의 문제는 때로 예수 자신을 밀쳐내고 교회의 신앙에서 중심을 차지했다. '신앙인'으로 자처한다는 말은 곧 내세를 믿는다는 말과 동의어로 통할 때가 많다. 때로 예수는 사람들을 복된 내세로 데려다 주는 통로 정로로 전락하며, 이때 내세를 보장받는 조건은 특정한 종교 단체에 동의하는 것이다. 내세에 대한 교회의 생생한 가르침에도 이처럼 어두운 면이 있었다. 그런 가르침을 이용해서 사람들을 조종하여, 자기중심적인 두려움 때문에 기독교인이 되거나 기독교인으로 남아 있게 할 때가 많이 있었다. 처음부터 늘 그랬다. 오리겐은 "지옥에 대한 물리적 공포는 잘못된 것이지만, 순진한 신자들에게 겁을 주려면 그것을 선전해야 한다"고 말했다.

최근의 고난주간에 있었던 일인데, 누군가 십자가에 조롱의 말로 ROFL("바닥을 구르며 웃는다"는 말의 문자용 약어)이라고 써 붙여 예일 대학교의 크로스(Cross) 캠퍼스에 가져다 놓았다. 이 일을 계기로 표현의 자유, 종교를 존중하는 의식, 그리스도인들이 특권을 누리고 있는가 박해받고 있는가 등에 대한 대화가 꽤 많이 오갔다. 일부 그리스도인들은 오직 그리스도인들을 향해서만 공적인 비난이 허용되고 있다고 불평했다. 하지만 설령 불평의 내용이 사실이라 해도 이것은 초대교회의 반응과는 사뭇 다르게 들린다.

십자가에 조롱의 말이 나붙은 것은 이때가 처음이 아니다. 성경에 나와 있듯이 빌라도는 십자가 위에 "나사렛 예수 유대인의 왕"이라는 말을 붙이게 했다. 유대의 지도자들이 "자칭 유대인의 왕"이라고 써야 한다고 따졌지만 빌라도는 "내가 쓸 것을 썼다"고 말했다. 교회들은 종종 빌라도가 쓴 말의 라틴어 머리글자를 십자가에 써 붙이곤 한다. 라틴어로 '나사렛 예수 유대인의 왕'의 첫 글자만 따면 INRI가 된다. 하지만 본래 이 말은 찬사가 아니라 조롱이었다. ROFL이었다.

「예일 데일리 뉴스」의 객원 칼럼니스트인 개럿 피들러(Garret Fiddler)는 십자가를 장신구로 쓰는 아이러니를 지적했다.

"사실 십자가는 그리스도인의 소유가 아니다. 그리스도인은 다만 십자가를 질 뿐이다."

예수의 가르침의 핵심에 이런 이상한 명령이 있다. "네 십자가를 지고, 너 자신에 대해 죽고, 나를 따르라." 십자가는 내 안에 뭔가 죽어야 할 것이 있음을 상기시킨다. 개인이나 국가나 교회나 모두 마찬가지다. 부활의 희망은 죽음 저편에 있다. "이것을 망각했을 때 기독교 신앙은 최악이 되었다."

역사가 마이클 그랜트에 따르면 콘스탄티누스는 십자가라는 형틀을 못마땅해 했다. 회심한 로마의 황제로서 어쩌면 당연한 일인지도 몰랐다. 그에게 십자가란 "고난의 상징이라기보다 자신의 승리를 확증해 주는 마술적 토템"이었다. 콘스탄티누스가 본 십자가는 그를 죽음으로 부른 게 아니라 정복으로 불렀다. 그래서 그의 군사들은 적을 죽이는 방패에 십자가를 그렸다. 훗날 십자군의 방패에도 십자가가 그려졌고, 제국들의 인장에도 십자가가 새겨졌고, 종교재판을 시행하던 사람들의 예복에도 십자가가 수놓아졌다. 그리스도께서 '지극히 작은 자'들 안에 임재하시건만 그런 작은 자들을 겁주려고 마당에서 십자가를 불태우기도 했다.

정말 십자가는 우리의 소유가 아닌지도 모른다.

기다릴 만한 가치가 있는 희망이 있다

수많은 이야기 속에서 부활의 희망을 볼 수 있다. 나는 영화 〈쇼생크 탈출〉을 좋아한다. 제목의 마지막 단어(원제로는 redemption 즉 구속이다-역주) 속에 이야기의 방향을 보여 주는 첫 단서가 들어 있다. 주인공 앤디 듀프레인은 처음에는 내레이터 레드의 시선을 끌지 못했다.

"솔직히 나는 앤디를 처음 보았을 때 별로 대수롭게 생각하지 않았다. … 바람만 세차게 불어도 휙 날아가 버릴 것 같았다."

듀프레인은 억울하게 체포되어 구타당하고 재판에서 유죄 선고를 받았다. 그런데 레드의 눈을 통해 그를 지켜보면 뭔가 경이로운 모습이 점차 드러난다. 살벌한 감옥 세계에서도 그는 친절하다. 숨은 실력자인 그는 도서관도 만들고 간수들의 세금 관리도 도와준다. 그는 도무지 걱정하는 법이 없다. "만사태평하게 공원을 거니는 사람처럼 다닌다"고 레드는 말한다. 앤디는 결국 높은 자리(교도소장의 사무실)에까지 올라가 구내 스피커로 모차르트의 음악을 틀어 준다. 초월의 순간, 모든 재소자가 뜻밖의 영광에 취해 그 자리에 얼어붙는다. 레드는 이렇게 고백한다.

"노래하는 목소리는 하늘 높이 비상했다. 칙칙한 교도소에서 누구도 감히 꿈꿀 수 없을 만큼 멀리 날아올랐다. … 짤막한 한순간이나마 쇼생크의 모든 재소자가 자유를 느낀다."

교도소장은 앤디를 학대한다. 바리새인 같은 위선자인 그는 앤디에게 성경책을 주며 "구원은 이 안에 있다"고 말한다.

결국 구원은 정말 성경책 안에 있다. 앤디는 작은 망치로 벽을 뚫어 자유를 얻는데, 그 망치를 숨겨 둔 곳이 바로 성경책 속이다. 교도소장의 성경책에서 앤디가 연장을 숨기려고 파낸 자리는 출애굽기의 첫 장에서부터 시작된다. 출애굽기는 하나님이 그분의 백성을 굴레에서 해방시키신 이야기다.

앤디는 지옥으로 내려간다. 자유를 얻으려고 더러운 오물이 넘실거리는 교도소 하수관 속을 450미터나 엉금엉금 기어간다. 드디어 빠져나온 그는 강물과 빗물로 씻긴 채 두 손을 높이 들고 빛과 자유에 흠뻑 젖는다. 여기서 부활을 보지 못한다면 영화를 제대로 보지 않은 것이다. 그의 빈 감방은 교도소장의 권세가 몰락하는 시발점이다(그의 사무실에 "심판의 날이 곧 오리라"는 액자가 걸려 있다).

그리스도를 상징하는 인물 앤디와 고상한 이교도 레드 사이에 희망에 대한 논쟁이 계속된다. 앤디는 음악이 교도소에서 중요하다고, 어쩌면 교도소이기에 다른 어느 곳에서보다 더 중요하다고 말한다. 음악을 들으면 눈에 보이지 않는 세계가 있음을 떠올릴 수 있기 때문이다. 교도소의 세력조차 그 세계를 건드릴 수 없다.

레드는 그것이 무엇이냐고 묻는다. 그것은 바로 희망이다. 레드는 희망이 위험한 것이라고 말한다. 희망은 사람을 미치게 할 수 있다. 앤디는 희망이 좋은 것, 어쩌면 가장 좋은 것이라고 말한다. 좋은 것은 결코 죽지 않는다.

여기서 잠깐 멈추자.

고대 헬라인들은 레드와 같은 쪽이었다. 알랭 드 보통(Alain de Botton)의 말마따나 비판이나 조롱 없이 큰 실패담만을 늘어놓는 예술의 형태가 하나 있으니 바로 비극이다. 비극의 창시자는 그리스인들이었고, 드라마의 시원은 염소를 제물로 바치던 그리스의 종교 의식이었다. 비극(tragedy)이라는 단어 자체도 '염소'와 '노래'에 해당하는 헬라어 단어들에서 왔다.

비극의 취지는 주인공의 운명이 나의 운명일 수 있음을 보여 관객의 사기를 고취시키는 데 있다. 아리스토텔레스는 말하기를 좋은 비극의 주인공은 굳이 완벽하거나 사악할 필요가 없이, 그냥 동질감이 느껴지는 사람이면 된다고 했다. 비극 작가의 사명은 관객인 우리도 어리석은 짓을 할 수 있다는 불편한 진실을 제시하는 것이다. 좋은 비극을 보고 나면 관객들이 겸허해지고 동정심이 생긴다.

비극의 등장은 인류에게 주어진 엄청난 도덕적 선물이었다. 비극은 고난이 우리를 자라게 할 수 있음을 가르쳐 준다. 고대인들은 이성이 고귀하다고 가르쳤다. 이성 덕분에 인간이 인내와 용기로 고난을 견디고 결국 더 강인해

질 수 있기 때문이다. 고난은 성품을 길러 줄 수 있다. 그래서 지혜로운 사람은 삭막하고 살벌한 세상에서도 이성의 지배를 받을 수 있다.

사도 바울이 로마 교회에 한 말도 그와 일맥상통하는 듯 보인다.

> "우리가 환난 중에도 즐거워하나니 이는 환난은 인내를, 인내는 연단을, 연단은 소망을 이루는 줄 앎이로다"(롬 5:3~4).

하지만 바울이 끝에 덧붙인 말은 고상한 이교도에게는 결코 떠오르지 않았을 말이다. "연단은 소망을 이루는 줄 앎이로다."

그리스도인이 아닌 고대의 작가치고 그런 말을 덧붙일 사람은 없다. 삶의 목표는 삭막한 필연성이 지배하는 우주에서 이성과 용기로 살고자 애쓰는 것이었다. 니체는 제우스가 인간에게 희망을 주어 그것으로 인간을 고문했다고 말했다.

"사실 희망은 인간의 고통을 연장시키기 때문에 악 중에서도 가장 나쁜 악이다."

희망은 위험한 것이다. 희망은 사람을 미치게 할 수 있다.

바울이 소망을 덧붙인 데는 한 가지 이유가 있다. 그는 포로 된 자들을 해방시키려고 오신 예수께서 이미 죽음을 이기셨다고 믿었다. 죽음은 삶에 이르는 길이다.

〈쇼생크 탈출〉의 레드가 결국 역설적으로 깨닫는 사실이 있다. 자신이 교도소를 출소한다 해도 희망 없는 삶은 오래갈 수 없다는 것이다. 친구 앤디에게 했던 약속만 아니었다면 그는 자살하거나 교소도로 돌아가는 길밖에 없다. 다행히 그는 앤디가 당부한 대로 한다. 나무 밑에 가 보니 친구 앤디가 고생해서 번 돈으로 이미 레드의 비용까지 마련해 놓았다. 이제 레드는 희망찬 자유의 몸으로 멕시코 해안의 앤디와 합류하기만 하면 된다. 마지막 장면에서 친구 앤디는 흰옷을 입고 파란 태평양의 긴 해안가에서 고깃배를 손질하고 있다. 레드의 이런 내레이션으로 영화는 막을 내린다.

"마음이 너무 흥분되어 가만히 앉아 있을 수도 없고 생각에 잠겨 있을 수도 없다. …

나도 희망이 있다. 무사히 국경을 넘어가는 것이다.

나도 희망이 있다. 친구를 다시 만나 악수하는 것이다.

나도 희망이 있다. 꿈속에서처럼 파란 태평양을 보는 것이다.

나도 희망이 있다."

예수는 희망에 대해 세상에 변화를 가져오셨다. 그 변화를 생각하면 나는 두 개의 묘비가 떠오른다. 하나는 〈루니 툰즈〉 만화에 등장하는 많은 인물들의 배역을 맡은 유명한 성우 멜 블랭크(Mel Blanc)의 묘비다. 그의 지시에 따라 가족들이 새긴 마지막 비문은 그가 많은 만화에서 말한 마지막 대사이기도 하다.

"이게 전부입니다, 여러분."

또 하나의 비문은 필립 얀시의 글에 나온다. 루이지애나 주 시골의 어느 성공회 교회 묘지에 고령의 떡갈나무가 있고, 그 밑에 한 친구의 할머니가 묻혀 있다. 할머니의 지시에 따라 묘비에는 짤막하게 이렇게만 새겨져 있다.

"기다리는 중."

"옛날 옛적에는 세상에 의미가 있었다."

『중세, 하늘을 디자인하다-옛 지도에 담긴 중세인의 우주관(Medieval Views of the Cosmos)』이라는 책은 이 놀라운 말로 시작한다. 이 책의 저자들은 중세기에 지도 제작자들의 세계관이 어떻게 지도에 반영되었는지 보여준다.

물론 전적으로 중립적인 지도란 존재하지 않는다. 우리 중 많은 사람들이 자랄 때 본 지도에는 유럽과 북미가 지구의 위쪽 절반을 차지했다. 이는 다분히 지도를 그린 사람들이 유럽과 북미 출신이기 때문이다. 요즘 웹사이트에 떠도는 다른 지도는 미국을 캘리포니아 사람들의 관점으로 그린 것이다. 그에 따르면 플로리다는 노인들 천지이고, 뉴욕은 시끄럽고 역겨운 사람들 천지이고, 중서부는 아무나 다 회심시키려 드는 광신도들 천지다.

중세의 지도는 본래 여행용이 아니었다. 그 용도라면 사람들은 살아 있는 가이드를 고용했다. 그보다 지도로 표시하려 한 것은 지형만이 아니라 세상의 의미였다. 그래서 지도 제작자들은 지도에 역사나 성경의 장면들을 넣곤 했다.

중세기 지도들의 공통된 특성은 예루살렘 시가 지구의 한가운데에 있다는 점이다. 여기에는 중요한 이유가 있다. N. T. 라이트가 지적했듯이 이 공통된 특성에는 예루살렘과 특히 그중에서도 성전이 만물의 중심이고 지상에서 가장 거룩한 곳이라는 이스라엘의 오랜 믿음이 반영되어 있다.

라이트의 말처럼 어떤 종교들의 신전은 이 땅에서 벗어나려는 일종의 도피처다. 하지만 예루살렘의 성전은 아주 달랐다. 그것은 세상을 창조하신 하나님이 세상을 도로 원하신다는 표시였다.

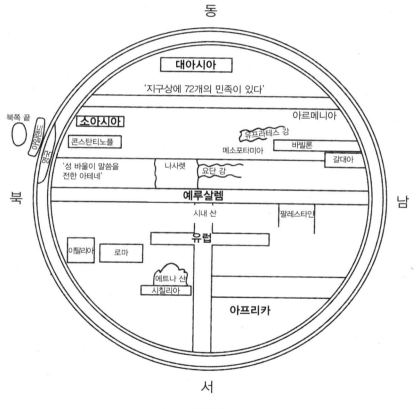

동

대아시아

'지구상에 72개의 민족이 있다'

북쪽 끝

아르메니아

소아시아

유프라테스 강

콘스탄티노플

메소포타미아

바빌론

갈대아

'성 바울이 말씀을 전한 아테네'

나사렛

요단 강

북

예루살렘

남

시내 산

팔레스타인

유럽

이탈리아

로마

에트나 산

시칠리아

아프리카

서

[그림 1]

지도 제작자들은 사람들에게 지리적 위치만이 아니라 세상 본연의 모습을 보여 주려 했다. 지도는 이 땅이 우리 아버지의 세상임을 상기시켜 주었다. 그분의 계획은 세상을 되찾으시는 것이다. 그분의 의도는 죄를 몰아내고, 이 땅을 정의와 사랑으로 통치하시는 것이다. 그리하여 뉴욕의 광고업계와 할리우드의 영화 산업과 광활한 대자연과 국제연합 건물을 점령하시는 것이다. 인간 활동가들이 '월가(街) 점령'을 꿈꾸기 오래전부터 그분은 그럴 계획이 서 있었다.

[그림 2]

성전은 만물의 구심점이었다. 성전은 하나님이 지구에 발 디딜 곳을 마련하셨다는 징표였기 때문이다.

"오직 여호와는 그 성전에 계시니 온 땅은 그 앞에서 잠잠할지니라"(합 2:20).

하늘과 땅은 별개의 두 세계가 아니다. 사실 그 둘은 서로 맞물려 있고 겹쳐져 있다. "성전은 하늘과 땅이 만나는 곳이다." 이스라엘에게 그것은 다음과 같이 보였다.

성전은 하늘이 땅에 침투해 들어오는 곳이다. 제사, 봉헌, 아기의 이름을 짓는 일, 예배 따위의 일들이 성전에서 이루어진 것도 그래서다. 하늘이 땅에 침투해 들어오면 뭔가 일이 벌어진다.

죄를 용서받는다.

보잘것없는 존재가 중요한 존재가 된다.

버림받은 사람이 하나님과 관계를 맺는다.

인간의 삶에 하나님의 목적이 부여된다.

이스라엘이 믿기로, 하나님은 하늘이 땅에 침투하는 모습을 이 작은 한 곳에서 사람들에게 조금이나마 보여 주기로 하셨다. 그리하여 그들의 희망이 계속 살아 있게 하셨다. 그뿐 아니라 그들은 하나님의 '지구 점령' 계획이 성전 밖으로 확장되기 시작할 날을 고대하고 있었다.

그러다 예수께서 오셨다. 그분은 성전에서 아기로 하나님께 드려졌다. 그분의 소년 시절의 이야기는 성경에 하나밖에 나오지 않는데, 거기에 보면 그분은 성전에 다시 가셔서 이렇게 말씀하신다.

"내가 내 아버지 집에 있어야 될 줄을 알지 못하셨나이까"(눅 2:49).

예수는 성전을 자신과 연관시키셨는데, 이는 매우 중요한 일이었다. 그것 때문에 그분은 목숨을 잃었다.

점차 예수는 예사롭지 않은 말과 행동을 하셨다.

"내가 너희에게 이르노니 성전보다 더 큰 이가 여기 있느니라"(마 12:6).

"너희가 이 성전을 헐라 내가 사흘 동안에 일으키리라 "(요 2:19, 자신의 육체를 가리켜 하신 말씀이다).

정말 충격적인 발상이다.

그분은 마치 성전이라는 개념이 온통 자신을 가리키는 것인 양 말씀하고 행동하셨다. 마치 성전으로 상징되는 모든 것이 자신이 옴으로써 정말 실현되고 있는 냥 말씀하셨다. 그분은 자신의 삶과 가르침과 육체와 행동을 통해 마침내 하늘이 땅에 침투해 들어왔다고 선포하셨다.

[그림 3]

하늘이 땅에 침투해 들어올 때 어떤 일이 벌어지는가?

죄를 용서받는다.

버림받은 사람이 받아들여진다.

보잘것없는 존재가 중요한 존재가 된다. 심령이 가난한 자가 복을 받고, 시몬이 반석 베드로가 된다. 인간이 하나님의 목적을 받는다.

"너희는 온 천하에 다니며 만민에게 복음을 전파하라"(막 16:15).

십자가 때문에 이 모든 계획이 좌초되는 듯했다. 하지만 부활의 이야기가 뒤를 이었다. 하늘이 땅에 궁극적으로 침투해 들어온 사건은 부활을 통해 이루어졌다고 할 수 있다.

이 책의 배후에 깔린 중대한 질문은 "이 사람은 누구인가?"인데, 마침내 그 질문의 답이 나왔다. 그 과정에 어려움과 저항감도 있었지만 또한 큰 기쁨도 있었다. 사람들의 말처럼 그분은 인간 이상일 수밖에 없다. 인성과 신성이 이 한 사람 안에 신기하게 공존한다. 우리를 그분처럼 되게 하시려고 그분이 우리처럼 되셨다.

지금까지 이 책에서 살펴본 모든 경이는 그분 안에서 가장 충만하게 표현된다. 모든 길이 한 곳으로 수렴된다. 모든 실이 함께 짜여 그분의 삶이라는 융단을 이룬다.

하늘과 땅은 이미 맞물려 있다. 원하는 사람은 누구나 천국에 들어갈 수 있다. 사람들이 그분을 삶에 영접하면, 이제 그들을 통해 하늘이 땅에 침투해 들어온다. 바울은 "너희가 하나님의 성전"이라고 말했다. 다시 말해 예수께서 뭔가를 잠에서 깨우시고 새로운 일을 시작하셨다. 그래서 이제 평범한 사람들을 통해 하늘이 땅으로 침투해 들어올 수 있게 되었다.

하나님은 그분의 뜻이 하늘에서 이루어진 것같이 땅에서도 이루어지기를 원하신다. 하나님은 새로운 세계 지도를 원하신다. 돈, 학벌, 지위, 외모, 재능, 연줄, 권력 따위가 필요하지 않다. 사실 그런 것들은 도움 못지않게 방해가 될 때도 많을 것이다. 누구든지 이 일에 동참할 수 있다.

우리는 자원봉사자가 되어 학업이 부진한 학생에게 읽기를 가르친다. 영적 혼란에 빠진 사람을 진심으로 축복해 준다. 상대방에게 품고 있던 원한을 고백하고 대신 용서하려 힘쓴다. 돈을 후하게 베풀기로 작정하고 실천에 옮긴다. 시간을 내서 정말 상대방의 눈을 바라보며 사랑해 준다. 사랑으로 민족의 장벽을 넘어선다. 아기에게 긍휼을 베푼다. 취약한 여성의 권익을 옹호한다. 보잘것없어 무시당하는 사람을 존중하며 대해 준다. 죽음 앞에서 끝까지 희망을 붙든다. 우리가 그렇게 할 때마다 다시 한 번 성전이 삶의 구심점이 된다. 평범한 한 인간을 통로로 하여 하늘이 땅에 침투해 들어온다.

예수의 삶은 전문가들이나 논하는 추상적 주제가 아니다. 그분의 삶은 하나의 초대다.

예수의 사역 초기에 나다나엘이라는 사람은 예수에 대한 말을 듣고 이런 회의적인 질문을 했다. "나사렛에서 무슨 선한 것이 날 수 있느냐?"

예수는 그것을 불쾌하게 여기지 않으셨다. 이미 예수를 따르고 있던 빌립은 나다나엘을 초대했다. "와서 보라." 그 말이 지금도 동일하게 당신을 부르고 있다.

다시 말해서, 예수께서 하신 말씀을 당신이 직접 시험해 보라. 실험해 보라. 우리 모두는 부모, 동료, 좋아하는 작가, 자신의 욕구, 상사, 이 모두의 애매한 혼합 따위로부터 살아가는 법을 배운다. 이제 예수로부터 살아가는 법을 배워 보라. 와서 보라. 당신이 종교를 어떻게 생각하고 있든, 예수의 학생이 되어 볼 수는 있다. 그거야말로 아주 좋은 출발점이다.

예수는 나다나엘에게 "하늘이 열리고 하나님의 사자들이 인자 위에 오르락 내리락 하는 것을 보리라"(요 1:51)고 하셨다. 이는 구약에 나오는 야곱의 사다리 이야기를 가리키는 말이다. 거기는 하늘과 땅이 맞물리는 곳이다. 예수를 시도해 보라. 와서 보라.

당신은 예수께서 하신 말씀을 알고 있는가? 그대로 살아 보라. 예컨대 당신의 삶에서 남을 멸시하는 언행을 없애 보라. 그럴 때 삶이 어떻게 되는지 보라. 당신이 그 일을 얼마나 잘 할 수 있는지 보라. 당신을 돌보시고 당신의 말을 들어 주시는 하늘 아버지가 계신 것처럼 한 번 살아 보라. 하루라도 "염려 없이" 살아 보라.

어차피 당신은 내일을 통과해야 한다. 예수와 함께 통과해 보라. 와서 보라. 초대는 지금도 유효하다.

주/

1. B.C.와 A.D. 사이에 서 있는 한 사람

22: G. K. Chesterton, 『The Everlasting Man』 (New York: Dodd Mead, 1930), 211.

23: Yemelian Yaroslavsky. 다음 책에 인용된 말이다. Brian Moynahan, 『The Faith』 (New York: Doubleday, 2002), viii.

24: "고작 1년이었을 수도 있다" 다음 책을 참조하라. N. T. Wright, 『Simply Jesus: A New View of Who He Was, What He Did, and Why He Matters』 (New York: HarperOne, 2011), 7.

25: Milton Rokeach, 『Three Christs of Ypsilanti』 (1964; New York: NYRB Classics, 2011).

26: Jaroslav Pelikan, 『Jesus through the Centuries: His Place in the History of Culture』 (New Haven, CT: Yale University Press, 1985), 1.

26: O. M. Bakke, 『When Children Became People: The Birth of Childhood in Early Christianity』 (Minneapolis: Augsburg Fortress, 2005).

27: "우리는 이를 자명한 진리로 천명하노니": 미국 독립선언서.

29: N. T. Wright, 『Simply Jesus: A New View of Who He Was, What He Did, and Why He Matters』 (New York: HarperOne, 2011).

30: Eugene Debs. 다음 책에 인용된 말이다. Richard Fox, 『Jesus in America』 (San Francisco: HarperSanFrancisco, 2004), 291.

31: Malcolm Muggeridge. 다음 책에 인용된 내용이다. Thomas Cahill, 『Desire of the Everlasting Hills: The World Before and After Jesus』 (New York: Random House, 1999), 304-5.

32: Mary Karr, 『The Liars' Club: A Memoir』 (New York: Penguin, 2005). 다음 책에 인용되었다. Roy F. Baumeister & John Tierney, 『Willpower: Rediscovering the Greatest Human Strength』 (New York: Penguin, 2011), 167.

33: Andrew Walls, "The Expansion of Christianity," Christian Century (2000. 8), 792. 다음 책에 인용되었다. Timothy Keller, 『The King's Cross: The Story of the World in the Life of Jesus』 (New York: Dutton, 2011), 123. (『팀 켈러의 왕의 십자가』 두란노)

33: Ralph Waldo Emerson, 1838년 7월 15일 하버드 신학대학에서 한 연설 (Boston: James Munroe, 1838),

33: H. G. Wells, 『The Greatest Men in History』. 다음 책에 인용되었다. Mark Link, S.J., 『He Is the Still Point of the Turning World』 (Chicago: Argus, 1971), 111.

2. 품위라고는 없는 인생을 살았던 고귀한 사람

37: "헤롯 시대에 그토록 광범위한 건축 사업으로": Peter Richardson, 『Herod: King of the Jews, Friend of the Romans』(Columbia: University of South Carolina Press, 1996), 12.

40: 〈오 베들레헴 작은 골〉 작사 Phillips Brooks, 작곡 Lewis H. Redner.

41: 플라톤과 역사가 플리니우스: 다음 책에 인용. O. M. Bakke, 『When Children Became People: The Birth of Childhood in Early Christianity』(Minneapolis: Augsburg Fortress, 2005), 16-18.

45: Aristotle, 『Politics』, 제1권, 5장. (『정치학』숲)

45: Nicholas Wolterstorff, 『Justice: Rights and Wrongs』(Princeton, NJ: Princeton University Press, 2008).

46: "모든 여자아이는": George MacDonald, 『The Princess and the Goblin』(『공주와 고블린』웅진닷컴).

47: 플루타르크: 다음 책에 인용된 말이다. Bakke, 『When Children Became People』, 30.

47: "kopros": W. V. Harris, "Child Exposure in the Roman Empire," Journal of Roman Studies 84 (1994): 1-22.

47: "소름 끼치는 현장": Bakke, 『When Children Became People』, 32.

48: "어린아이를 회심의 예로": 다음 책을 참조하라. Frederick Dale Bruner, 『Matthew: A Commentary, 제2권, The Churchbook』(Grand Rapids: Eerdmans, 2004), 209.

50: Shepherd of Hermas: 다음 책에 인용된 말이다. Bakke, 『When Children Became People』, 66.

53: David Bentley Hart, 『Atheist Delusions: The Christian Revolution and Its Fashionable Enemies』(New Haven, CT: Yale University Press, 2009), 175.

3. 사랑 때문에 분노한, 이율배반적인 긍휼의 사람

57: Elaine Aron, 『Highly Sensitive People』(New York: Broadway, 1997). (『타인보다 더 민감한 사람』웅진지식하우스)

64: Nicholas Wolterstorff, 『Justice: Rights and Wrongs』(Princeton, NJ: Princeton University Press, 2008), 126-27.

64: Rodney Stark, 『The Rise of Christianity: How the Obscure, Marginal Jesus Movement Became the Dominant Religious Force』(New York: HarperOne, 1996).

65: Thucydides, 『History of the Peloponnesian War』, 2.47-54. (『펠로폰네소스 전쟁사』범우사)

66: Dionysius: 다음 책에 인용된 말이다. Stark, 『The Rise of Christianity』, 4장.

66: Julian the Apostate, 『Against the Galileans』.

67: Gregory of Nyssa, 설교 "On the Love of the Poor": 다음 책에 인용되어 있다. Nonna Harrison, 『God's Many Splendored Image』(Grand Rapids: Baker, 2010), 101-2.

68: Tertullian: 다음 책에 인용된 말이다. Stark, 『The Rise of Christianity』, 87.

69: "non habens personam": 다음 책에 인용된 표현이다. David Bentley Hart, 『Atheist Delusions: The Christian Revolution and Its Fashionable Enemies』(New Haven, CT: Yale University Press, 2009), 168.

69: "구타와 발길질": 다음 책을 참조하라. O. M. Bakke, 『When Children Became People: The Birth of

Childhood in Early Christianity』(Minneapolis: Augsburg Fortress, 2005), 138.

69: Thomas Cahill, 『Desire of the Everlasting Hills: The World Before and After Jesus』(New York: Random House, 1999), 141.

70: 닛사의 그레고리: 다음 책에 인용된 말이다. Harrison, 『God's Many Splendored Image』, 97.

71: Mark Noll, 『The Civil War As a Theological Crisis』(Chapel Hill: University of North Carolina Press, 2006), 97.

72: Elizabeth Fry: 다음 책을 참조하라. A. Kenneth Curtis 외, 『The 100 Most Important Events in Christian History』(Grand Rapids: Revell, 1998), 152. (『교회사 100대 사건』생명의 말씀사)

73: Kevin Bales: 다음 책에 인용된 내용이다. Harrison, 『God's Many Splendored Image』, 103.

73: Nonna Harrison: 같은 책, 104-5.

4. 여자의 마음을 안 완벽한 남자

78: "고대 그리스와 로마 세계에는": 다음 책을 참조하라. Rodney Stark, 『The Rise of Christianity: How the Obscure, Marginal Jesus Movement Became the Dominant Religious Force』(New York: HarperOne, 1996), 97.

79: Posidippus: 다음 기사에 인용된 말이다. Mark Golden, "Demography and the Exposure of Girls in Athens," Phoenix 35, no. 4 (1981년 겨울): 316.

79: Amartya Sen, "More Than 100 Million Women Are Missing," New York Review of Books 37, no. 19 (1990년 12월).

79: Mara Hvistendahl, 『Unnatural Selection: Choosing Boys over Girls and the Consequences in a World Full of Men』(New York: Public Affairs, 2011).

80: Lynn Cohick: 2010년 9월 25일 휘튼 대학(Wheaton College)에서 실시된 "Christians for Biblical Equality Conference"에서 한 강연.

84: 디트리히 본회퍼: 다음 책에 인용된 말이다. Leon Morris, 『The Gospel according to Matthew, Pillar New Testament Commentary Series』(Grand Rapids: Eerdmans, 1992), 727 주104.

89: John Chrysostom: 다음 책에 인용된 말이다. Frederick Dale Bruner, 『Matthew: A Commentary, 제2권, The Churchbook』(Grand Rapids: Eerdmans, 2004), 767.

89: 켈수스: 다음 책에 인용된 말이다. Robert Wilkins, 『The Christians as the Romans Saw Them』(New Haven, CT: Yale University Press, 2003), 111.

90: "이스라엘에서 여자의 증언을": 다음 책에 인용된 내용이다. Tal Ilan, 『Jewish Women in Greco-Roman Palestine』(Peabody, MA: Hendrickson, 1995), 163 이하. 그밖에도 이 책에는 그리스와 로마 시대의 유대교에서 여자의 지위가 어떠했는지 보여 주는 유익한 내용이 많이 나온다.

91: Pliny the Younger: 『제10권』96번 서신.

91: Tim Miller Dyck, "Women Building the Church," Canadian Mennonite 11, no. 9 (2007. 4. 30).

92: 지그문트 프로이트: 다음 책에 인용된 말이다. Ernest Jones, 『Sigmund Freud: Life and Work』, 제2권 (New York: Basic Books, 1955), 421.

94: Dorothy Sayers, 『Are Women Human? Penetrating, Sensible, and Witty Essays on the Role of Women in Society』 (Grand Rapids: Eerdmans, 2005), 68.

5. 세상의 교육을 바꾼 목수

99: G. K. Chesterton, 『The Everlasting Man』 (New York: Dodd Mead, 1930), 249.

101: Harvey Cox, 『When Jesus Came to Harvard: Making Moral Choices Today』 (Boston: Mariner, 2006), 121. (『예수 하버드에 오다』 문예출판사)

101: Dallas Willard, 『The Divine Conspiracy』 (San Francisco: HarperOne, 1998), 제3장이 이 논의에 유익하다. (『하나님의 모략』 복있는 사람)

102: "우리는 여러분에게 인생철학을": 예일대학교 총장 베노 슈미트(Benno Schmidt)가 1990년 신입생 환영사에서 한 말로 다음 책에 인용되어 있다. William H. Willimon, 『Peculiar Speech: Preaching to the Baptized』 (Grand Rapids: Eerdmans, 1992), 42.

106: 터툴리안: 다음 책에 인용된 말이다. Rodney Stark, 『The Rise of Christianity: How the Obscure, Marginal Jesus Movement Became the Dominant Religious Force』 (New York: HarperOne, 1996), 87.

106: Saint Jerome: 다음 책을 참조하라. Thomas Cahill, 『How the Irish Saved Civilization』 (New York: Doubleday Anchor, 1996), 159.

107: Marsden, 『The Soul of the American University』, 33.

108: "나는 그런 파렴치하고": Martin Luther, 『The Christian in Society III』, 제46권, Luther's Works, 미국판 (Philadelphia: Fortress, 1957), 211.

109: Robert Raikes: 다음 책을 참조하라. A. Kenneth Curtis 외, 『The 100 Most Important Events in Christian History』 (Grand Rapids: Revell, 1998), 138-39. (『교회사 100대 사건』 생명의 말씀사)

111: Diogenes Allen, 『Christian Belief in a Postmodern World』 (Louisville: Westminster John Knox, 1989), 11.

112: Alfred North Whitehead, 『Science and the Modern World』 (New York: Macmillan, 1925; 재판 New York: Mentor, 1948), 13. (『과학과 근대 세계』 서광사)

112: Dinesh D'Souza, 『What's So Great about Christianity?』 (Washington, DC: Regnery, 2007), 83-84.

112: Lynn White: 다음 책에 인용된 말이다. Vishal Mangalwadi, 『The Book That Made Your World』 (Nashville: Thomas Nelson, 2011), 95.

113: Mangalwadi: 같은 책, 98.

114: Konrad Burdach: 다음 책에 인용된 말이다. Pelikan, 『Jesus through the Centuries』, 146.

114: Washington Irving: 다음 책을 참조하라. Evelyn Edson & Emilie Savage-Smith, 『Medieval Views of the Cosmos』 (Oxford: Bodleian Library, University of Oxford, 2004), 7-8. (『중세, 하늘을 디자인하다-옛 지도에 담긴 중세인의 우주관』 이른아침)

114: Mark A. Noll, 『The Scandal of the Evangelical Mind』 (Grand Rapids: Eerdmans, 1994), 3. (『복음주의 지성의 스캔들』 IVP)

115: "벼락출세한 점성술사": Martin Luther, 『Lectures on Genesis Chapters 21-25』, 제22권, Luther's Works, 미국판 (Philadelphia: Fortress, 1957).

116: Robert Wilkins, 『The Christians as the Romans Saw Them』 (New Haven, CT: Yale University Press, 2003), 195.

6. 스스로 노예의 수건을 두른 윗사람

121: Francis Ambrosio, "The Heroic Age-The Greek Worldview," Philosophy, 『Religion, and the Meaning of Life』, 제3부, The Great Courses (Chantilly, VA: The Teaching Company, 2009), DVD 강의.

121: 키케로: 다음 책에 인용된 말이다. Joseph Hellerman, 『Reconstructing Honor in Roman Philippi』 (Cambridge: Cambridge University Press, 2005), 3.

121: Alasdair MacIntyre, 『A Short History of Ethics』 (Notre Dame, IN: University of Notre Dame Press, 1998), 78-79. (『윤리의 역사, 도덕의 이론』 철학과 현실사)

122: "열등한 자들의 존재는": 다음 책에 인용된 말이다. Hellerman, 『Reconstructing Honor in Roman Philippi』, 10.

124: "매우 불편한 옷": 다음 책을 참조하라. Hellerman, 『Reconstructing Honor in Roman Philippi』.

125: "모든 품꾼들의 생계수단은": Hellerman, 『Reconstructing Honor in Roman Philippi』, 20.

125: "그리스도 예수의 종": 롬 1:1. 헬라어 둘로스(doulos)는 "종"보다 "노예"로 번역하는 게 더 정확하다.

127: "부자는 부의 표시로": Marcel Mauss, 『The Gift』 (New York: W. W. Norton, 1990), 41 이하. (『증여론』 한길사)

127: Plutarch, 『Cato Maior』, 18.4.

127: 아우구스투스 황제: 다음 책에 인용된 말이다. John Dickson, 『Humilitas: A Lost Key to Life, Love, and Leadership』 (Grand Rapids: Zondervan, 2011), 92-93.

128: Robin Lane Fox, 『Pagans and Christians』 (New York: HarperCollins, 1988), 324.

133: "그리스도인들은 그리스도 안에서": Lane Fox, 『Pagans and Christians』, 336.

134: Hellerman, 『Reconstructing Honor in Roman Philippi』.

135: 켈수스: 다음 책을 참조하라. Robert Wilkins, 『The Christians as the Romans Saw Them』 (New Haven, CT: Yale University Press, 2003), 93.

136: Jim Collins, 『Built to Last: Successful Habits of Visionary Companies』(New York: Harper Business Essentials, 2002). (『성공하는 기업들의 8가지 습관』 김영사)

136: 더글러스 맥아더: 다음 책을 참조하라. William Manchester, 『American Caesar: Doulas MacArthur 1880-1964』(Boston: Little Brown, 1978).

136: "결론은 분명했다": Dickson, 『Humilitas』, 99.

137: "그분의 십자가의 죽음이": 같은 책, 112.

7. 원수를 이웃으로 삼은 용서의 사람

141: "장갑 한 켤레를 잃은": 다음 책에 인용된 말이다. David Konstan, 『Before Forgiveness: The Origins of a Moral Idea』(Cambridge: Cambridge University Press, 2010), 13.

142: "거룩한 천사들과 신성한 이름들에게": 다음 책에 인용된 말이다. John G. Gager, 『Curse Tablets and Binding Spells from the Ancient World』(New York: Oxford University Press, 1992), 55.

143: Xenophon, 『The Life of Cyrus the Great』, 8.7.28.

143: Konstan, 『Before Forgiveness』, 10 이하.

143: "친구를 돕고 원수를 해치기": Mary Blumenthal의 논문으로 다음 글에 인용되어 있다. Reiser, "Love of Enemies in the Context of Antiquity," 412.

145: Hannah Arendt, 『The Human Condition』(Chicago: University of Chicago Press, 1958), 제33부. (『인간의 조건』 한길사)

145: "저편": Ray Vander Laan, 『Discovery Guide: Death and Resurrection of the Messiah, Faith Lessons 제3권 (Grand Rapids: Zondervan, 2009), 44.

150: "돈의 일부는": Muzafer Sherif & Carolyn Wood Sherif, 『Social Psychology』, 개정판 (New York: Harper & Row, 1969). 그룹 간의 갈등에 관한 부분을 참조하라.

151: Cornelius Tacitus, 『The Annals: The Reigns of Tiberius, Claudius, and Nero』, 15:44, Oxford World's Classics, 번역 J. C. Yardley (New York: Oxford University Press, 2008).

152: "이단이군요": 코미디언 Emo Phillips가 쓴 유머로, 웹사이트 Ship of Fools에서 역대 최고의 재미있는 종교 유머로 선정되었다.

152: Miroslav Volf, 『Exclusion and Embrace: A Theological Exploration of Identity, Otherness, and Reconciliation』(Nashville: Abingdon, 1996), 제1장을 참조하라. (『배제와 포용』 IVP)

153: 〈코난: 암흑의 시대(Conan the Barbarian)〉John Milius가 감독한 영화, 1982년 Edward Pressman Productions 작품.

154: Frederick Dale Bruner, 『Matthew: A Commentary』, 제2권, The Churchbook (Grand Rapids: Eerdmans, 2004). 마태복음 26:51 이하에 대한 그의 주해를 참조하라.

156: Dietrich Bonhoeffer, 『Life Together』(San Francisco: Harper & Row, 1954), 17-18. (『신도의 공동생활』 대

한기독교서회)

156: "신앙의 군대": 다음 책에 인용된 말이다. Robert Wilkins, 『The Christians as the Romans Saw Them』(New Haven, CT: Yale University Press, 2003), 117.

157: 모리스: 다음 책을 참조하라. Alvin J. Schmidt, 『How Christianity Changed the World』(Grand Rapids: Zondervan, 2004), 32.

158: Taylor Branch, 『Parting the Waters: America in the King Years 1954-63』(New York: Simon & Schuster, 1989), 862.

8. 황제의 세계를 허문 식민지인

165: Heifetz: 다음 책에 인용된 내용이다. Anthony B. Robinson & Robert W. Wall, 『Called to Be Church: The Book of Acts for a New Day』(Grand Rapids: Eerdmans, 2006), 42.

167: "일곱 개의 각기 다른 유언": Peter Richardson, 『Herod: King of the Jews, Friend of the Romans』(Columbia, SC: University of South Carolina Press, 1996), 20-21.

176: 터툴리안: "Apologetic: To Scapula," 『Ante-Nicene Fathers』, 제3권 제2장, 번역 Sydney Thelwell (Wikisource).

176: Robert Wilkins, 『The Christians as the Romans Saw Them』(New Haven, CT: Yale University Press, 2003), 124.

177: Virgil: 다음 책에 인용된 말이다. Jaroslav Pelikan, Jesus through the Centuries: His Place in the History of Culture』(New Haven, CT: Yale University Press, 1985), 50.

177: "그리스도인들은 거주지나": 원전은 『Epistle of Mathetes to Diognetus 5.5』이며 다음 책에 인용되어 있다. 『Early Christian Writings』, 번역 J. B. Lightfoot, 1891.

177: 어거스틴: City of God (『하나님의 도성』 크리스챤다이제스트사). 다음 책에 인용되어 있다. Rodney Stark, 『Victory of Reason: How Christianity Led to Freedom, Capitalism, and Western Success』(New York: Random House, 2005), 81.

178: Bernard Lewis: 다음 책에 인용된 말이다. Dinesh D'Souza, 『What's So Great about Christianity? 』(Washington, DC: Regnery, 2007), 48.

178: "대학에서 나를 가르쳤던": Emory A. Griffen, 『The Mind Changers』(Wheaton: Tyndale, 1987).

179: "지참금과 면사포 등 일체를 갖추어": Brian Moynahan, 『The Faith』(New York: Doubleday, 2002), 38-39.

180: "이런 독점 체제에서": Stark, 『Discovering God』, 329.

180: "당신은 그런 대학살을 저지르고도": Jonathan Hill, 『What Has Christianity Ever Done for Us?』(Downers Grove, IL: IVP, 2005), 157.

180: "옳고 그름을 정하는 기준은": 같은 책, 158.

181: 알프레드 대왕: 다음 책에 인용된 말이다. Sir Winston Churchill, 『The Birth of Britain』(New York: Dodd, Mead, 1956), 88 이하.

181: "여기 왕보다 높은 법이 있다": Churchill, 『The Birth of Britain』, 188.

182: John Quincy Adams: 다음 책에 인용된 말이다. D. James Kennedy, 『What If Jesus Had Never Been Born』(Nashville: Thomas Nelson, 1994), 82. (『예수가 만약 태어나지 않았다면』 청우)

183: "누구든지 인간을 고문하고": Marie Dennis, 『Oscar Romero: Reflections on His Life and Writings』(Maryknoll, NY: Orbis, 2000), 114 이하. (『오스카 로메로』 분도출판사)

183: Philip Jenkins, 『The Next Christendom: The Coming of Global Christianity』, 3판, 제3권, Future of Christianity Trilogy (New York: Oxford University Press, 2011), 275. (『신의 미래』 도마의 길)

9. 인간은 누구나 위선자임을 일깨워 준 철학자

187: Dallas Willard, 『Knowing Christ Today』(New York: HarperOne, 2009), 47-48. (『그리스도를 아는 지식』 복있는사람)

188: "그리스도께서 인류 문명에 끼친": Willard, 『Knowing Christ Today』, 53.

189: 마크 트웨인: 다음 책에 인용된 말이다. Bruce Cavanaugh, 『The Sower's Seeds: One Hundred and Twenty Inspiring Stories for Preaching, Teaching and Public Speaking』(Mahwah, NJ: Paulist Press, 2004), 55.

189: "『나쁜 그리스도인』이라는 책": David Kinnaman & Gabe Lyons, 『unChristian: What a New Generation Really Thinks about Christianity... and Why It Matters』(Grand Rapids: Baker, 2007), 41. (『나쁜 그리스도인』 살림)

189: "최근에 미국심장협회의 연례 총회에": Craig Brian Larson & Phyllis Ten Elshof, 『1001 Illustrations That Connect: Compelling Stories, Stats, and News Items for Preaching』, Teaching, and Writing, #272, 기고 Stephen Nordbye(Grand Rapids: Zondervan, 2008).

190: Eva Kittay, "Hypocrisy," 『Encyclopedia of Ethics』, 편집 Lawrence C. Becker (New York: Garland, 1992), 1:582-87.

191: "위선의 개념을": 같은 책, 583.

191: "위선이라는 단어와 그에 상응하는": Dallas Willard, 『The Divine Conspiracy』(New York: HarperOne, 1998), 191. (『하나님의 모략』 복있는사람)

193: "그리스의 신들은": Stark, 『Discovering God』, 92.

193: "신들의 삶은": Mary Lefkowitz, 『Greek Gods, Human Lives』(New Haven, CT: Yale University Press, 2003), 83.

193: Robin Lane Fox, 『Pagans and Christians』(New York: HarperCollins, 1988), 38.

194: Thomas Cahill, 『Desire of the Everlasting Hills: The World Before and After Jesus』(New York:

Random House, 1999), 318.

196: "모든 그릇은 겉과 속이 있다": Mishnah tractate Kelim 25:1. 다음 책에 인용된 말이다. 『Dictionary of New Testament Background』, 편집 Craig Evans & Stanley Porter (Downers Grove, IL: InterVarsity, 2000), 896.

196: "유대교와 기독교의 하나님이": Michael Novak, 『No One Sees God』 (New York: Doubleday, 2008), 46.

197: "의대생의 85퍼센트는": Ashley Wazana, "Physicians and the Pharmaceutical Industry: Is a Gift Ever Just a Gift?" Journal of the American Medical Association 283, no. 3 (2000. 1. 19): 373.

200: "성 바울의 절규가 플라톤에게는": Novak, 『No One Sees God』, 156.

200: C. S. Lewis, 『Mere Christianity』 (New York: Macmillan, 1943), 167. (『순전한 기독교』 홍성사)

201: "12단계": Ernest Kurtz, 『AA: The Story』 (Not God: A History of Alcoholics Anonymous의 개정판) (New York: Random House, 1991).

10. 열두 명으로 세상을 영원히 바꿔 놓은 한 사람

205: "홀든 코필드": J. D. Salinger, 『Catcher in the Rye』 (New York: Little Brown, 1945), 130-31. (『호밀밭의 파수꾼』 민음사)

207: M. Scott Peck, 『Further along the Road Less Traveled』 (New York: Simon & Schuster, 1993), 160. (『끝나지 않은 여행』 열음사)

209: "사람들은 '신들을 믿는다'고": Robert Wilkins, 『The Christians as the Romans Saw Them』 (New Haven, CT: Yale University Press, 2003), 64.

209: "신비에 싸인 수수께끼": Winston Churchill, 1939년 10월 1일, 라디오 방송.

210: "그는 역사 속에 젊은 플리니우스로": 다음 책에 인용된 내용이다. Robert Wilkins, 『The Christians as the Romans Saw Them』 (New Haven, CT: Yale University Press, 2003), 23.

210: "이교의 제사장들과 관리들은": Robin Lane Fox, 『Pagans and Christians』 (New York: HarperCollins, 1988), 323 이하.

211: "많은 적들이 보기에 우리의 특징은": Tertullian, "Apology," 『The Ante-Nicene Fathers』, 편집 Alexander Roberts 외 (Grand Rapids: Eerdmans, 1989), 제2권.

211: "이름뿐인 이교도가 되기보다": Jaroslav Pelikan, 『Jesus through the Centuries: His Place in the History of Culture』 (New Haven, CT: Yale University Press, 1985), 113.

212: "영혼의 씨름을 지리적 위치와 결부시킨": Dorothy Bass, 『A People's History of Christianity』 (New York: HarperOne, 2009), 46.

212: "사막의 수사들이": 같은 책, 47.

212: "기둥 위의 성자 시므온": 다음 책을 참조하라. Will Durant, 『The Age of Faith, The Story of Civilization』, 제4권 (New York: Simon & Schuster, 1950), 58 이하.

213: "공동선을 위한 대안 공동체들": Elizabeth Rapley, 『The Lord as Their Portion: The Story of the Religious Orders and How They Shaped Our World』 (Grand Rapids: Eerdmans, 2011).

213: "사명 의식은 패트릭을-": Richard A. Fletcher, 『The Barbarian Conversion』 (New York: Henry Holt, 1997), 2.

213: "튜턴족과 슬라브족이": Lowrie John Daly, 『Benedictine Monasticism: Its Formation and Development through the 12th Century』 (New York: Sheed & Ward, 1965), 135-36.

214: G. K. Chesterton, 『Saint Francis of Assisi』 (Garden City, NY: Doubleday, 1931), 51.

214: 조지 폭스: 다음 책에 인용된 내용이다. Bass, 『A People's History of Christianity』, 224.

214: 도로시 배스: 같은 책, 224.

215: Eugene Peterson, 『The Pastor: A Memoir』 (New York: HarperOne, 2010), 47-48. (『유진 피터슨』 IVP)

216: John Somerville, 『The Decline of the Secular University』 (New York: Oxford University Press, 2006).

216: "인간의 전적인 타락을-": 캘빈 신학교(Calvin Theological Seminary)의 Neal Plantinga 박사.

216: G. K. Chesterton, 『The Everlasting Man』 (New York: Dodd Mead, 1930), 4.

11. 결혼에 신성을 부여한 독신남

221: 유사(類似) 데모스테네스: 다음 책에 인용된 말이다. Nancy Sorkin Rabinowitz & Lisa Auanger 편집, 『Among Women: From the Homosocial to the Homoerotic in the Ancient World』 (Austin: University of Texas Press, 2002), 293.

221: Larry Yarbrough, "Paul, Marriage and Divorce," 『Paul and the Greco-Roman World』, 편집 Paul Sampley (Harrisburg, PA: Trinity Press International, 2003), 404. 유사 데모스테네스의 말에 자랑이 들어 있다면 그것은 성적인 자랑이 아니라 경제적인 자랑이다. 어느 정도 부유한 남자들만 그런 생활방식을 누릴 형편이 되었다. 역사가 로빈 레인 폭스에 따르면, 미혼 남자들은 노예나 창녀를 통해 성적 욕구를 해소했는데 부모들이 걱정한 것은 그런 행위가 부적절해서가 아니라(기혼 남자들도 똑같이 했다) 비용이 많이 들었기 때문이다. Robin Lane Fox, 『Pagans and Christians』 (New York: HarperCollins, 1988), 344.

222: "범죄의 성격이 재산 침해": "한 남자의 여자"를 칭송하는 비문은 많이 있는데, 이는 평생 남편에게 성적인 정조를 지킨 여자를 가리킨다. 그러나 "한 여자의 남자"를 기리는 비문은 전무하다.

222: "게다가 남자는 자기 아내의 간음을-": 이 법은 엄격히 지켜지지 않았을 수도 있다. 예컨대 루피누스(Rufinus)라는 로마의 정치가는 이렇게 썼다. "다른 남자와 같이 있는 것을 보았다고 해서 자기 아내를 벌거벗은 채로 내쫓는 남자가 과연 있을까? 마치 자신은 간음을 즐긴 적이 없다는 듯이 말이다." 다음 책을 참조하라. Lane Fox, 『Pagans and Christians』, 346.

223: "하지만 행인들이 비록 말뜻은 알았더라도": Yarbrough, "Paul, Marriage and Divorce," 405.

223: "초창기의 로마는 로마인들에게": "Family and Household," 『Dictionary of New Testament Background』, 편집 Craig Evans & Stanley Porter (Downers Grove, IL: InterVarsity Press, 2000), 680.

"로마에서 결혼의 목적은 적법한 자식을 낳는 것이었다." Yarbrough, "Paul, Marriage and Divorce," 406.

223: "아우구스투스 황제는 다른 계층 간의 결혼을": Lane Fox, 『Pagans and Christians』, 345.

223: "로마 황제 코모두스는": Alvin J. Schmidt, 『How Christianity Changed the World』(Grand Rapids: Zondervan, 2004), 86.

223: 타티안: 다음 책에 인용된 말이다. Vivian Green, 『A New History of Christianity』(New York: Continuum, 1996), 10.

224: "자유인으로 태어난 소녀들은": 다음 책을 참조하라. Lane Fox, 『Pagans and Christians』, 348.

225: "이때부터 시계가 재깍거리기 시작하여": Philip Yancey, 『The Jesus I Never Knew』(Grand Rapids: Zondervan, 2002), 168. (『내가 알지 못했던 예수』IVP)

227: Walter Wangerin, 『As for Me and My House: Crafting Your Marriage』(Nashville: Thomas Nelson, 2001), 8. (『오직 나와 내 집은』 복있는사람)

228: William Shakespeare, "The Phoenix and the Turtle," 『The Complete Works of Shakespeare』, 편집 Hardin Craig (Glenview, IL: Scott, Foresman, 1973), 463.

230: G. K. Chesterton, What's Wrong with the World?』(London: Dodd, Mead, 1912), 68.

232: Naomi Wolf: 다음 기사를 참조하라. "The Porn Myth," http://nymag.com/nymetro/news/trends/ n_9437/.

233: 『공동 기도서』: 인용한 부분은 1662년판 『공동 기도서』에서 온 것으로, 철자가 초판보다 읽기 쉽게 되어 있다.

236: 어거스틴: 다음 책에 인용된 내용이다. Duane Friesen, 『Artists, Citizens, Philosophers: Seeking the Peace of the City』(Scottsdale, PA: Herald, 2000), 199.

237: "신성한 세계에 대한 정의가": Dorothy Bass, 『A People's History of Christianity』(New York: HarperOne, 2009), 191.

12. 온 세상에 영감을 불어넣은 유대인

242: 피터 버거: 다음 책에 인용된 말이다. Huston, 『Smith, The Soul of Christianity』(New York: HarperOne, 2005), xxi.

242: 미키 하트: 같은 책에 인용된 말이다.

243: 이소크라테스와 데모스테네스: 이 인용문은 역사적 사실성이 불확실하며, 이소크라테스 대신 다른 이름들로 되어 있는 경우도 많다. 하지만 요점을 잘 보여 준다.

245: 아리스토텔레스: 다음 책에 인용된 말이다. Philip Yancey, 『The Jesus I Never Knew』(Grand Rapids: Zondervan, 2002), 267. (『내가 알지 못했던 예수』IVP)

245: 레이놀즈 프라이스: 같은 책, 269에 인용된 말이다.

245: 오스틴 파러: 다음 책에 인용된 내용이다. Diogenes Allen, 『Christian Belief in a Postmodern World』(Louisville: Westminster John Knox, 1989), 11.

246: 어거스틴: 다음 책에 인용된 말이다. Nicholas Wolterstorff, 『Justice: Rights and Wrongs』(Princeton, NJ: Princeton University Press, 2008), 191.

247: 포르피리: 다음 책에 인용된 말이다. Robert Wilkins, 『The Christians as the Romans Saw Them』(New Haven, CT: Yale University Press, 2003), 149.

247: 노르위치의 줄리안: 다음 책에 인용된 말이다. Dallas Willard, 『The Divine Conspiracy』(San Francisco: HarperOne, 1998), 77. (『하나님의 모략』 복있는 사람)

247: Paul Johnson, 『Jesus: A Biography from a Believer』(New York: Penguin, 2010), 127-28. 강조 추가. (『폴 존슨의 예수 평전』 알에이치코리아)

249: 텔레마쿠스: David Bentley Hart, 『Atheist Delusions: The Christian Revolution and Its Fashionable Enemies』(New Haven, CT: Yale University Press, 2009), 123.

249: Michael Grant, 『Jesus: An Historian's Overview of the Gospels』(New York: Scribner, 1977), 1.

250: 고민 많은 셀리: Alice Walker, 『The Color Purple』(『더 컬러 퍼플』 청년정신). 다음 책에 인용된 말이다. Duane Friesen, 『Artists, Citizens, Philosophers: Seeking the Peace of the City』(Scottsdale, PA: Herald, 2000), 172.

251: Jaroslav Pelikan, 『Jesus through the Centuries: His Place in the History of Culture』(New Haven, CT: Yale University Press, 1985), 83. 강조 추가.

251: 다마스쿠스의 요한: 같은 책, 89.

251: 어거스틴: 다음 책에 인용된 말이다. Edward Lucie-Smith, 『The Face of Jesus』(New York: Abrams, 2011), 14.

252: 어거스틴: 『참회록』(생명의 말씀사). 다음 책에 인용된 시다. Pelikan, 『Jesus through the Centuries』, 94.

252: "많은 역사가들과 문학 평론가들이": 같은 책, 164.

252: "마찬가지로 종교개혁을 계기로": 같은 책, 161.

253: "문학적 관점에서 볼 때 복음서가": Thomas Cahill, 『Desire of the Everlasting Hills: The World Before and After Jesus』(New York: Random House, 1999), 284.

253: "작가의 눈으로 볼 때": 같은 책.

253: 마틴 루터: 다음 책에 인용된 말이다. Pelikan, 『Jesus through the Centuries』, 163.

255: 카를 바르트: 다음 책을 참조하라. Friesen, 『Artists, Citizens, Philosophers』, 172.

256: "초기 기독교 미술에 나오는": Thomas Matthews. 다음 책에 인용된 말이다. James Davison Hunter, 『To Change the World: The Irony, Tragedy, and Possibility of Christianity in the Late Modern World』(New York: Oxford University Press, 2010), 56.

256: "멸시받을 만한 초라한 모습은": Martin Luther, "Magnificat," 『Luther's Works 제21권, 편집 Jaroslav Pelikan』(St. Louis: Concordia, 1956), 84.

257: "지난 2천 년에 걸친 건축의": 다음 책을 참조하라. Hill, 『What Has Christianity Ever Done for Us?』 79 이하.

257: "이 그림을 보니": Fyodor Dostoyevsky, 『The Idiot』(New York: Macmillan, 1913), 410. (『백치』 동서문화사)

259: "인간들이 그리스도의 가르침을 믿고": 다음 책에 인용된 말이다. Janko Lavin, 『Tolstoy: An Approach』(London: Methuen, 1944), 101.

259: T. S. Eliot, 『Selected Essays: 1917-1932』(New York: Harcourt, Brace, 1932), 212.

259: "이렇게 끝나지만": Dietrich Bonhoeffer. 다음 책에 인용된 말이다. Eric Metaxas, 『Bonhoeffer: Pastor, Martyr, Prophet, Spy』(Nashville: Thomas Nelson, 2010), 581-82. (『디트리히 본회퍼: 목사, 순교자, 예언자, 스파이』 포이에마)

260: "나는 누구인가?": 번역문 채용-(『디트리히 본회퍼』 복있는 사람-역주)

금요일, 스스로에게 사형선고를 내린 유대인의 왕

없음.

토요일, 무덤과 사망과 지옥 속에 누운 하나님의 아들

286: 아리스토텔레스: 다음 책에 인용된 말이다. Robert Wilkins, 『The Christians as the Romans Saw Them』(New Haven, CT: Yale University Press, 2003), 90.

286: 플라톤: 같은 책, 122에 인용된 말이다.

286: 크리스토퍼 도슨: 다음 책에 인용된 말이다. Jaroslav Pelikan, 『Jesus through the Centuries: His Place in the History of Culture』(New Haven, CT: Yale University Press, 1985), 30.

287: Eugene Peterson, 『Reversed Thunder: The Revelation of John and the Praying Imagination』 (San Francisco: HarperSanFrancisco, 1988), 174. (『묵시: 현실을 새롭게 하는 영성』 IVP)

287: "나무와 나무 사이에": Rob Bell의 설교 "Between the Trees"에서 인용했다. Willow Creek Association, 2003년 제35주에서 이 설교를 접할 수 있다.

289: "어거스틴은 예수가": Pelikan, 『Jesus through the Centuries』, 28.

291: 가경자 비드: Randy Petersen, A. Kenneth Curtis, & J. Stephen Lang, 『100 Most Important Events in Christian History』(Grand Rapids: Revell, 1998), 62. (『교회사 100대 사건』 생명의 말씀사)

292: C. S. Lewis, 『A Grief Observed』(New York: Bantam, 1961), 4-5. (『헤아려 본 슬픔』 홍성사)

294: Eugene Peterson, 『The Pastor: A Memoir』(New York: HarperOne, 2010). (『유진 피터슨』 IVP)

294: Carlos Eire, 『A Very Brief History of Eternity』(Princeton, NJ: Princeton University Press, 2010), 10-12.

294: "더러운 내 죄악이여": 『Hamlet』, 3막 3장.

294: "사느냐 죽느냐": 『Hamlet』, 3막 1장.

296: "오늘 이 땅에 무슨 일이": 다음 책에 인용된 말이다. Alister McGrath, 『The Christian Theology Reader』(Oxford: Blackwell, 2007), 350.

일요일, 약속대로 죽음을 이기고 돌아온 그리스도

300: Frederick Dale Bruner, 『Matthew: A Commentary』, 제2권, The Churchbook (Grand Rapids: Eerdmans, 2004), 797.

300: 스킵 비오: 같은 책, 796을 참조하라.

305: 젊은 플리니우스: 제10권 97번 서신. 다음 책에 인용된 내용이다. Robert Wilkins, 『The Christians as the Romans Saw Them』(New Haven, CT: Yale University Press, 2003), 6.

306: "생전에 내로라했던": Robin Lane Fox, 『Pagans and Christians』(New York: HarperCollins, 1988), 61.

307: "시 안에서는 시신을": Philippe Aries, 『The Hour of Our Death: The Classic History of Western Attitudes toward Death over the Last One Thousand Years』(New York: Barnes and Noble, 2000), 30.

307: "시체를 가까이하지 않으려던": 같은 책, 30-31.

307: 오리겐: 다음 책을 참조하라. Lane Fox, 『Pagans and Christians』, 327.

308: Garrett Fiddler: Yale Daily News, 2011년 4월 21일.

309: "이것을 망각했을 때": Fiddler, Yale Daily News.

309: 마이클 그랜트: 다음 책에 인용된 내용이다. Philip Yancey, 『The Jesus I Never Knew』(Grand Rapids: Zondervan, 2002), 202. (『내가 알지 못했던 예수』 IVP)

311: Alain de Botton, 『Status Anxiety』(New York: Pantheon, 2004), 149. (『불안』 은행나무)

311: "아리스토텔레스는 말하기를": 같은 책, 150.

312: "연단은 소망을 이루는 줄": 다음 책을 참조하라. David Frederickson, "Paul, Hardships and Suffering," 『Paul in the Greco-Roman World: A Handbook』, 편집 J. Pual Sampley (Harrisburg, PA: Trinity Press International, 2003).

312: Friedrich Nietzsche, 『Human, All Too Human』(Lincoln: University of Nebraska Press, 1984), 58. (『인간적인 너무나 인간적인』 동서문화사)

에필로그_그를 만나 보고 나서 판단해도 늦지 않다

314: "옛날 옛적에는": Evelyn Edson & Emilie Savage-Smith, 『Medieval Views of the Cosmos』

(Oxford: Bodleian Library, University of Oxford, 2004). (『중세, 하늘을 디자인하다-옛 지도에 담긴 중세인의 우주관』 이른아침)

315: N. T. 라이트: 다음 책을 참조하라. N. T. Wright, 『Simply Jesus: A New View of Who He Was, What He Did, and Why He Matters』(New York: HarperOne, 2011), 131 이하.

316: "성전은 하늘과 땅이": Wright, 『Simply Jesus』, 132.